청소년을 위한 노동인권 에세이

구정화 교수가 들려주는 일하는 사람의 존엄한 권리 이야기

청소년을 위한
노동인권
에세이

구정화 지음 | 경인교육대학교 사회교육과 교수

이선이 감수 | 공인노무사

해냄

노동 현장에서 노동하는 사람에게 부여되는 엄연한 권리를 알고 제대로 행사하는 이가 얼마나 있을까. 권리를 찾기는커녕 노동인권을 무시당하는 일이 우리 사회에 만연하다. 그런 상황에서 2020년에 전파된 코로나19로 노동 시장은 더욱 불안해졌다. 목소리를 내지 못하고 부당한 대우를 감내해야 하는 경우도 많아졌다.

노동 현장에서 보호받지 못하는 노동인권이 많은 현실이, 노동의 의미보다 돈의 가치를 더 중요하게 생각하는 현실이 가슴 아팠다. 노동을 하는 과정에서 우리 모두가 인간으로서 존엄한 존재임을 알리고 싶었다.

무엇보다 왜 노동이 존중되어야 하는지, 어떻게 하면 존엄하게 노동할 수 있는지 청소년들이 알아야 한다고 생각했다. 언젠가 노동자가 될 청소년들이 행복하고 건강하게 일할 수 있기를 바라서이다.

이 책은 노동의 개념과 역사, 헌법과 법률로 정한 노동권을 자세히 다루고 있다. 헌법 조문이나 노동 관련 법조문을 통해 우리나라에서 노동 인권을 어떻게 제도적으로 실정법에 반영하고 있는지를 서술했다. 법 조문을 읽다가 이해하기 어려운 용어가 나오면 그냥 지나쳐도 된다. 그런 권리가 법으로 보장되고 있음을 아는 것만으로도 충분하다.

이런저런 곳에서 다양한 노동을 할 청소년이 노동이나 노동자를 어떻게 바라보아야 하는지, 자신의 노동권리는 무엇인지, 그리고 그 권리를 어떻게 존중받을 수 있는지에 대하여 생각해 보는 기회가 될 것이다.

의도와 달리 다소 미흡한 부분도 있다. 평계 같지만 한국 사회의 노동 현실이 산업혁명 초기처럼 비참한 상황이 종종 있다 보니 서술하는 과정이 힘들었다. 너무 어둡고 힘든 노동 현실이 청소년들에게 공포심을 심어 주지는 않을까 하는 두려움도 생겼다.

그래서 좀더 편안하게 노동인권을 접하도록 해야겠다는 생각으로 원고를 다듬었다. 노동인권이 가장 강조되어야 하는 부분의 이야기들이 많이 빠졌지만 이 책을 통해 관심이 생긴 청소년들은 스스로 더 깊은 이야기를 찾아나가리라 생각하면서.

나의 글에 수정 의견 제안과 정리 작업 등 섬세한 노동을 더해준 분들이 있다. 바로 해냄출판사에서 일하는 분들이다. 책도 하나의 노동의 결과이다. 이 책을 쓰면서 다시 한 번 저자 외에 편집하는 분들, 홍보하는 분들의 다양한 노동이 같이 어우러져서 책이 완성된다는 생각을 하게 되었다. 그래서 이 책을 만들어주신, 같이 일해 주신 분들의 노동에도 감사드린다.

2022년 1월
구정화

2장 청소년과 노동, 그리고 인권

3장 우리 사회와 노동인권 문제

4장 행복한 노동을 위한 연대

1장

노동과 인권 이야기

—

노동을 소중히 여기자.
노동은 모든 덕의 원천이기 때문이다.

에이브러햄 링컨, 미국 16대 대통령

—

1
인간은 왜 노동을 할까?

뉴욕에서 쉬지도 못하고 일하던 한 펀드 매니저가 오랜만에 휴가를 얻어서 그리스 해변으로 쉬러 왔다. 오랜만에 얻은 휴식, 그는 태양이 작열하는 해변에 누워 유유자적하며 시간을 보내고 있었다. 그러다 해변에서 낚시하는 한 어부를 보았다.

어부는 오후에 느긋하게 나와서 한 시간 남짓 낚시를 했다. 생선을 몇 마리 잡고 나면 천천히 걸음을 옮겨 자신의 집으로 돌아갔다. 며칠을 지켜보았지만 그는 한결같았다.

어느 날 펀드 매니저는 어부와 인사를 나누고 이런저런 이야기를 하다 그가 낚시를 한 시간만 하는 이유를 알게 되었다. 그는 자신이 먹을 만큼만 생선을 잡았던 것이다.

여러 날 어부를 관찰한 펀드 매니저는 그의 낚시 솜씨가 훌륭하다는 것을 알았다. 아마 그의 실력이라면 배를 타고 나가 하루 여덟 시간 정도

낚시를 하면 엄청나게 많은 생선을 낚을 것 같았다. 그래서 그에게 조심스럽게 제안을 했다.

"조금 더 일찍 나와서 여러 시간 낚시를 하면 더 많은 생선을 낚을 것 같은데 왜 그렇게 조금만 일하세요?"

"더 많이 일해서 더 많은 생선을 낚으면 무엇이 좋은데요?"

"생선을 팔아서 돈을 벌어 큰 배를 살 수 있죠."

"배를 사면 무엇이 좋은데요?"

"멀리 나가 낚시할 수 있죠. 그러면 더 큰 생선을 더 많이 잡으실 수 있을 겁니다."

"그렇게 하면 뭐가 좋은데요?"

"더 많은 돈을 벌어서 큰 부자가 될 수 있죠."

"큰 부자가 되면 뭐가 좋은데요?"

"더이상 일하지 않고 햇볕 좋은 곳에서 유유자적하면서 편하게 지낼 수 있죠."

"이미 나는 그렇게 지내고 있다오."

인간에게 노동이란?

펀드 매니저와 어부는 둘 다 노동을 하지만 일하는 시간과 목적 등에 대한 생각이 다르다. 펀드 매니저는 자신이 가진 최대한의 시간 동안에 재능의 최대치를 발휘하는 노동을 하여 큰 이익을 남기려 한다. 반면 어부는 최소한의 시간 동안만 노동하여 먹고사는 데 필요한 것을 얻으며, 일하지 않는 시간을 최대한 확보하려 한다.

엄밀히 보면 생계를 위해 돈을 버는 행위라는 점에서 두 사람의 일은 같은 의미를 갖는 '노동'이다. 그렇다면 노동이란 무엇일까? 노동(勞動). 한자어를 풀이해 보면 '몸을 움직여 무엇인가에 힘쓰는 것'이다. 그렇지만 몸을 움직인다는 의미를 단순하게 이해하여 노동을 단지 육체적인 활동으로 한정해서는 안 된다.

사실 '몸을 움직여 무엇인가에 힘쓰는 것'에는 우리 인간의 활동 대부분이 해당한다. 아침에 일어나 세수를 하고 이불을 정리하고 밥을 먹고 옷을 입는 등의 이 모든 일도 힘써서 무엇인가를 하는 행위이다. 그런데 우리는 이것을 노동이라고 표현하지는 않는다. 노동을 경제적인 측면의 개념으로 생각하기 때문이다.

경제적 측면을 고려할 때 노동은 일반적으로 '생활을 위해 필요한 재화나 서비스를 생산하기 위해 노력하는 인간의 활동'으로 정의된다. 인간은 생계를 유지하기 위해서 의식주가 필요하다. 이것을 얻는 방법은 크게 두 가지이다. 하나는 본인이 직접 만드는 것이고 다른 하나는 일을 하여 번 돈으로 다른 사람이 일하여 만든 것을 사는 것이다. 둘 중 어느 것을 택하든 생계에 필요한 것을 얻으려면 일을 해야 한다. 즉, 모든 인간에게 노동은 생계를 위한 선택이 아니라 필수이다.

그러나 조금 더 나아가 보면 인간에게 노동은 생계 유지를 위한 필수적인 것 이상의 의미를 갖는다.

오드리 헵번은 배우 일을 그만두고 아프리카를 비롯한 세계 여러 지역을 방문했다. 그는 유니세프 친선대사가 되어 세계 평화와 아동의 권리 증진을 위해 일했다. 세계 아동의 권리를 위해 필요한 곳이라면 위험한 지역일지라도 방문하여 그들을 도왔다. "나의 손이 두 개인 것은 하나는 나 자신을 위해서 다른 하나는 다른 이를 위해 일하기 위해서랍니다."[1]

헵번의 말이다.

KBS 2TV 〈대화의 희열〉 방송에서 김중혁 작가는 이런 말을 한 적이 있다. "소설가 김중혁, 잡지사 기자 김중혁, 방송인 김중혁이 있는데, 제일 소중한 사람은 소설가 김중혁이에요. 얘는 평생 글쓰게 해주고 싶어요. 그래서 다른 애들이 열심히 조금만 더 노력해서 얘를 먹여 살리고 싶어요. 그래서 다른 일도 열심히 했어요. 대신에 소설가 김중혁은 소설만 쓸 수 있게 해주자. 그런 마음으로 많은 내가 얘를 지원해 준 거예요, 계속."[2] 이처럼 꿈꾸는 일을 하기 위해 다른 일을 하는 사람도 있다.

일하지 않기 위해서 일하는 이들도 있다. 조기 은퇴를 꿈꾸는 '파이어(Fire: Financial Independence, Retire Early)족'이라고 불리는 이들이다. 이들은 이렇게 말한다. "젊어서 열심히 일하여 40대에 은퇴하는 것이 꿈이에요. 그래서 일을 열심히 하고 번 돈을 거의 쓰지 않아요. 명품 같은 것 전혀 사지 않습니다."

프랑스 출신의 화가 빈센트 반 고흐는 많은 그림을 그렸지만 살아 있을 때 판 그림은 단 한 점뿐이었다. 팔리지 않는 그림을 그렸던 그에겐 가난이 평생 따라다녔다. 일부 후원자의 도움이 있긴 했지만 그림을 그리는 일만으로 생계에 필요한 것을 구하기엔 역부족이었고, 최소한으로 먹고사는 것도 벅찼다.

고흐는 왜 먹고사는 데 도움이 안 되는 그림 그리는 일을 멈추지 않고 계속했을까? 자신이 하고 싶은 일을 하면서 살아 있다는 만족감을 느꼈기 때문일 것이다.

이렇듯 인간에게 일과 노동은 생계를 위한 것이기는 하지만 그것만이 일을 하는 이유의 전부는 아니다.

노동은 인간의 문화 활동이다

우리가 먹는 음식, 입는 옷, 일상의 다양한 활동을 하는 집, 집 밖의 수많은 건축물과 도로, 상품들, 끝없이 이어지는 경관 중에 자연적인 것을 제외하면 대부분은 인간 노동의 산물이다. 그 노동이 사소한 것이든 아니든 상관없다.

거제시의 외도는 사람의 접근이 어려울 정도로 바위투성이의 무인도였다. 그런데 낚시를 하러 이곳을 즐겨 찾던 한 부부가 섬을 사들이면서 상황이 달라지기 시작한다.

부부는 전기도 들어오지 않던 곳을 조금씩 개간하며 독특한 나무를 심어서 농원으로 가꿨다. 무인도였던 곳이 수십 년 후 매년 많은 사람이 찾는 관광 농원으로 변모했다.

외도는 〈겨울연가〉에 등장하여 더 인기 있는 명소가 되었다. 이곳이 무인도였고 오직 두 사람의 노력으로 아름다운 곳으로 변했다는 이야기를 알게 된 방문자들은 무척이나 놀란다. 이처럼 사람의 노동은 위대한 문화적 활동이 되기도 한다.

외도처럼 큰 결과를 만들어내는 일이 아니어도 괜찮다. 사소해 보이는 노동도 사실은 매우 중요한 문화적 행위의 일종이다. 작은 노동 하나하나가 모자이크처럼 모여서 전체 인류의 역사가 된다.

인간의 일은 개인적으로는 생계를 위한 것이지만 인간 사회 전체로 보면 문화와 역사를 만들어내는 것이다.

일은 협력하는 사회를 만든다

요즘 대학생들이 싫어하는 것 중 하나가 모둠 활동이다. 우선 모둠에서 과제를 분담할 때 대부분 자신만 손해를 보는 것 같다고 말한다. 무임 승차하여 점수를 얻는 구성원도 있고 다른 사람의 잘못으로 자신의 점수도 깎일 수 있어서 공정하지 않다는 것이다. 여러 구성원과 일정을 맞추는 것도 어렵다고 한다.

더 근본적으로는 다른 사람과 무엇을 함께 하기 위해서 인간관계를 맺는 것 자체가 싫다는 경우도 있다. 이들은 구성원 각각의 성격이 달라서 같이 일할 때 다른 사람을 신경 쓰며 맞춰가는 것이 불편하다고 한다.

집단을 이루어 같이 일하는 회사에서도 이런 불만은 나온다. 그러나 입사 시험이나 입학 시험에서는 협력하여 얼마나 일을 잘 수행하는지를 테스트하는 경우가 많다. 사회에서는 왜 이렇게 협력하여 일하는 것을 강조할까?

세 부족의 삶을 통해 살펴보자. 첫 번째 부족은 끊임없이 서로 경쟁하는 부족이다. 이들은 누군가가 어떤 일을 하면 그 사람보다 잘하기 위해서 일한다. 결국 경쟁에서 이긴 최후의 한 사람만 남는다. 그러나 그도 결국 탈진해서 쓰러지면서 부족은 소멸한다.

두 번째 부족은 서로 독자적으로 살면서 서로에게 아무런 관심을 두지 않는다. 다른 사람의 도움을 전혀 받지 않고 각자 살아간다. 타인의 위기에도 관심을 갖지 않는다. 결국 전쟁이나 자연재해와 같은 큰 위기가 왔을 때 이 부족도 없어지게 된다.

마지막 부족은 무엇이든 서로 협력하는 부족이다. 누군가 사과나무를 심으면 같이 흙을 북돋우고 다른 이들의 나무에도 거름을 준다. 열매를 따서 자신의 것이 남으면 옆 사람에게 주고 자신도 그들의 것을 얻는다. 이 부족은 시간이 지나면서 더 풍요로워진다.

어쩌면 현재 인류는 마지막 부족의 후손일 것이다. 인류가 연약한 신체적 조건에서도 지구에서 문명을 이루고 살 수 있었던 이유는 경쟁하거나 독자적으로 일해서가 아니라 협력하면서 문명을 이뤘기 때문이다.

노벨상은 인간의 삶에 유익한 연구나 행동을 하는 연구자에게 수여한다. 그런데 최근 개인보다 집단이나 여러 명이 함께 상을 받는 경우가 많아지고 있다.

가수들도 요즘은 그룹을 이루어 각자의 다양한 음악적 성향이 조화를 이룰 때 더 많은 인기를 누린다. 좋아하는 케이팝(K-pop) 가수를 떠올려보면 아마도 솔로 가수보다 그룹으로 활동하는 이들이 대부분일 것이다. 개별 가수의 개성과 매력이 모여서 만들어내는 시너지 효과가 좋은 음악을 만들듯이 노동 또한 그렇다.

위대한 연구나 예술 활동에서만 시너지 효과가 생기는 것이 아니다. 일상에서 무엇인가를 해결하려고 할 때도 여러 사람의 의견을 많이 듣고 참고해서 결정하는 것이 좋은 결과를 가져온다.

인간은 일하면서 서로 협력하고 다른 집단과 경쟁하면서 다양한 인간관계를 맺는다. 경쟁도 결국은 더 나은 방향으로 나아가는 협력인 경우가 많다. 그 과정에서 기쁨과 슬픔, 행복과 고통, 상실과 보람 등 다양한 감정을 느끼며 다른 사람을 존중하는 방법을 배운다.

일은 타인의 삶을 움직이는 원동력이다

우리는 다른 사람이 하는 일의 도움을 받지 않고서는 살아가기 어렵다. 학교에서 보내는 하루를 생각해 보자. 학교에 갈 때 이용하는 길을 만든 사람, 대중교통을 운전하는 사람, 우리를 가르치는 사람, 누군가의 노동으로 제공된 식재료를 활용하여 음식을 만들고 빈 그릇을 청소하는 사람의 노동이 있다. 누군가가 만든 지식을 활용하여 다시 교과서를 만들어낸 사람, 수많은 문구류를 만들고 파는 사람, 우리가 버리는 쓰레기를 청소하고 수거하는 사람 그리고 학교를 건설하는 데 들어간 수많은 누군가의 노동이 있다. 오늘 나의 사소해 보이는 하루는 많은 사람의 노동을 바탕으로 가능하다.

그런 점에서 인간의 일은 타인의 삶을 움직이는 원동력이다. 즉, 일은 자신만이 아니라 다른 사람을 위한 것이기도 하다. 그렇기에 도둑질을 하여 타인의 재산에 손해를 입히거나 인간의 목숨을 위협하는 일은 노동이 아니다. 노동은 인간을 유익하게 하는 것이어야 한다.

나의 노동은 누군가의 삶을 이어주며 나의 삶 역시 누군가의 노동으로 완성된다. 그리고 사회는 우리 모두의 노동으로 세대를 이어간다.

일은 세계관의 반영이며 세계관을 만들어주기도 한다

김씨 성을 가진 유명한 방송 작가가 둘 있다. 〈킹덤〉 시리즈 같은 스릴러 작품을 잘 쓰는 김은희 작가와 〈더 킹: 영원의 군주〉 같은 로맨스 작품을 잘 쓰는 김은숙 작가.

두 사람은 친구이지만 같은 곳으로 여행을 가더라도 각기 다른 생각을 한다고 한다. 스릴러 작품을 쓰는 김 작가는 어떻게 하면 그곳에서 사람을 죽이는 멋진 장면을 만들어낼 것인지를 고민하고, 로맨스 작품을 쓰는 김 작가는 연인의 다정한 모습을 그려내려면 어떻게 해야 하는지를 고민하는 식이다.

비가 오면 우산 파는 사람은 기뻐하지만 양산 파는 사람은 슬퍼한다고 한다. 날씨가 그들이 하는 일에 영향을 미치기에 날씨를 바라보는 관점도 달라진다. 이렇듯 우리는 일을 선택하는 과정에 자신의 관점을 반영하지만 그 일을 하면서 형성된 세계관으로 세상을 바라보기도 한다.

아무리 장인이라도 그 결과물의 모양은 조금씩 다르다. 인간은 기계처럼 무엇인가를 찍어내듯이 일할 수가 없다. 인간의 일에는 각 사람의 적성, 생각, 성격, 고민 등 그의 전체가 반영되기 때문이다. 그래서 한 사람의 일은 그 자신을 드러내는 것이다. 그가 일한 내용과 결과를 보면서 사람들은 그가 어떤 사람인지를 판단할 수 있다.

요즘 많은 청소년들은 아이돌 가수를 선망한다. 그러나 음악에 재능이 있더라도 모두가 가수를 꿈꾸지는 않는다. 작사가, 작곡가, 프로듀서, 보컬 트레이너 등 희망하는 일의 모습은 다양하게 마련이다.

가수라고 해도 힙합, 랩, 록, 발라드 등 다양한 분야로 관심이 갈라진다. 방탄소년단 안에 여러 유형의 음악을 하는 이들이 같이 존재하는 것처럼 말이다. 이는 그들이 가진 재능의 차이 때문이기도 하지만 자신이 바라는 모습과 세계관이 다르기 때문이기도 하다.

그렇기에 '나는 어떤 일을 어떻게 할 것인가?'라는 질문의 답을 찾아가는 것은 결국 '나는 어떤 삶을 살 것인가?'에 답하는 과정이다.

노동
인 권 토론방

① 미래에 일하지 않기 위해서 번 돈을 아끼며 사는 파이어(FIRE: Financial Independence, Retire Early)족이 있는가 하면, 돈을 벌어서 현재의 즐길 거리를 최대한 누리며 사는 욜로(YOLO: You Only Live Once)족도 있다. 욜로족은 인생은 한 번뿐이니 현재를 즐기자고 한다. 여러분은 파이어족과 욜로족 중 어느 쪽을 지지하는가? 그 이유는 무엇인가? 이에 대하여 토론해 보자.

2
노동은 어떻게 변해왔을까?

이웃집에 맞벌이 교사 부부가 있었다. 부부에게는 어린이집에 다니는 자녀가 있었다. 방학을 끝내고 부부가 학교에 출근해야 하는 날이 다가온 어느 날이었다. 엘리베이터에서 아이는 부모에게 "학교에 가지 말고 그냥 집에 있으면 안 돼요?"라고 물었다. 부부는 "출근해서 돈을 벌어야 네 옷도 사고 과자도 살 수 있어"라고 친절하게 설명했다.

아이가 다시 물었다. "저번처럼 은행에 가서 그냥 돈을 가져오면 안 되나요?" 아마도 아이는 부모가 은행 ATM 기계에서 돈을 인출하는 것을 봤을 것이다.

부부가 다시 말했다. "학교에 출근해서 언니 오빠들을 가르쳐서 번 돈을 은행에 주어야 기계가 돈을 준단다. 기계가 그냥 돈을 주지는 않아." 아이는 여전히 이해가 안 되는 표정이었다.

오늘날 수많은 사람의 일상적 경제 활동은 이 부모가 설명한 경로로 이루어진다. 일을 하고 그 대가를 은행 계좌로 받는다. 그리고 인출한 돈이나 소득을 증명하고 발급받은 신용카드로 무엇인가를 구매한다.

이처럼 노동과 임금, 소비와 생계라는 일정한 과정을 일상적으로 행하다 보면 아이만이 아니라 어른도 노동 없이 은행에서 그냥 돈을 가져올 수 있는 세상에서 살고 싶어지곤 한다. 우리 이전의 수많은 인류는 어떻게 노동을 하면서 생계를 이어왔을까? 인류 노동의 과거 그리고 미래를 살펴보자.[3]

고대 벽화, 인간의 노동을 포착하다

수렵·채집 시대에 인간이 자신의 노동에 큰 의미를 부여했다는 것을 고대의 벽화 유적을 통해 알 수 있다. 아주 오래전 인류의 조상은 직접 산으로 들로 바다로 다니면서 식물을 채집하고 동물을 사냥했다. 유럽의 알타미라 동굴 벽화★나 라스코 동굴 벽화★에는 인간이 사냥하던 아주 큰 동물이 등장한다.

우리나라에도 인간의 경제 활동을 표현한 벽화가 있다. 대표적으로 울주 대곡리 반구대 암각화에는 고래, 호랑이, 표범, 늑대 등의 동물이 등장한다. 그물을 이용해 고래나 호랑이를 포획하거나 작살과 같은 도구로 여러 동물을 잡는 모습이 그려져 있는데, 이 벽화에 등장하는 동물은 당시 인간의 사냥 성공과 풍요를 기원하는 의미를 담고 있다. 즉, 인류 최초의 그림은 인간이 먹고살기 위해 한 노동의 과정이나 결과의 기록이다.

알타미라 동굴 벽화
스페인의 구석기 시대 동굴 벽화로 사슴 등 다양한 동물이 그려져 있다.

라스코 동굴 벽화
프랑스의 구석기 시대 동굴 벽화로 말, 사슴, 들소 등의 동물이 그려져 있다.

노동은 인간의 생존을 위한 것이었다. 나의 노동은 나를 위한 것이었으며 누군가를 위해 돈을 받고 노동을 대신하는 일들은 거의 이루어지지 않았다.

더구나 당시 사람들은 먹고살 만큼의 것을 얻으면 더 이상 일을 하지 않았다. 필요한 것을 가지고 있는 상태에서는 계속 쉬어도 되는 것이다. 따라서 일과 여가의 구분이 규칙적이지 않았다.

최선을 다해 수렵과 채집을 하여 스스로를 부양했다는 점에서 초기 인류의 노동은 평등했다. 다만, 분업이 존재했다. 힘이 센 남성은 주로 사냥 등의 수렵을, 노인과 여성 그리고 아이들은 주로 채집을 한 것이다.

사냥을 할 때는 여러 사람이 협력했다. 작은 집단을 이루어 공동생활을 하면서 일하여 얻은 생산물을 같이 공유하는 사회를 유지했다. 경제적 산물은 공정하게 나누었고 이를 통해 공동체를 유지했다.

고대 인류를 연구하는 학자들은 이 당시에 약탈이 있었을 것으로 본다. 약탈은 재산을 축적하기 위한 것일까? 아니다. 생존을 위한 것이다. 자연환경은 공평하지 않았다. 식량이 될 만한 식물이나 동물을 구하기 좋은 땅이 있는가 하면 그렇지 않은 땅도 있듯이 말이다.

마찬가지로 힘이 센 사람이 있는가 하면 그렇지 않은 사람도 있었다. 누군가 들소를 사냥했더라도 힘센 누군가가 있다면 그들이 먼저 차지했으므로 자신이 구한 식량을 온전히 차지하는 것 역시 운이 좋아야 했다.

동굴에 자신의 사냥물을 그릴 정도라면 수렵과 채집을 위한 자연환경도 좋았고 그것을 지킬 정도의 힘도 가진 사람이거나 집단이었을 것이다. 외형적으로 모든 인간에게 자연은 평등하고 공정한 것 같지만 그렇지 않았다. 수렵·채집 시기에도 인간의 노동은 공평하면서도 공평하지 않았던 것이다.

정착 생활, 잉여생산물의 차이를 만들다

지금으로부터 약 1만 년 전, 인간은 씨앗을 이용하여 식물을 기르고 동물을 사육하기 시작했다. 그리고 자연을 길들이는 정착 생활을 하며 자연의 제약에서 벗어나려 했다.

정착하여 농사를 짓기 시작하면서 노동 양상과 생활 양식이 달라지기 시작했다. 일상에 필요한 것 이외에 남긴 잉여생산물,* 즉 재산이 쌓이게 된 것이다.

사람마다 쌓인 재산에 차이가 나기 시작하면서 계층이 나뉘게 되었다. 생계를 위해 여전히 노동을 해야 하는 사람과 다른 사람의 노동의 결과물을 살 수 있는 사람으로 나뉘게 된 것이다. 즉, 경제적 위치의 차이가 생기기 시작했다.

잉여생산물을 많이 남긴 집단은 사회적 권력을 쌓으며 견고한 신분 제도를 구축했다. 또 정복 전쟁을 통해 강력한 노예 제도를 만들어 노예들이 제공하는 노동으로 생존에 필요한 것을 누리기도 하였다.

그러나 이렇게 빈부와 신분의 차이가 생긴 뒤에도 신분의 자유가 없는 노예 계층을 제외하면 농경 사회 사람들은 여전히 자신의 노동에 대한 최종 결정권을 가지고 있었다.

일어나서 일하고 싶은 시간에 움직일 수 있었고 어떤 것을 심을지, 수확한 것을 무엇과 교환할지도 스스로 결정할 수 있었다. 여전히 자신의 노동 과정과 결과를 선택할 수 있었던 것이다.

잉여생산물
인간이 노동을 통해 생산한 생산물이 생활하는 데 필요한 것 이상으로 남게 되는 것.

멜라네시아 지역의 '돼지 축제'와 잉여생산물

남태평양의 뉴기니 섬 주변에 사는 부족인 멜라네시아인은 인류 초기의 정착 생활 모습을 보여준다. 이들이 키우는 얌(yam)과 타로(taro)와 같은 뿌리식물은 오래 보관하기 힘들다. 그래서 남은 식물을 처리하기 위해 돼지를 키운다. 뿌리식물의 작황이 좋지 않아 먹을 것이 없을 때 돼지는 비상 식량이 된다.

문제는 계속 풍년이 드는 경우이다. 풍년이 들면 식물이 많이 남아서 돼지의 개체 수가 너무 많아진다. 늘어난 돼지는 많은 공간을 차지하고 인간의 삶을 위협한다.

이럴 때 이들은 이웃 마을 사람까지 초대하여 축제를 열고 돼지를 잡아 대접한다. 돼지 축제에 초대된 이웃은 자신에게도 이 같은 일이 일어나면 똑같이 돼지 축제를 연다.

돼지 축제에서 돼지를 나눠 먹는 행위는 모든 사람에게 단백질을 공평하게 공급하는 역할을 한다. 더불어 돼지 수를 줄인 후 뿌리식물을 경작하면서 구성원이 모두 비슷한 수준의 삶을 지속하여 살아가게 하는 역할도 한다. 돼지 소유 정도에 따라 나타나는 경제적 불평등을 해소시키는 셈이다.

또한 다음에 나에게 경작 위기가 생기면 내가 돼지 축제에 초대한 이들로부터 도움을 받을 수 있어서 사회적으로 보험을 드는 것과 같은 역할을 하기도 한다. 잉여생산물을 남겨 두지 않아도 되는 보호 장치를 마련하는 셈이다.

가내수공업, 인간 노동을 생산 자원으로 사용하다

기술이 발달하면서 인간은 잉여생산물을 저장하는 방법을 찾게 된다. 곡물의 씨앗을 잘 말려 오래 보관하는 방법, 생선이나 돼지고기를 소금에 절여 장기간 저장하는 방법, 우유로 치즈를 가공하는 방법 등. 그리고 옷감이나 냄비처럼 일상에 필요한 것을 가공하는 기술도 갖게 된다.

기술이 발전하면서 인간은 생활에 필요한 식물을 경작하고 동물을 길

십자군 전쟁
11~13세기에 서유럽의 기독교인이 예루살렘 성지를 탈환하고자 일으킨 장기간의 전쟁.

길드
중세 유럽에서 수공업자나 상인이 자신들의 직업상의 권익을 증진하기 위하여 만든 조직.

수습
학문이나 실무 등을 배워 서익히는 일.

들여서 키우는 것 외에 그것을 가공하여 무엇인가를 얻는 것이 가능해졌다. 또, 도로와 교통시설이 발달하면서 사람들이 많이 이동하는 곳에는 시장이 들어섰다.

유럽은 십자군 전쟁★ 이후 시장에서 거래되는 물건이 많아졌다. 도시도 형성되고 상인들이 판매하는 상품도 증가했다. 13세기에 접어들면서 도시의 수공업자나 상인들은 길드★를 조직하여 상품을 만들고 이를 유통하기 시작했다.

이 길드를 통해 상품을 만들던 형태를 도제 제도라고 한다. 오늘날 연예인 지망생이 기획사의 합숙소에서 공동생활을 하면서 춤과 노래를 배우듯이 기술력이 탁월한 장인(마스터)의 집에 도제로 들어가서 일상생활을 같이 하면서 수공업 일을 배우는 형태였다. 도제로 들어간 이들은 기술을 배우며 장인의 집안일도 해야 했다. 길드에 소속된 수공업자인 장인은 도제를 받아들여 계약을 맺고 7년 정도의 수습★ 기간 동안 훈련시키며 필요한 노동력을 확보했다.

일정한 도제 기간을 거쳐 스스로 상품을 만들 수 있는 상태가 된 이들은 '직인'이라고 불렸다. 직인은 임금을 받는 독립된 기술자인데 독자적으로 뛰어난 상품을 만들면 장인이 될 수 있었고 장인이 되면 독립하여 도제를 둘 수 있었다.

시간이 지나면서 도제 제도에 대한 도제들의 불만이 커지고 갈등이 생겼다. 그러자 일부 국가에서는 도제 제도와 관련된 계약 내용, 수습을 통한 훈련 교육 과정 등을 만들었다. 수업료 규정, 수습 기간 후 받는 임금 등에 관한 규정도 정했다. 이러한 규정은 이후 대학 교육 과정뿐만 아

니라 다양한 직업의 일하는 방식과 노동 계약에도 영향을 미쳤다.

경제가 활성화되면서 길드 내에서 큰돈을 번 장인이나 상인이 해당 상품의 제작과 유통에 큰 영향력을 끼치기 시작했다. 이를 통해 상업 자본주의*가 나타나게 된다.

상업 자본주의에서는 거상이 원자재를 구매하여 제공하면 수공업자가 제품을 만들어 납품하는 방식을 채택했다. 그 대가로 수공업자는 이익을 얻고 도제를 키우며 직인에게 임금을 줄 수 있었다.

드디어 누군가에게 특정 노동을 하도록 통제하고 그에 대한 대가로 임금을 주는 일이 시작된 것이다. 그러면서 인간의 노동은 더 세분화되기 시작했다.

상업 자본주의

16세기부터 산업혁명 이전까지 나타난 상품의 유통을 통해 이윤을 추구하는 자본주의 양상.

시민혁명
왕이나 독재 등 절대적 권
력에 저항하며 근대 민주
주의 국가를 만들기 위해
시민이 국가 권력을 획득
하려고 한 역사적 사건.

상품을 만드는 사람, 유통하는 사람, 상품을 주문하는 사람 등으로 나뉘었고 상품의 종류가 다양해짐에 따라 수공업자도 다양해졌다. 렘브란트 등의 화가도 도제 제도를 통해 그림 공장을 운영했다.

풍부한 자본을 바탕으로 원자재를 공급하는 상인, 물건을 만드는 장인, 직인, 도제 등 노동에서 위계가 형성되기 시작했다. 새로운 노동 방식이 새로운 질서와 계급을 만들어낸 것이다.

이 와중에 유럽에서는 시민혁명*과 더불어 과학 기술의 발전이 이어지면서 노동에 또 다른 변화가 생긴다. 시민혁명으로 인해 정치적으로 자유로운 지위를 가진 이들이 나타난 것이다. 부르주아 계급이다.

이들은 경제적으로 풍요로워진 유럽에서 더 많은 이윤을 얻기 위해 아예 공장을 세웠다. 노동할 사람을 모집해 상품을 만들고 그것을 시장에서 판매했다. 이 공장에 취업하면서부터 인간은 자신의 노동력을 거래하기 시작했다.

산업혁명, 임금을 받는 일상이 당연해지다

18세기 중엽, 여러 식민지를 개척했던 영국은 풍부한 자본을 가지고 있었다. 더구나 유럽 대륙에서 종교의 자유를 찾아서 이주해 온 여러 기술자, 그리고 농촌의 인클로저(enclosure) 운동*으로 인해 도시로 온 이들로 일할 사람이 넘쳐났다.

철과 석탄이 풍부했던 영국에서는 방적기가 발명되면서 직물을 만드는 데 필요한 실을 기계로 뽑아내게 되었다. 그러면서 공장에서 상품을 생산하는 새로운 순간을 맞게 되었다. 인간이 상품을 생산하는 본질적인 일을 하는 것이 아니라 기계의 생산 활동을 보조하는 일을 하게 된 것이다. 공장제 생산 방식의 도입이다.

공장제 생산 활동은 인간의 노동과 일상생활을 변화시켰다. 노동자들은 출퇴근 시간을 지켜야 했으며 정해진 휴식 시간에 쉬어야 하는 등 시간을 엄수해야 했다. 오늘날 교육학자들은 학교에서 학생들의 시간 사용을 엄격하게 관리하는 것은 바로 이런 공장제 생산을 위한 훈련이라며 비판하기도 한다.

술을 마시면 생산 활동에 지장을 준다고 판단한 공장주들은 주중에 음주를 하는 것도 반대했다. 이것은 오늘날 우리나라에서 직장인들이 한 주의 일이 끝난 금요일 저녁에 회식하고 술을 마시는 '불금(불타는 금요일)' 생활 방식의 시초일지 모른다.

농촌에도 일손이 남아돌면서 도시로의 이주가 증가했다. 공장에서 필요한 노동력보다 공장에서 일하겠다는 노동력이 더 많았다. 그러니 노동력의 가치는 떨어졌다. 노동 과정에서 원재료나 기계를 손상하는 것은 용서받지 못할 행위였다. 인간보다 원재료나 기계를 더 중요하게 여겼다.

특히 방적기가 인간의 노동을 대체하자 공장에서는 적은 임금을 받고 더 많은 노동을 할 사람을 찾았다. 적은 돈을 주고도 일을 시키기 좋은 어린아이나 여성이 성인 남성 노동자의 자리를 대체하기도 했다.

열심히 일해도 가난은 더 깊어졌다. 밀폐된 곳에서 일하던 이들은 병에 걸려도 아무런 보상을 받지 못하고 그냥 쫓겨나야 했다. 그러나 이들도 가만있지는 않았다. 고달픈 상황에서 일하던 이들이 노동조합을 만들고 노동자의 권리를 주장하기 시작한 것이다.

19세기를 지나 20세기에 접어들면서 유럽은 세계 여러 지역을 식민지로 만들어 물건을 생산하고 판매하면서 많은 부를 축적했다. 그리고 축적한 부의 일부를 노동자들에게 나누어주기 시작했다. 노동자도 자신들의 권리를 조금씩 확보해 나가기 시작했다.

제국주의, 식민지 노동자를 만들어내다

〈군함도〉는 일제강점기에 조선인을 강제 징용하여 노동을 착취하던 섬 군함도의 이야기를 그린 영화이다. 당시 조선인들은 돈을 벌 수 있다는 말에 속아 하루 12시간 동안 석탄을 캐는 노동에 투입됐다.

일본은 아시아에서 가장 먼저 개항한 덕에 유럽의 기술을 받아들이면서 산업을 발전시켰고 유럽 국가가 자신들에게 한 것처럼 제국주의를 바탕으로 이웃 나라를 지배할 기회를 노렸다. 그렇다면 당시 조선을 식민지로 만들어 선량한 사람들을 군함도 등 다양한 강제 노동의 현장으로 이끌었던 제국주의란 무엇일까?

산업혁명
18세기 중엽 이후 영국 등 유럽 등지에서 기계를 이용한 생산 방식의 도입으로 사회생활과 경제활동 전반에서 큰 변동이 나타난 혁명.

유럽의 국가들은 산업혁명*에 성공하면서 막강한 부를 축적했다. 자국 노동자의 권리를 보장하고 그들에게도 부의 일부를 나누어줄 수 있을 정도였다. 더구나 부를 바탕으로 키운 군사력은 막강했다.

그런데 눈부신 경제 성장을 이룬 유럽의 국가들은 고민이 생겼다. 더 값싸게 상품을 생산하고 그 상품을 더 많은 곳에 팔아서 이윤을 남기려면 어떻게 해야 할까? 그들이 찾은 답은 경제력이 약한 다른 나라를 식민지로 삼는 것이었다. 막강한 군사력을 바탕으로 아프리카, 아시아, 아메리카 대륙 등지를 식민지로 만들었다.

식민지는 여러 가지로 유용했다. 식민지에서 값싼 노동력을 이용하여 장만한 석탄이나 철강, 목화 등의 원료를 싼값에 들여와서 상품을 만들었고 그것으로 만든 금속제품과 면제품을 다시 식민지에 팔아서 이익을 남길 수 있었다.

이런 방식은 제2차 세계대전 이후 사라졌으나 그 여파는 남아서 세계 여러 나라 간의 경제적 불평등을 만들었다. 냉전체제 이후 세계 경제가 개방되면서 가난한 나라에 생산 공장을 짓고 그곳 사람들의 노동력을 싼값으로 이용하여 상품을 생산하는 일은 지금도 이어지고 있다.

제4차 산업혁명, 인간 노동을 인공지능이 대체할까?

18세기, 증기기관을 발명한 영국은 방직기를 만들어서 대량으로 면을 생산하게 되었다. 과학 기술의 발달로 공장에서 대량으로 상품을 생산하는 일이 가능해진 것이다. 산업혁명의 시작이었다.

시간이 지나 전기를 에너지로 사용하게 되면서 대량생산의 양은 증기를 사용할 때보다 방대해졌다. 이렇게 증기기관을 이용하여 생산을 기계화한 것을 제1차 산업혁명, 전기 에너지를 사용하여 대량생산이 가능해진 것을 제2차 산업혁명이라고 한다.

이 당시에는 소품종 대량생산이 이루어졌다. 동일한 것을 많이 생산했기에 기계에서 찍어내듯이 상품을 만들어내는 것이 중요했다. 인간은 기계가 오작동을 일으키지 않고 잘 돌아가도록 하는 것이나 잘못 만들어진 생산품을 걸러내는 등의 보조 역할을 했다. 숙련된 노동을 하는 사람이 필요 없어지면서 인간 노동의 중요도가 떨어졌다.

그렇다고 인간의 노동이 사라진 것은 아니었다. 유통이나 서비스업 등 새로운 산업이 형성되면서 새로운 직업이 나타났고 인간의 노동 양상도 더욱 다양해졌다.

20세기 후반 들어 컴퓨터와 인터넷을 이용한 공장 자동화가 이루어지면서 테크놀로지 기반의 지식 정보 관련 산업이 발달했다. 컴퓨터 산업과 인터넷 산업이 기하급수적으로 성장하고 인터넷을 기반으로 하는 생산 공장도 만들어졌다. 다품종 소량생산이 가능해지면서 차별화된 서비스를 강조하는 직업도 많아졌다. 제3차 산업혁명 시기가 도래한 것이다.

최근 제4차 산업혁명에 관한 논의가 활발하다. 인공지능과 초연결을 바탕으로 산업 전반에 큰 변화가 생길 것으로 예측한다. 현재 우리가 하는 노동의 상당 부분을 인공지능 기계가 대체할 것이라고 한다. 인간과의 바둑 대결에서 이긴 알파고의 등장 이후, 인공지능이 인간 노동을 대체할 것이라는 예측은 더 강력해지고 있다.

무인 자동차 운전 기술의 발전으로 조만간 택시 기사가 사라질 것이다. 일부 병원에서는 이미 인공지능 의사인 '왓슨'으로 병을 예측하고 치료하고 있다. 법원에서는 인공지능 판사가 인간보다 더 공정하게 판결할 것이라고 생각하는 사람도 늘고 있다.

얼마 전에 장애인 대상 특수교육 연구를 하는 전문가를 만나 장애와 인공지능 기술에 대하여 대화를 나눈 적이 있다.

"인공지능 기술이 발달하면 장애인이 더 힘들어질 수 있어요."

"인공지능 기술이 발달하면 장애를 극복할 수 있을 것 같은데 왜 힘들어지나요?"

"장점도 있지만 장애인이 직업을 가지고 일하기 어려운 환경을 만들기도 해요. 예를 들어 발달장애를 가진 사람은 학교에서 대부분 단순 반복적인 기술을 배워서 그런 일을 할 수 있는 곳에서 일하는데, 인공지능 기술이 이런 노동을 대체한다면 일자리를 잃게 되는 거죠."

"그러면 어떻게 해야 하나요?"

"제4차 산업혁명을 대비하여 특수학교에서 발달장애가 있는 학생의 직업 교육 내용을 바꾸어야 합니다."

제4차 산업혁명이 시작되면서 초기 산업혁명에서 기계를 도입했을 때보다 더 노동의 미래를 예측하기 어려운 상황이 되었다. 우리는 이제 어떤 사회에서 어떤 노동을 하면서 살게 될까? 그리고 그 속에서 사람들의 노동인권은 보호받고 존중받을 수 있을까?

노 동
인 권 토론방

① 초기 농경 사회에서는 잉여생산물로 인한 불평등을 줄이기 위해 노력을 기울였다. 오늘날 이와 비슷한 우리 사회의 노력은 어떤 것이 있을까?

② 제4차 산업혁명으로 인해 인간의 일자리가 줄어들 것이라는 주장과 제1차 산업혁명 때와 마찬가지로 줄어들지 않을 것이라는 주장 중 어떤 것이 옳다고 생각하는지 사례를 생각하고 토론해 보자.

3
학교 선생님도 노동자일까?

"교사는 성직자인가, 노동자인가?" 30여 년 전 교육대학교 입시 면접 질문이다. 당시는 교사를 성스러운 직업으로 여기던 시절이었다.

질문을 받은 학생 대부분은 성직자라고 답했다. 다른 직업과 달리 인간을 길러낸다는 점에서 성스러운 직업이라고 대답한 것이다. 그런데 어떤 학생이 "교사는 노동자입니다"라고 답변했다.

한 교수가 불쾌한 듯이 되물었다. "그렇다면 학생을 가르치는 일이 물건을 만드는 것과 같은 일이라고 생각하는 겁니까? 교육 활동을 너무 무시하는 것 아니에요?" 그러자 학생은 이렇게 답했다. "학교에서 노동은 신성한 것이라고 배웠습니다. 교사가 학생을 가르치는 일은 신성한 것이니 노동이고 그 일을 하는 사람은 노동자라고 생각했습니다."

여러분에게 "선생님은 노동자인가?"라는 질문을 던진다면 무엇이라고 답할까?

노동자에 대응하는 사람은

가게를 차려서 무엇인가를 판매하는 사람은 노동자일까? 그 규모가 아무리 작다고 할지라도 자신의 노동력을 직접 판매하는 것이 아니라 자신의 노동력을 이용해서 만든 제품이나 서비스를 판매하는 것이기에 그는 노동자가 아니다. 그렇다면 노동자는 과연 누구일까?

먼저 한 가지 고려할 것이 있다. 어떤 사람이나 집단을 지칭하는 용어는 그 집단의 정체성을 나타낸다는 점에서 매우 중요하다는 사실이다. 그래서 어떤 집단을 표현할 때는 그 집단의 관점에서 그들의 본질적인 정체성을 드러내기에 가장 적합하면서 그 집단의 권리를 높여주는 표현을 사용할 필요가 있다.

예를 들어 외국에서 한국으로 이주해 온 사람을 '외국인'이라고 부르는 경우를 보자. 외국인이라는 표현은 이주해 온 사람의 관점이 아니라 그들을 대상화하여 바라보는 사람의 관점에서 이해한 정체성을 표현한 말이다. 이는 마치 내가 어떤 사물을 대상으로 바라보면서 그 대상이 어떠하다고 느끼는 것을 표현하는 것과 같다. 이주해 온 사람들의 관점에서 보면 그들의 정체성은 '이주민'이 더 정확하다.

노동자와 관련한 개념이나 용어에 대해서도 이런 관점에서 살펴보자. 여러분이 '마이크로소프트'라는 회사에 입사하여 일한다고 생각해 보자. 여러분은 회사가 요구하는 일을 하고 월급을 받기에 마이크로소프트에서 일하는 노동자가 된다. 그러면 여러분을 고용하고 월급을 주는 사람은 누구일까? 마이크로소프트를 창업한 최대 주주 빌 게이츠일까? 아니면 현재 마이크로소프트의 사장일까?

어떤 기업이 직접 영업(직영)하는 편의점에서 일하는 경우를 생각해 보자. 여러분을 고용한 사람은 누구일까? 편의점주일까, 그 편의점을 운영하는 기업의 사장일까? 노동하면서 자신의 권리를 누구로부터 보장받아야 하는가?

산업사회로 발전하면서 노동자는 자본가에게 자신들의 권리를 주장해 왔다. 일반적으로 노동력을 제공하는 노동자에 대응하여 노동력을 구매한 후 상품을 생산하여 그 대가로 이익을 얻는 사람이 자본가이다. 노동자는 자신의 노동력을 바탕으로 이익을 얻는 것이고, 자본가는 자신의 자본을 바탕으로 이익을 얻는 것이다.

그래서 자본주의 사회의 다양한 문제, 그중에서도 노동자의 관점에서 문제를 제기하는 칼 마르크스(Karl Marx)★ 등 학자들은 자본가와 노동자의 본질적인 차이를 생산수단★의 소유 여부라고 본다.

노동자는 오로지 자신의 노동력 이외에는 소유하지 못하고, 이를 상품처럼 판매할 경우 자신의 노동력에 대한 결정권도 전적으로 갖지 못한다. 그래서 노동자는 생산수단을 소유하지 못한 사람들이다.

반면에 자본가는 자본을 들여서 생산에 필요한 것을 구할 수 있다. 자신이 가진 자본으로 원료, 기계, 노동력을 구매할 수 있다. 자본을 기반으로 무엇인가를 생산하고 그로 인해서 이익을 창출하는 자본가는 생산수단을 소유한다는 점에서 노동자와 구별된다.

칼 마르크스

독일의 철학자이다. 산업혁명 시기에 노동자의 어려운 현실을 보고 자본주의를 비판했다. 공장이나 토지 등 생산수단을 개인인 자본가들이 가지지 않고 사회가 공동으로 소유하여 생산하는 사회주의를 강조했다. 더 나아가 노동자가 생산수단을 소유한 자본가와 투쟁하여 평등한 공산주의 사회를 만들어야 한다고 주장했다.

생산수단

공장에서 상품을 만드는 생산의 과정에서는 공장이 위치하는 토지, 원자재를 구매할 수 있는 자본, 그리고 인간의 노동력이 필수이다. 이것들이 바로 생산수단이다. 마르크스는 이러한 생산수단을 가진 자본가와 이를 가지지 못한 노동자를 대칭하여 경제적 측면에서 유산계급과 무산계급이라는 두 계급을 나누었다.

요즘 들어 기업가나 경영자라는 표현을 사용하는 경우가 많은데, 이는 자본가와는 조금 다른 표현이다. 기업가나 경영자 중 자본가인 사람도 있지만 일부는 자본가에 고용된 노동자인 경우도 있기 때문이다.

그렇다면 사용자나 고용주라는 표현은 자본가와 어떻게 다를까? 사용자나 고용주는 노동자의 노동력을 구매하여 생산에 사용하는 사람이라는 의미가 강하다. 고용주나 사용자가 자본가인 경우도 있지만 경영자나 기업가인 경우도 있다.

마르크스 등 초기 노동자의 삶에 관심을 가진 이들은 노동자에 대응하는 개념을 자본가라고 보았다. 이는 기본적으로 이익을 내는 근원이 무엇인지에 초점을 두어 대립하는 두 집단을 구별한 것이다. 오늘날에도 이런 주장은 여전히 의미가 있다.

한편 현대 사회에서 노동자는 경우에 따라 고용주나 사용자에 대응하는 개념도 되는데, 고용주보다는 사용자가 더 적절한 대응어라고 볼 수 있다. 고용주에서 사용하는 '주'라는 표현에는 주인이라는 의미가 들어 있기 때문이다. 그래서 '고용'이라는 표현을 사용하고 싶다면 '고용주'보다는 '고용인'이라는 표현이 더 적절할 것이다.

주식을 가진 주주를 자본가로 본다면 노동을 할 때 자본가보다는 나와 근로계약을 맺은 고용인이나 사용자가 더 노동자에 대응하는 개념이다. 내가 취업한 마이크로소프트 또는 편의점에서 나의 노동과 관련하여 무엇인가를 논의하려면 회사 사장이나 편의점주와 이야기를 해야 한다. 그래서 우리나라 노동과 관련한 법에서는 주로 고용주나 사용자라는 표현을 사용한다.

따라서 노동자는 계급적인 측면에서는 자본가와 대응하며, 노동의 실제와 관련해서는 사용자와 대응한다.

근로자와 노동자의 차이

『국민소학독본』★은 노동을 '육체적 생산 활동', 근로를 '나라의 부강'과 '부지런함'이라는 의미로 구별하여 제시하고 있다. 둘을 달리 본 것이다.

그런데 현재 우리나라에서는 '노동' 대신에 '근로'라는 표현을 많이 사용한다. 「근로기준법」 제2조에서도 근로자를 '직업의 종류를 불문하고 사업 또는 사업장에서 임금을 목적으로 근로를 제공하는 자'라고 규정하여 노동자의 개념을 대신한다.

근로(勤勞)는 '부지런히 일하다'라는 뜻이다. 부지런히 일하는 것은 사용자나 자본가가 노동자에게 기대하는 것이다. 산업혁명 초기에 강조했던 '일하는 시간을 엄격하게 지킬 것, 쉬는 시간은 최소화할 것, 근무해야 하는 주중에는 금주할 것, 최대한 많은 시간을 일하여 생산량을 늘릴 것'에서 기대하는 것이 바로 근로라는 표현과 맞닿아 있다.

현재의 헌법은 '근로'라는 표현을 사용해 다음과 같이 규정하고 있다.

> 제32조 ① 모든 국민은 근로의 권리를 가진다. 국가는 사회적·경제적 방법으로 근로자의 고용의 증진과 적정임금의 보장에 노력하여야 하며, 법률이 정하는 바에 의하여 최저임금제를 시행하여야 한다.
>
> ② 모든 국민은 근로의 의무를 진다. 국가는 근로의 의무의 내용과 조건을 민주주의 원칙에 따라 법률로 정한다.

우리나라 최초의 헌법으로 1948년에 제정되어 공포된 제헌헌법★에서도 현재의 헌법과 마찬가지로

『국민소학독본』
1895년에 편찬된 한국 최초의 근대적인 교과서.

제헌헌법
'제헌'은 '마를 제(制), 법 헌(憲)' 자로 이루어져 있는 말이다. 즉, 제헌헌법은 헌법으로 처음 만들어진 것이라는 의미를 지닌다.

제헌헌법에 제시된 근로 관련 내용

제17조 모든 국민은 근로의 권리와 의무를 가진다.

근로조건의 기준은 법률로써 정한다.

여자와 소년의 근로는 특별한 보호를 받는다.

제18조 근로자의 단결, 단체교섭과 단체행동의 자유는 법률의 범위 내에서 보장
된다.

영리를 목적으로 하는 사기업에 있어서는 근로자는 법률의 정하는 바에
의하여 이익의 분배에 균점할 권리가 있다.

제19조 노령, 질병, 기타 근로 능력의 상실로 인하여 생활 유지의 능력이 없는 자
는 법률의 정하는 바에 의하여 국가의 보호를 받는다.

노동 대신 근로라는 표현을 사용했다.

제헌헌법에서는 왜 근로라는 표현을 사용했을까? 이는 일제강점기의
영향이다. 당시 우리나라 노동자가 일하던 곳은 일본인들이 세운 공장
이었다. 그들은 식민지 노동자의 노동권보다는 노동자의 근로를 통해 더
많은 이익을 얻는 것을 우선시했다.

이런 맥락에서 '근로'는 일본인 자본가의 관점이 반영되어 유지되었다
는 주장이 있다. 이에 대해 한 뉴스에서 팩트 체크를 하기도 했다.[4] 일본
이 식민 지배를 위한 용어로 '근로'를 사용했다는 주장도 있다. 일제가 위
안부를 '근로정신대'로 표현한 것이 대표적이다.

그런데 주목할 점은 독립운동가들도 '근로정신'을 강조했다는 점이다.
당시에는 개인의 노동을 개인적 측면보다는 국가의 측면에서 부국강병
을 위한 수단으로 바라보았음을 알 수 있다.

안타깝게도 광복 이후에도 일본 식민 체제가 남긴 것이 청산되지 않았

다. 그래서 제헌헌법에서도 근로라는 표현이 그대로 남았고 그것이 영향을 미쳐서 현재의 헌법에도 노동 대신 근로라는 표현이 남았다. 최근 헌법 개정 논의가 나오면서 근로를 노동으로 바꾸어야 한다는 주장이 제기되고 있다.

그렇다면 몇 차례에 걸친 헌법 개정에도 근로라는 표현이 유지된 이유는 무엇일까? 다음과 같이 추론해 볼 수 있다.

우선 정부 정책과도 관련이 있을 것이다. 수출을 강조해 온 우리나라는 노동자보다 기업에 더 유리한 정책을 적용해 왔다. 그러다 보니 전통적으로 우리 사회에서는 노동자라는 표현을 반자본주의 또는 반기업적인 것으로 보는 경향이 강했다.

2000년대 이전에도 우리나라 헌법은 노동자에게 노동조합을 설립할 수 있는 권리가 있다고 규정했다. 그럼에도 노동조합의 합법적인 파업에

🔍 알아봅시다

헌법재판소의 판결에 담긴 근로와 노동의 의미
··

1991년 7월 22일 헌법재판소는 「사립학교법」 제55조와 제58조에 나오는 내용이 헌법을 위반한 것이 아닌지를 판결하면서 이를 합헌이라고 밝혔다. 다만 이 과정에서 다음과 같이 설명하고 있다.

"헌법상 근로라는 표현이 사용되고, 노동이라는 표현이 사용되지 아니하기 때문에 이를 근로기본권이라고 명명하고자 한다. 그러나 오늘날 헌법 이념을 구체화한 관련 법률에서는 근로라는 표현보다는 노동이라는 표현이 일반화되어 있음에 비추어 헌법상 근로라는 용례를 노동으로 바꾸는 것이 일반적인 용례에 오히려 부합한다."

헌법재판소의 판결 내용을 고려하면 근로보다는 노동, 근로자보다는 노동자라는 표현이 더 적합할 것이다.

대하여 정부가 경찰을 동원하여 해산시켰다. 국가가 노동자보다는 기업의 생산량 증대를 지지했다는 방증이다.

또한 우리나라가 분단 국가인 점도 관련이 있을 것이다. 북한과 대립한 우리나라는 북한이 강조한 공산주의 주장을 전면 거부하는 면이 있었다. 마르크스 등 공산주의 철학자가 자본가와 노동자를 구분하면서 이를 통해 자본주의의 모순을 주장했기에 노동자라는 표현은 공산주의를 지지하는 표현이라는 오해가 있다.

사회가, 노동 환경이 달라지고 있다. 그러면서 이제는 국가나 사용자 입장을 대변하는 '근로' 대신에 일하는 사람 즉, 노동자의 입장을 대변하는 '노동'을 사용하자는 주장이 힘을 얻고 있다.

취업자와 노동자의 차이

요즘은 노동자와 함께 취업자라는 표현을 사용하기도 한다. 둘 사이에는 어떤 차이가 있을까? 취업자는 일반적으로 직장을 가지고 있는 사람이라는 의미이다. 그래서 특히 실업 통계에서 취업자라는 표현을 자주 볼 수 있다.

실업 통계에서는 일하는 사람과 일을 하고 싶지만 일을 하지 않는 사람을 구분하기 위해서 취업자와 실업자를 구분한다. 그래서 취업자는 일하는 모든 사람을 말한다. 즉, 이는 근로자 외에도 가게를 열어서 사업을 하는 사용자도 모두 포함한다. 그러니 근로자와 취업자는 같은 개념이 아니라고 보아야 한다.

노동자는 특정 직업에만 쓰는 말이 아니다

어떤 사람들은 힘든 작업을 하는 사람을 노동자라고 생각한다. 예를 들어 건설업계에서 일하거나 트럭을 모는 사람을 노동자라고 생각하는 것이다. 그렇다면 내가 작은 건설업체의 사장인데 건설 현장에서 트럭을 몰면서 작업을 한다면 나는 노동자일까 아닐까?

노동자의 진정한 정체성은 어떤 일을 하느냐에 따라 결정되는 것이 아니다. 누군가에게 자신의 노동력을 판매하여 그들이 원하는 일을 한 대가로 임금을 받는가가 노동자인지 아닌지를 결정짓는 중요한 기준이다.

육체적 힘을 사용하여 일하는 직업에 종사하는 사람들만을 노동자라고 오해하는 경우도 있다. 이것은 왜 오해일까? 앞서 말했듯이 노동자는 노동을 판매하는가 아닌가에 따라 결정되기 때문이다.

일반적으로 무엇을 주로 사용해 노동하는가에 따라 육체노동과 정신노동을 구분한다. 육체노동은 무엇인가를 생산할 때 신체를 직접 사용하는 경우를 말한다. 대표적으로 건물을 지을 때 벽돌을 나르는 노동은 전형적인 육체노동이다. 공장에서 물건을 조립하는 노동도 육체노동이다.

반면에 정신노동은 두뇌를 활용하여 생산 활동을 하는 경우를 말한다. 학생을 가르치는 노동은 전형적인 정신노동이다. 환자를 진료하고 치료하는 노동도 정신노동에 속한다.

과거에는 육체노동을 많이 하는 제조업이나 건설업 등에 종사하는 노동자의 옷이 주로 청색이라는 점에 착안해 육체노동자를 '블루칼라'라고 했다. 이에 반해 실내에서 사무직에 종사하며 주로 하얀 옷을 입는 정신노동자는 '화이트칼라'라고 불렀다.

인류의 역사를 보면 지배계급이 육체노동을 회피해 왔다는 점에서, 그리고 산업혁명 이후에도 육체노동을 하는 공간이 정신노동을 하는 공간에 비해 더 열악했다는 점에서, 다수의 사회에서 정신노동보다 육체노동을 낮게 평가하는 경우가 많았다.

우리 사회에도 아직 직업을 평가할 때 이런 편견을 적용하는 사람이 있다. 그러나 모든 노동은 사회적으로 중요하다. 일의 특성에 따라 노동의 의미를 달리 평가하는 것은 사회적 편견이다.

더구나 산업화 이후 과학과 기술의 고도화로 육체노동과 정신노동의 구분이 점점 사라지고 있다. 최근에는 정신노동에서 강조하는 전문성과 육체노동에서 강조하는 신체적 활동이 결합한 직업인 '브라운칼라'도 있다고 한다. 뚜렷한 목적 없이 하는 정신노동에 지친 청년들을 중심으로 사무실에서 벗어나 육체노동을 하려는 이들이 늘어난 것인데, 영국에서 최근 인기가 높아진 집사가 그 예이다.[5]

정신노동과 육체노동이라는 전통적인 노동의 구분 외에 새롭게 등장한 것이 감정노동이다. 감정노동은 노동 과정에서 자신의 감정을 통제하고 고객에게 자신의 감정을 맞추면서 하는 노동을 말한다.

대표적으로 백화점 판매원, 비행기 승무원, 콜센터 직원 등이 해당된다. 이들은 자신의 감정과 상관없이 항상 친절함을 드러내야 하기에 자신의 일상적 감정과 괴리된 채 일한다.

이런 노동의 분류는 노동자의 삶에 대한 다양한 분석을 위해서 필요한 것이지, 그들이 노동자인지 아닌지를 구분하기 위한 것이 아니다. 그러니 노동의 종류에 따라서 또는 그들이 취업한 직업의 종류에 따라서 노동자인지 아닌지가 결정되는 것이 아니다.

프로 축구 선수도 노동자일까? 우리 선생님은 노동자일까?

배달 라이더는 노동자일까 아닐까? 배달업체에 직원으로 채용되어 배달을 하고 월급을 받는 경우는 노동자이다. 그러나 자신의 오토바이를 이용하여 배달하기로 계약을 하여 배달업체로부터 건당 수수료를 받는 경우 일할 때 자유롭게 선택할 수 있으므로 배달업체에 채용된 노동자가 아니다. 그렇다면 이들은 자본가일까? 아니면 사용자일까?

사실 오늘날에는 회사나 공장에 노동을 제공하기로 계약하는 방식의 취업을 하지 않고 노동을 제공하는 경우들이 있다. 학습지 교사, 배달 라이더, 택배 기사 등이 대표적이다.

그런데 이들은 과거 유럽의 길드에 소속해 자본가들의 주문대로 생산품을 만들어냈던 수공업자들처럼 일하고 있다. 예를 들어 배달 라이더를 보자. 이들은 A지역을 관할하는 업체의 플랫폼을 통해 주문을 받고 그들이 지정한 일을 한다. 다만 노동의 대가를 해당 업체로부터 받는 것이 아니라 고객에게서 직접 받는다.

이런 점에서 보면 이들은 해당 사업체에 고용된 노동자는 아니다. 그러나 보이지 않게 해당 업체와 계약 관계를 맺고 있다. 타인에게 고용되어 임금을 받는 경우를 노동자라고 보는 우리나라에서는 이들을 노동자라고 하지 않고 자영업자라고 한다. 하지만 이들이 노동자처럼 일한다는 점을 고려해 이들을 특수고용 노동자라고 보아야 한다는 주장도 있다.

그렇다면 프로 구단과 계약하여 성과에 따라 큰 연봉을 받는 프로 운동선수들은 노동자일까? 손흥민 선수의 경우 프로 축구 구단에 소속되어 그가 출전한 경기에서의 업적에 따라 일정한 연봉을 받기에 '개념적'으로는 노동자이다.

프로 구단에 소속되지 않는 경우는 어떨까? 프로 골퍼 박세리 선수는 혼자서 미국을 횡단하면서 경기에 참가해 우승하여 상금을 받은 적이 있다. 이 경우는 사실 임금이 아니라 우승 상금을 받은 데다 소속된 구단도 없기에 노동자가 아닐 것이다.

그렇다면 처음으로 돌아가서 선생님, 교사는 노동자일까 아닐까? 근무하는 곳이 사립학교라면 그 학교 재단에, 공립학교라면 공무원으로 국가에 채용되어 가르치는 일을 한 대가로 임금을 받아서 생활하기 때문에 모두 노동자이다. 중앙정부나 지방자치단체 등에서 일하는 공무원이나 경찰관, 소방관 등도 노동자이다.

사실 여기서 우리가 노동자라는 개념을 상세히 살펴본 것은 어떤 직업이 노동자의 사례에 속하는가 아닌가를 판단하기 위해서가 아니다. 산업

사회 이후 노동자라는 개념을 통해서 그 집단을 구별하는 이유가 무엇인가를 앞으로 생각해 보기 위한 발판을 마련하기 위해서이다.

인간은 노동자가 되어 자신의 노동을 상품처럼 판매하면서 인간으로서 자기 노동에 대한 결정권마저 잃게 되었다. 그리고 어떤 경우에는 노동의 대가로 받는 임금으로 인해 인간으로서의 존엄함을 잃어버리는 경우도 있다. 그래서 노동과 노동자를 개념적으로 설명하는 것은 노동자의 삶의 조건과 그들이 잃어버린 것이 무엇인지, 왜 그렇게 되었는지를 잘 생각해 보기 위해서이다. 같이 시작해 보자.

인 권 토론방

① 특수고용 상태에 있는 자영업자는 노동자일까 아닐까? 산업이 발달하면서 다양한 노동자의 모습이 나타나는 이 시대에, 노동자 개념을 새롭게 정의해야 하는 것은 아닐까? 자신의 생각을 바탕으로 토론해 보자.

4
노동자들은
왜 거리로 나갔을까?

"지하철 파업 첫날 열차가 지연 운행되면서 시민들이 출근하는 데 많은 불편을 겪었다…… 시민들은 관련 소식을 접하고는 교통혼잡에 대한 우려를 표했다."[6]

2019년에 있었던 우리나라의 지하철 파업에 대한 몇몇 기사 내용을 모아서 요약한 것이다. 기사는 아직 발생하지도 않은 시민 불편을 먼저 언급하고 있다.

다른 나라는 어떨까? 2019년 12월, 프랑스에서도 대중교통 업무를 하는 노동자들이 전면 파업에 들어갔다. 그런데 당시 프랑스 국영 방송은 파업 소식을 전하며 시민들의 불편을 거론하기는 했지만 파업에 대하여 부정적인 논조를 제시하지는 않았다.

오랜 시간 파리에서 유학한 지인은 프랑스 파리의 대중교통 파업과 관련하여 다음과 같이 말했다. "최근 들어서 대중교통 파업에 불편을 호소하는 시민들이 증가하고는 있어. 도로가 좁은데 대중교통으로 출퇴근해야 하니까 당연히 불편하지. 그런데 전통적으로 파리 시민은 대중교통 파업을 노동자의 정당한 시민적 행위로 인정해. 그러니 파업 자체에 대해서는 크게 문제 삼지 않아."

이런 반응이 가능한 이유는 파업이 노동자의 당연한 권리임을 인정하기 때문이다. 나 또한 노동자로서 그들과 같은 상황이 되면 파업을 할 것이고, 그때는 나의 파업을 다른 시민들도 당연한 권리로 인정해 주기를 기대한다는 것이다.

산업혁명 이후, 노동자의 권리를 말하기 시작하다

노동자라는 사회적 지위는 산업혁명 이후에 본격적으로 나타났다. 그런데 유럽의 경우, 초기 산업혁명과 함께 그 시대적 상황을 이해하기 위해서 고려해야 하는 것이 하나 더 있다. 바로 시민혁명이다. 시민혁명은 사람들의 삶의 조건을 "신분에서 계약으로"[7] 변경시켰다.

신분제 사회는 어떤 특징이 있을까? 조선 시대를 생각해 보자. 당시에 '양반-상민-천민'은 신분상 구분이 명확했다. 양반이 천민을 노비로 거느리면서 온갖 궂은일을 시켜도 이상하게 여기지 않았다. 천민이 상민이나 양반이 되는 일은 매우 어려웠다. 신분제 사회에서는 개인의 사회적 지위가 이미 주어져 있었으며 이를 개인이 노력하여 변화시키기는 어려웠다.

유럽도 영주와 기사, 농노 등으로 신분이 정해져 있었다. 그러나 시민혁명으로 인해 도시로 이주한 농노들이 자유민이 되면서 신분제에서 벗어난 사람들이 늘어났다. 그러나 신분제 사회에서 벗어났다고 이들이 모두 다 자유로운 것은 아니었다. 자유를 가진 이들 다수는 자본가가 되지 못하고 노동자가 되었다. 자본가들과 계약을 맺고 일정한 시간 일하여 임금을 받는 노동자로서의 지위를 갖게 된 것이다.

'계약제'는 계약 당사자가 평등한 관계여야 가능하다는 전제가 있다. 신분제에서 계약제로 바뀌기는 했으나 시민혁명 이후에도 사람들은 그들의 이전 신분이나 자산에 따라 정치적 참여에서 차별을 받았고 평등하지 않았다. 참정권★은 귀족과 큰 재산을 가진 부르주아 남성에게만 주어졌다.

노동자들은 자유로운 신분이 되었지만 여전히 시민으로서 정치적 선택을 자유롭게 할 수 있는 참정권을 갖지 못했다. 이에 참정권 확보를 통해 시민의 지위를 획득하려는 활동이 다양하게 나타났다.

기계에 밀린 인간의 저항, 러다이트 운동

인공지능 기술이 발전하면서 대두된 사람들의 관심사는 인공지능이 대체하게 될 일과 사라지게 될 직업이다. 사실 이런 관심은 과거에도 있었다.

산업혁명 때 노동자가 된 이들은 도시로 와 임금을 받으면 먹고사는 문제를 해결할 수 있다고 생각했다. 그런데 기술이 발전하자 기계의 자동화가 이루어졌다. 이들은 기계가 인간 노동을 대체하는 것을 보면서 일자리에서 쫓겨날 수 있다는 위기감을 느꼈다.

수공업 공장에서 직물을 생산하던 노동자들에게 일자리를 잃을지 모른다는 위기 의식을 심어준 것은 바로 19세기 초반에 만들어진 방직기였다. 공장은 방직기를 일렬로 배치하고 직물을 생산하였기에 도제 제도를

숙련 노동자

하는 일이나 노동을 오래 반복하여 그 일을 매우 능숙하게 하는 기술자가 된 상태의 노동자.

비숙련 노동자

하는 일이나 노동을 능숙하게 하지 못하는 상태의 노동자.

비싼 임금을 주어야 하는 숙련 노동자★ 대신 낮은 임금을 주어도 되는 비숙련 노동자★를 고용하면 되었다. 방직기를 이용하여 대량생산 체제로 전환하면서 손으로 직접 상품을 만드는 사람이 아니라 방직기를 잘 다루는 단순 노동을 할 노동자가 필요했던 것이었다.

더구나 당시에는 프랑스의 나폴레옹이 일으킨 전쟁 등 여러 전쟁이 유럽 전체를 불안하게 만들면서 경제 불황이 나타났다. 경제 불황으로 물건을 사는 사람이 줄어들면서 노동자는 낮은 임금조차 제대로 받지 못하는 상황이 되었다.

전쟁으로 인해 물가가 올라가자 노동자들의 빈곤은 매우 심각해졌다. 그럼에도 영국에서는 1799년에 제정된 「단결금지법」으로 인해 노동조합 결성이 금지되었다. 그런 탓에 노동자가 자신의 노동조건과 관련하여 조직이나 단체를 통해서 무엇인가를 요구할 수 있는 상황이 아니었다.

위기를 느낀 당시의 숙련된 노동자들은 밤에 공장을 습격하여 불을 지르거나 기계를 파괴하는 행동을 선택했다. 이 일에 참여했던 많은 노동자가 정부의 강경 진압으로 잡혀갔고 다수가 교수형을 받았다.

당시 숙련공들의 집단행동을 러다이트 운동(Luddite Movement)이라고 하는데, 이 운동을 이끌었다고 알려진 인물인 러드의 이름을 딴 것이다. 러드는 당시 노동운동의 전설적인 인물인 '네드 러드'라는 주장도 있고 운동에 참여한 여러 사람을 부르는 가명이라는 주장도 있다. 1811년부터 5년 정도 이어진 이 운동은 산업혁명으로 탄생한 노동자들이 자신의 권리를 보장받기 위해 행한 본격적인 운동의 시작이라고 볼 수 있다.

노동자의 평등한 시민 지위를 요구한 차티스트 운동

비록 러다이트 운동은 실패했지만 노동자들은 노동자로서 권리를 주장하려면 정치적 권력을 갖추어야 함을 깨달았다.

영국의 차티스트 운동(Chartist Movement)은 이러한 깨달음을 발판으로 시작됐다. 당시 영국에서는 명예혁명*으로 남성 귀족만 시민권을 부여받았고 남성 노동자는 정치에 참여할 수 있는 시민권을 얻지 못했다.

명예혁명

1688년에 영국에서 일어난 시민혁명. 유럽의 다른 나라와 달리 사람들이 목숨을 잃는 등의 사태 없이 마무리되어 '명예혁명'이라고 부른다.

따라서 노동자들이 자신들의 권리를 주장할 수 있는 유일한 방법은 정부에 청원서를 제출하는 것이었다. 그러나 이는 잘 받아들여지지 않았다. 정부에서 중요한 자리를 차지한 이들은 대부분 공장을 운영하던 이들이거나 자본을 가진 이들이었기 때문이다. 노동자의 권리를 받아들이면 그들은 자신의 재산을 늘리기 어려웠다.

이에 따라 남성 노동자는 시민이 누리는 권리인 보통선거를 할 권리의 인정과 의원 출마자에 제한을 두었던 재산 조건 폐지 등을 내세우면서 참정권을 확보하기 위해 노력했다. 이러한 권리 보장 노력을 차티스트 운동이라고 부른다.

1836년부터 노동자들을 중심으로 10여 년간 이루어진 이 운동은 수

📖 **알아봅시다**

영국의 차티스트 운동과 노동자의 권리

차티스트 운동은 노동운동이 아니라 정치적 권리를 얻기 위한 영국 노동자들의 운동이었다. 1838년에 런던노동자협회에서는 여섯 가지 요구사항을 정해서 의회에 제출하였는데 내용은 다음과 같다.

1. 21세 이상의 모든 남자에게 선거권을 인정할 것
2. 유권자의 보호를 위해서 선거에서 비밀투표 제도를 도입할 것
3. 하원의원에게 일정한 재산 자격을 갖추도록 한 조항을 폐지할 것
4. 하원의원에게 보수를 지급할 것
5. 인구 비례를 고려한 평등한 선거구를 결정할 것
6. 의원의 임기를 1년으로 하여 매년 선거를 할 것

이러한 요구는 즉시 받아들여지지는 않았지만 변화의 기반을 만들었다. 시간이 지나 1867년에 도시의 노동자가 선거권을 갖게 되었으며 1884년에는 농촌이나 광산 노동자도 선거권을 갖게 되었다. 그리고 이는 노동운동이 경제적인 측면에 국한되는 것이 아니라 정치적 사안임을 알려주는 역할도 했다.

많은 남성 노동자들이 참여한 서명 운동으로 이어졌다. 그러나 경제 상황이 나아지면서 노동조건이 개선되자 지도부가 분열되었고 결국 그들의 주장도 받아들여지지 않았다.

차티스트 운동 실패 이후 노동자들은 일상적 노동조건 개선과 노동조합 설립 등 노동권리 자체에 초점을 두게 되었다. 비록 실패를 거듭했지만 이들의 노력은 영국에서 노동자의 권리를 강조하는 정당인 노동당을 창당하는 기반이 되었다.

노동조합을 만들다

앞에서 보았듯이 1799년에 제정된 영국의 「단결금지법」에 따라 노동자들이 모여서 무엇인가를 하는 것이 금지되었다. 영국보다 앞서서 프랑스에서도 시민혁명의 지도자이자 변호사였던 르 샤플리에(Le Chapelier)가 노동자나 고용주가 단체를 만드는 것을 불법이라고 정한 법안을 제출해 의회에서 통과되었다.

그가 「르 샤플리에 법」으로 불리는 이 법을 제출한 이유는 무엇일까? 그는 시민혁명으로 자유를 얻은 시민 각자가 자유로운 합의에 따라 임금 등을 결정해야 한다고 보았다. 그리고 자본가와 노동자 모두에게 단체 활동을 동일하게 금지하였기에 이 법은 평등하다고 주장했다.

문제는 부르주아 집단의 대표였던 그가 노동자의 어려움을 제대로 이해하지 못하고 기계적인 자유와 평등을 내세운 것이었다. 적은 임금으로 긴 시간의 노동을 견뎌야 했던 노동자들은 이미 17세기부터 상공업자나 자본가들이 만들었던 길드 조직과 비슷한 공제조합을 만들어 상호부조를 통해 안전한 생계를 위한 방식을 마련하고 있었다. 공제조합은 처음에는 취업 정보 교환이나 같은 분야의 노동자 간 교류 활동을 주로 했다.

그러다가 노동자들이 조금씩 회비를 내어 노동 과정에서 생기는 위험을 대비하고, 자녀 출산과 양육, 질병과 장례 등을 대처하는 일까지 하게 되었다. 오늘날의 사회보장 제도에서 하는 일을 했던 것이다.

하지만 공제조합 활동만으로는 열악한 노동조건을 개선할 수 없었다. 공제조합은 노동자의 위기를 대처하기 위한 그들만의 노력이었기에 정부나 정치인들도 이를 장려했으나, 노동자들이 공제조합을 통해 노동조건의 본질적 어려움에 대해 호소하는 것은 못 하도록 했기 때문이다.

참정권을 가진 이들은 시민혁명 이후 '자유'라는 미명하에 노동자들의 어려움에 대해서는 관여하지 않았다. 그리고 노동자들은 자신들의 어려움을 해결할 정치적 권력을 갖지 못했다. 따라서 노동자들이 유리한 조건의 노동 계약을 자유롭게 선택한다는 것은 사실상 불가능했다.

시간이 흘러 영국에서는 1824년에 「단결금지법」이 폐지되었고, 프랑스에서는 1864년에 노동자의 단결에 대한 형벌 규정이 없어졌다. 이러한 법이 폐지되면서 노동자가 조합을 만드는 것이 가능해졌다. 그리고 드디어 1871년 영국에서 최초의 노동조합이 탄생했다.

이들이 노동조합을 만들려고 했던 이유는 무엇일까? 노동자들은 기계를 파괴하는 등의 운동만으로는 자신들의 권리를 제대로 보장받기 어렵다는 것을 경험적으로 알게 되었기 때문이다. 또, 합법적으로 권리를 보장받아야 생계를 안정적으로 꾸릴 수 있음도 깨닫게 되었다.

때마침 자본주의가 성장하면서 막대한 부를 누리던 자본가들도 그 이윤 중 일부분을 합법적으로 노동자들과 나누는 것이 더 많은 부를 가져온다는 것을 학습하게 되었다. 즉, 노동조합을 합법화하는 것이 노동자와 자본가 모두에게 유익하다는 것을 알게 된 것이다.

이후 노동조합은 정치적인 측면에서는 노동자의 권리를 제도적으로 보장해 줄 것을 요구했고, 경제적인 측면에서는 노동조건의 개선을 요구했다. 이로 인해 임금 등 중요한 노동조건을 결정할 때 개인 대신 노동자 단체가 나서서 협의하는 것이 가능해졌다.

이렇게 노동조합은 노동자가 자본가나 사용자에게 대응하여 자신의 권리를 평등하게 주장할 수 있는 최소한의 조건이 되었다. 노동자 개인은 여전히 약자이지만 단체를 이루면 이전보다 조금 더 강한 힘을 가지게 된다.

세계노동자의 날을 기념하는 이유

5월 1일은 공휴일이 아니지만 많은 노동자들이 출근하지 않고 쉰다. '노동자의 날'이기 때문이다. 우리나라뿐만 아니라 지구상의 많은 나라에서 그날을 '노동절'로 기념하면서 쉰다. 이날은 무엇을 기념하는 것일까?

19세기 후반에 합법적으로 노동조합을 갖게 되었지만 노동자의 생활은 여전히 힘들었다. 영국의 차티스트 운동 이후 1일 노동시간이 10시간 정도로 줄었지만 직물 먼지로 호흡조차 힘든 공장에서 잠시도 제대로 쉬지 못하고 하루에 10시간 노동하는 건 고되고 힘들었다. 더구나 일하다가 다치기라도 하면 그 책임은 노동자 본인이 져야 했다.

이런 노동의 고된 현실은 산업혁명 이후 그 발전 양상과 상관없이 어느 나라나 비슷했다. 이런 상황에서 1886년 5월 1일, 당시 공장이 몰려 있던 미국의 시카고에서 노동자들은 "하루 8시간의 노동과 8시간의 휴식을 보장하라"고 요구하면서 총파업을 시작했다.

시카고의 헤이마켓 광장에서 파업을 주장하던 이들을 경찰이 해산시키는 과정에서 한 괴한이 폭탄을 터뜨렸고 수많은 사상자가 발생했다. 경찰은 이 사건의 주모자로 당시 파업을 주도한 노동자들을 지목했고, 그들은 사형과 징역형을 받았다.

'헤이마켓 사건'이라 불리는 이 일은 1889년 파리에서 열린 노동자들의 국제 대회에 보고되었다. 이 과정에서 모든 도시의 노동자들이 1일 8시간 노동을 요구하는 시위를 함께 벌이기로 결의했다.

더불어 이 대회는 5월 1일에 시작된 미국 노동자들의 시위를 기념하

🔍 알아봅시다

〈그랑자트 섬의 일요일 오후〉에서 엿보는 노동자의 휴식

미술 수업에서 배웠던 점묘화의 대표적 그림이 쇠라의 〈그랑자트 일요일 오후〉이다. 그랑자트 섬은 프랑스 파리의 센 강 한가운데 있는 섬이다. 1886년 작인 이 그림을 그리던 당시에 파리는 산업혁명으로 도시가 번창하고 있었다.

그림에 등장하는 그랑자트 섬의 왼쪽은 주로 부르주아의 거주지였고, 오른쪽이 노동자들의 거주지였다. 그림은 일요일 오후에 섬 양옆에 살던 부르주아와 노동자들이 휴식을 누리기 위해서 모여든 장면을 그린 것이다.

쇠라의 그림 중에 〈그랑자트 섬〉이 있다. 이 그림에는 요트 등만 등장하고 사람들이 등장하지 않는다. 반면 많은 사람이 햇볕을 쬐면서 무표정하게 시간을 보내는 이들을 그린 〈그랑자트 섬의 일요일 오후〉는 제목에서 느껴지듯이 오랜만에 햇빛을 받으며 휴식을 취하는 노동자들을 관찰할 수 있다.

"우리도 햇빛을 보고 싶다네. 꽃 냄새도 맡아보고 싶다네……." 미국 시카고의 헤이마켓 사건 당시 노동자가 시가 행진을 하면서 부른 노래 가사이다. 이를 고려하면 그랑자트 섬의 일요일에 등장하는 노동자들은 정말로 달콤한 휴식을 즐기고 있는 셈이다. 그러나 그림에 등장하는 노동자들의 무표정한 얼굴을 보면 휴식의 달콤함이 아니라 노동의 고단함이 더 크다는 것을 알 수 있다.

여 이날을 '세계노동자의 날'로 정했다. 그리고 1890년부터 5월 1일을 '노동절' 또는 '메이데이(May Day)'라고 부르면서 그들의 희생을 기념하기로 했다. 우리나라에서는 이날을 휴무하는 것으로 기념하지만 프랑스에서는 이날 노동자들이 총파업을 하며 적극적으로 기념한다.

오늘날 우리 사회의 노동 현실은 어떠한가? 이제는 자유롭게 노동조합을 설립하고 단체로 노동권리를 주장할 수 있게 되었다. 과거에 비해 노동조건이 개선되었으며 과거와 비교할 수 없을 정도의 높은 임금을 받는 노동자들도 있다. 반면 여전히 저임금, 비정규직, 위험 속에서 노동하는 이들이 있다.

요즘에도 우리는 거리에서 노동하는 이들이 자신을 힘들게 하고 고단하게 하는 노동조건을 개선해 달라고 요청하는 것을 종종 보게 된다. 과거에 노동권리를 주장하며 거리에서 또는 공장에서 행했던 노동자 선배들의 주장을 잇는 것이다.

나는 그들을, 그들의 요구를, 그러한 요구로 인해 나에게 생기는 불편함을 어떻게 바라보는가? 그것은 당연한 그들의 권리이고, 나 또한 그러한 권리를 가지고 있음을 생각한다면 그들과 나의 권리를 위해서 그런 불편 정도는 감내해야 하지 않을까.

노 동
인 권 토론방

① 오늘날 우리나라의 국회에도 노동자 출신 의원이 많이 진출하고 있다. 노동자 출신으로 국회의원이 된 이들을 찾아보자. 그리고 이들이 노동자의 권리를 위해 무엇을 해왔는지 알아보자.

5
우리 주변의 사회 현상을
노동인권 관점으로 보면?

2021년 1월, 우리나라 전체가 꽁꽁 얼어붙는 것 같은 극한 추위가 사람들을 힘들게 했다. 그 시기에 '백화점 주차요원들 코트 입는 거요'라는 제목의 글이 SNS에 올라왔다.[8]

주된 내용은 '백화점 주차요원들이 추위에 떨면서 실외에서 일하는데 이들에게 코트 대신에 패딩을 입게 했으면 좋겠다' '조만간 더 심한 추위가 온다는데 일하는 청년들의 건강과 인권을 생각해서 패딩을 입도록 백화점에서 허락해 주면 좋겠다'는 것이었다.

그러자 수많은 댓글이 달렸다. '백화점에 직접 건의하면 효과가 클 것 같습니다' '저도 님처럼 항의 부탁 전화를 해야겠네요' '백화점 고객센터에 건의 글을 써야겠네요' 등과 같은 의견이었다.

원글을 작성한 이는 다음 날 직접 해당 백화점에 건의하였고 백화점에서 고려해 보겠다는 답을 들었다고 한다. 나아가 그는 다른 백화점에도 관련 사항을 민원으로 접수하였고 다른 이들도 이런 요구를 했다.

생각보다 상황은 빨리 바뀌었다. 이 일이 있고 2주가 채 지나지 않아 많은 백화점이 주차요원들에게 롱패딩을 지급한 것이다. 이를 가능케 했던 힘은 무엇이었을까? 주변에서 발생하는 일에 대하여 그냥 지나치지 않고 인권이라는 차원에서 문제 제기를 한 사람, 그리고 그런 문제 제기에 자신의 경험을 이야기하면서 공감한 사람, 구체적인 행동으로 그런 일을 고쳐야 한다고 이야기한 사람, 그리고 사회 변화를 위해 실제로 행동한 사람. 이들의 노력이 만들어낸 결과일 것이다.

시민들이 스스로 만들어낸 사회 변화, 노동에서 그러한 변화를 이끌어내는 길은 어떻게 시작할 수 있을까?

왜 노동인권을 생각해야 할까?

우리나라 헌법 제32조 제1항에서는 "모든 국민은 근로의 권리를 가진다. 국가는 사회적·경제적 방법으로 근로자의 고용의 증진과 적정임금의 보장에 노력하여야 하며, 법률이 정하는 바에 의하여 최저임금제를 시행하여야 한다"라고 제시하고 있다. 이것에 대해 일반적으로 노동권 혹은 노동권리를 규정하고 있다고 말한다.

'근로의 권리'라고도 불리는 노동권은 일할 능력과 의욕을 지닌 사람이 사회적으로 일할 기회의 보장을 요구할 수 있는 권리를 말한다. 헌법에 관련된 중요한 사안을 판단하는 헌법재판소에서는 노동권을 사회권의 일종으로 보고 있다.

사회권은 인간다운 삶을 위해서 국가가 적극적으로 개입하여 보장해 주어야 할 권리를 말한다. 그렇지만 국가가 직접 일자리나 직장을 알아봐주거나 일한 대가로 받을 수 있는 적정 생계비를 주어야 하는 것은 아니다. 국가는 주로 고용과 관련한 사회적·경제적 정책을 만드는 방식으로 노동권을 보장한다.

따라서 노동권은 국가가 국민이라는 자격을 가진 사람에게 주로 고용 증진, 즉 개인의 일할 기회와 관련한 정책을 통해 권리를 보장해 주는 것이 핵심이 된다.

헌법에서 규정하는 노동권을 보장하기 위해서는 구체적인 법에 따라 정책이나 제도를 만들어야 한다. 대표적으로 「근로기준법」을 바탕으로 하는 최저임금제도 등이 해당한다. 또한 헌법에서는 노동권과 더불어 노동3권도 권리로 제시한다.

그러나 헌법에 규정된 노동권이나 노동3권만으로는 해결하기 어려운

자연권으로 보장되는 인권과 헌법에서 보장하는 기본권

인권은 인간이 존엄한 삶을 누리기 위해 당연히 누려야 할 권리이다. 인권은 다른 조건 없이 오로지 '인간'이라는 존재만으로 누리는 권리로서 태어날 때부터 부여받은 천부인권이어서 자연권적으로 보장받는 권리이다.

이러한 인권 중에서 헌법 등의 실정법에 규정된 것이 기본권이다. 한 나라의 기초가 되는 법인 헌법에 규정된 기본권은 국가라는 조직 안에서 국민이라는 지위에 의해서 보장받을 수 있는 인권을 정한 것이다.

우리나라 헌법에 규정된 기본권은 자유권, 평등권, 참정권, 사회권, 청구권으로 나눈다. 노동권은 우리나라 헌법에서 보장하는 사회권에 속한다.

일부에서는 헌법에서 규정한 기본권 외에 열거되지 않은 권리도 보장한다는 점에서 기본권은 인권과 동일하다는 주장을 한다. 또 일부에서는 기본권 중 핵심적인 것만 제시하였기에 인권의 일부분이라는 주장을 한다. 또 일부에서는 기본권은 그 주체가 국민이지만 인권은 그 주체가 인간이라는 점에서 일부분 겹칠 뿐 다른 부분이 있다고 주장한다.

노동 문제가 나타난다. 예를 들어 특정 노동을 하는 이들에 대한 차별과 편견, 혐오, 국민이 아닌 이주노동자의 노동에 대한 보호 문제, 노동 관련 법에서 보호받지 못하는 현장실습생의 노동 문제, 노동자와 비슷한 역할을 함에도 개인사업자여서 노동권을 누리기 어려운 이들의 문제 등이다.

그런데 이러한 문제도 노동권이 아니라 인권의 관점으로 보면 새로운 해결 방법을 찾을 수 있다. 즉, 노동 현장에서 노동자로서 누려야 할 권리가 아니라 존엄한 삶을 살아가기 위한 인간의 권리를 고려하여 그 상황을 바라보자는 것이다.

이렇게 하면 그 상황에 대하여 인간 존엄성을 고려한 판단을 할 수 있고 실정법으로 해결하지 못하는 노동과 관련한 인권 문제를 폭넓게 사고

할 수 있다. 즉, 노동권에서 보장하는 범위 밖에 존재하는 노동하는 이들까지 포함하여 그들의 인간 존엄성을 위한 권리 보장을 논의할 수 있다. 사회 변화에 따라 새롭게 등장하는 노동을 하는 이들과 관련한 권리에 대해서도 점검할 수 있다.

인권은 인간으로서 존엄성을 누리기 위해 가져야 하는 기본적이고 보편적이며 필수적인 권리이다. 그러니 노동을 인권 관점으로 보면 노동하는 과정에서 인간 존엄성을 훼손받지 않기 위해 가져야 할 권리에 대해 생각할 수 있다.

'30분 배달 보증 제도'의 그림자

2011년에 사라졌지만 한 피자 업체에서 '30분 배달 보증 제도'를 실시한 적이 있었다. 피자를 주문하면 30분 안에 배달하는 것을 원칙으로 하여 30분이 지나면 2천 원을 할인해 주고, 45분이 지나면 피자값을 받지 않는 제도였다.

사실 배달 음식을 기다리는 일은 매우 지루하며 빨리 배달해 달라고 재촉하는 요구를 하는 경우도 많다. 그래서 30분 안에 배달을 보증해 준다는 이 업체의 배달 방식은 소비자들에게 호평을 받았다. 이 업체에 배달을 시키면 거의 30분 이내로 다 배달이 되었다.

회사 입장에서는 '30분 배달 보증 제도'가 손님을 유치하는 좋은 전략이다. 그러나 늦게 배달을 하면 손해를 보기에 배달하는 이들을 재촉하게 된다. 피자 굽는 시간을 고려하면 오토바이로 배달하는 사람은 교통신호를 무시하고 도로를 질주해야 하는 경우가 발생할 수밖에 없다.

실제로 2011년에 이 피자 업체의 피자를 오토바이로 배달하던 19세의 한 청년이 사거리에서 신호가 바뀌자마자 출발하다가 신호를 위반하고 달리던 버스와 충돌하여 사망한 사고가 발생했다. 이 사건 이후 30분 배달 보증 제도는 폐지되었다.

이 사건 이전에도 배달 노동자의 생명을 위협하는 보증 제도를 없애야 한다는 주장이 계속 있었다. 그런데도 어떻게 이 제도가 그때까지 유지되었을까?

자본가의 입장에서 보면 노동은 자본이나 토지처럼 자본주의 생산 과정에서 돈으로 환산되는 생산수단이다. 그래서 초등학교부터 고등학교까지 우리는 경제 활동과 관련한 수업에서 '노동'을 생산자원으로 배운다.

학교에서 경제 관련 내용을 배우면서 노동의 효율성을 따질 때 사용하는 표현인 '노동생산성'은 노동시간 대비 생산량의 비율로 계산한다. 무역과 그 이익을 다루면서 비교우위와 절대우위를 배울 때에도 '자동차 생산에 노동 4단위' '옷 생산에 노동 2단위' 이런 식으로 노동을 배운다. 그러다 보니 노동을 하는 '인간'에 대해서는 인식하지 못하게 되었다.

'30분 배달 보증 제도'와 같은 방식에 대하여 소비자는 편리하다고 생각하고, 기업은 노동생산성을 높이고 이윤을 높이는 방안이라고 생각한 것이다. 배달 일을 하는 인간이 경험할 문제나 고통, 그리고 그들의 생명권을 비롯한 인권 존중에 대해서는 고려하지 못하는 것이다.

이 생각을 바꾸기 위해서는 무엇을 먼저 시작해야 할까? 무엇보다도 먼저 노동하는 인간과 노동하는 과정에서 존중받아야 할 권리에 대한 인식 변화 그리고 이를 학습하는 노력이 필요하다. 이를 위해서는 사회 현상을 경제 논리로만 볼 것이 아니라 노동인권의 관점에서 바라볼 수 있어야 한다.

"야외에서 일하는 백화점 주차요원이 아름답게 보여야 한다는 이유로 얇은 코트를 입고 추위에 떨면서 일하게 하는 것은 문제야."

"내가 주문을 하면서 배달을 재촉하면 배달 노동자의 안전을 위협할 수 있어서 문제야."

"상품 생산량을 높이기 위해 휴가나 쉼 없이 일주일에 60시간 이상을 일하도록 하는 회사는 문제가 있어."

"밤에 잠을 자지 않는 것이 발암 원인이 될 수 있다고 하는데, 새벽 배송 상품을 사는 것이 맞는지 고민하게 되네."

"엘리베이터가 없는 5층에 사는데 배달이 어려울 정도의 상품을 한꺼번에 구매하는 것은 하지 않아야 해."

"노조가 파업을 하는데 그들의 정당한 권리인데도 이를 문제라고 하면서 빨리 해결해야 한다는 뉴스를 내보내는 것은 문제야."

이처럼 노동인권이라는 관점을 가지고 보면 노동하는 인간의 고통과 그들이 인간으로서 존중받지 못하는 현실을 파악할 수 있다. 즉, 그 일을 하는 사람들이 노동 중에 어떤 어려움을 겪는지, 그 어려움이 인간으로서 존엄성을 누리고 살아가는 것을 어렵게 하지는 않는지, 그 어려움을 알면서도 소비자의 편리함이나 기업의 이윤을 위해서 눈 감고 있는 것은 아닌지, 노동을 하는 사람의 고통을 해결하기 위한 법이나 제도는 제대로 만들어져서 제대로 시행되는지 등을 고려하는 인식을 가질 수 있다.

그러면 누군가가 노동3권을 주장하면서 파업을 하는 것도 당연한 권리라고 인정할 수 있으며, 그들의 주장을 적은 전단지를 기꺼이 받을 수 있을 것이다.

그러나 인식만으로 이런 일들이 쉽게 개선되는 것은 아니다. 우리가 어떻게 행동해야 하는지 이야기해 보자.

나의 노동인권 알기

"근로기준법을 준수하라! 우리는 재봉틀이 아니다!"

서울 청계천에 있는 전태일 기념관에 전시된 글이다. 전태일 기념관은 「근로기준법」이 있음에도 자신의 노동조건이 법으로 보호받지 못하는 문제를 해결하기 위해 목숨을 던진 전태일이라는 한 젊은 노동자의 주장을 기록으로 남겨 전시하고 있다.

한자로 된 당시의 「근로기준법」을 처음 접한 전태일은 그것을 읽기 위해서 공부를 하면서 '내가 더 많이 배웠더라면 좋았을 텐데'라고 생각했다. 그랬다면 자신이 가진 노동권리를 더 빨리 더 쉽게 알았으리라고 생각한 것이다. 오늘날도 마찬가지이다.

"권리는 아는 것이 권리이다"라는 말에서 보듯이 무엇을 하든 인간으로서 자신의 권리를 아는 것이 중요하다. 특히나 노동권리 보장을 주장해 온 역사에서 살펴보았듯이 노동자는 사회적 약자였기에 자신의 권리를 아는 것이 매우 중요하다.

학교에서 가르치고 배우는 것은 현재 또는 미래에 사회 구성원으로서 살아가는 데 필요한 것이다. 우리 대부분이 학교 졸업 후 오랜 기간 노동을 하거나 노동자로 살아야 한다는 점을 고려하면 노동인권에 관하여 충분히 배우고 제대로 학습하여야 한다.

청소년 아르바이트 경험은 점점 늘고 있다. 그 과정에서 경험하는 편견이나 차별도 많은데 가장 대표적인 것이 근로계약서를 작성하지 않는다는 것이다. 더구나 나이가 어리다는 이유로 최저임금보다 낮은 임금을 받거나 반말을 듣는 경우도 많다.

문제는 학교에서 기본적인 노동인권을 배우지 않다 보니 청소년이 일하면서도 자신이 노동하는 동안 최소한으로 존중받아야 할 권리의 내용도 모르고 그것을 주장하기도 어렵다는 것이다. 다행히 최근에는 학교 안이나 밖에서 노동인권과 관련한 교육을 강조하고 있다.

학교에서 청소년을 대상으로 노동인권에 대하여 가르친다고 해서 우리 사회의 노동인권이 한꺼번에 존중되고 보장되는 것은 아니다. 하지만 교육을 통해 학생들이 노동인권을 배우면 자신이 노동하는 과정에서 최소한으로 보장받아야 할 권리를 이해하고 주장할 수 있다.

그리고 이런 청소년들이 자라서 노동을 하고 기업을 운영하고 정책 입안자가 되었을 때 노동인권 관점을 고려하면 사회를 변화시킬 수 있다. 그런 점에서 노동인권의 가장 첫 출발은 바로 자신의 노동권리와 노동인권 자체를 아는 것이다.

타인의 노동인권 인정하기

비정규직
정규직과 달리 노동 기간에서 지속성을 보장받지 못하고 일하는 상태.

정규직
노동계약의 정해진 기간 없이 정년까지 고용을 지속적으로 보장받고 일하는 상태.

총파업
노동권리를 주장하기 위하여 모든 노동자가 빠짐없이 단결하여 한꺼번에 작업을 중지하는 상태.

학교에는 비정규직★으로 일하는 분들이 있다. 방과후 교사, 급식 조리원 등 정규직★이 아닌 많은 사람이 해당된다. 그런데 2019년에 전국 학교 비정규직 노동조합의 노동자들이 노동권리 보장을 촉구하며 총파업★을 했다. 이 사람들이 총파업을 하면 학교에서는 급식을 제공하지 못하는 문제가 생긴다.

이 사건을 노동인권의 관점에서 보자. 그들은 노동하면서 경험하는 불편을 해결해 달라는 요구를 한 것이고, 헌법에서 당연히 보장받는 노동3권 중 하나인 파업권을 행한 것이다. 그럼에도 학생들이 급식을 먹지 못하거나 방과후 활동을 못하자 파업 상황에 대해 비난하는 이들이 있었다.

그때 인천의 한 초등학교에서 다음과 같은 가정통신문을 전달했다.

"우리 학교 교육 공무직 노동자 가운데 평소 우리 학생들의 성장을 위해 애써주시는 교무행정실무사, 급식실 조리종사원, 전문상담사, 스포츠 강사가 법으로 보장된 자신의 권리 행사를 위해 총파업에 참여합니다. (……) 우리 학생들이 잠시 불편해질 수 있습니다. 그러나 '불편'이라고 생각하기보다 나와 함께 살고 있는 누군가의 권리를 함께 지켜주는 일이라 여기고 그것이 결국 '우리 모두'를 위하는 일임을 생각해 보는 계기가 되길 바랍니다."[9]

누군가의 노동인권은 다른 누군가의 편리함이나 이윤을 위해 희생되는 경우가 많다. 그래서 사회 다수가 타인의 노동인권을 비난한다면 노동인권 자체는 보장받기 어렵게 된다. 모든 사람의 노동인권이 존중받기 위해서는 자신은 물론 타인의 노동인권도 존중하는 인식과 행동이 필요하다.

학생들이 학교에서 교육을 받으면서 점심시간에 급식을 먹는 것은 학교에서 갖는 매우 큰 즐거움이고, 의무교육의 일환으로 당연히 누려야 하는 권리이다. 이 권리와 노동인권 모두 중요하다.

앞에서 언급한 학교에서는 파업 기간에 학교에서 직접 만든 급식을 제공하지는 못했지만 빵과 우유 등을 지급했다. 급식실에서 일하는 분들의 노동인권을 존중하면서 학생이 급식을 먹을 권리를 침해당하지 않도록 하기 위한 대안이다. 이처럼 누군가의 노동인권 주장을 인정함으로써 그 반대편에 있던 사람들이 경험하는 불편이라는 것은 알고 보면 해결할 수 있는 것이거나 상대적으로 작은 것인 경우가 많다.

연대하여 모두의 노동인권 주장하기

우리나라에 KTX 고속열차가 개통된 날은 2004년 4월 1일이다. 지금은 일반 열차보다 KTX 열차를 더 많이 운행하지만 개통 당시만 해도 KTX 열차는 그리 많지 않았다. 그래서인지 이용 고객에 대한 서비스를 시행하기 위해 승무원 300명을 뽑았다.

그런데 이들의 고용 관계가 조금 복잡했다. KTX 열차를 운영하는 곳은 당시 '철도청'이라는 정부 부처였고, 조만간 '한국철도공사'라는 공기업★으로 전환할 준비를 하고 있었다.

이에 당시 철도청에서는 승무원으로 뽑힌 이들에게 철도 운행 중에 간식 등을 판매하는 외주 회사★였던 '한국철도유통' 소속으로 1년간만 임시로 고용계약을 맺고 일하면 향후 2년 이내에 정규직으로 전환해 주겠다는 약속을 했다.

2년 후 이들은 한국철도공사의 정규직 전환을 기대했으나 약속과 달리 한국철도유통이라는 회사의 정규직으로 채용되었다. 승무원들은 한국철도공사가 정규직으로 전환해 주겠다는 약속을 했다는 것을 강조했고, 한국철도공사에서는 계약 당시 한국철도유통의 비정규직으로 고용했다는 것을 강조하면서 대립했다.

해결 방안을 찾기가 어려워지자 승무원들은 2006년 3월 당시 한국철도공사의 총파업 시기에 맞추어 파업에 참여했다. 그런데 그해 5월에 이들이 파업하면서 농성하던 곳에 경찰이 투입되었고, 현장으로 복귀를 하지 않는 이들은 계약 해지로 해고되었다.

공기업
정부나 공공기관의 예산 지원을 받아서 공공의 목적을 위하여 상품 및 서비스를 생산·유통하는 기업.

외주 회사
어떤 회사가 자사의 제품 생산이나 서비스 제공을 맡기는 회사.

2011년 고등법원에서는 이들이 한국철도공사와 근로계약상의 권리를 갖는다며 한국철도공사(현재 코레일로 변경)가 이들을 고용해야 한다고 판결했다. 이후 몇 차례 더 문제가 있었지만 이들은 2018년 7월 정규직으로 복직되었다.

이는 끝까지 남아서 복직을 위해 12년간의 긴 투쟁을 한 이들이 있었기에 가능했다. 또한 60여 개의 노동 관련 사회단체가 이들을 지지하며 같이 싸우고 고통을 나누었다. 여러 종교인 단체에서도 자신의 종교적 염원의 방법을 사용하여 길거리에 나서서 이들의 복직을 기도하면서 시위했다. 시민들도 이들의 복직을 염원하며 서명했다.

개인적으로 알지 못하는 누군가가 노동하는 과정에서 침해당한 인간 존엄성 훼손의 문제를 해결하기 위해서 내 일처럼 생각하고 나선 이들, 같이 손잡아 주면서 당신이 옳다고 지지하고 함께 눈물 흘리며 고통을 같이 나누는 이들, 길거리에서 자신의 노동인권을 주장하는 이들 옆에 같이 자리하여 목소리를 내어준 이들. 이렇게 함께한 이들의 노력을 우리는 '연대'라고 한다.

소비자로서 존엄한 노동과 노동자를 위한 연대하기

인간 존엄성을 위한 연대는 소비자로서도 발휘할 수 있다. 백화점에서 일하는 직원의 추운 모습을 그냥 지나치지 않고 그들의 복장을 개선해 달라고 제안한 모습이 바로 연대이다.

아동 노동을 시키는 기업에 항의하고 그 기업의 상품을 사지 않는 불매운동을 하는 것도 존엄한 노동과 노동자를 위한 연대의 행위이다. 물

해당 상품을 생산한 노동자 등에게 정당한 대가를 지불하고 무역을 하는 것.

공정무역
해당 상품을 생산한 노동자 등에게 정당한 대가를 지불하고 무역을 하는 것.

건을 판매한 이익이 물건을 직접 만든 노동자에게 돌아가는 공정무역★ 상품을 구매하는 행위, 여행을 갔을 때 다국적 기업 대신 해당 지역의 노동자들이 일하는 호텔이나 관광상품을 이용하는 등의 공정여행도 연대이다.

이렇게까지 하지 않더라도 최소한의 행동으로도 우리는 연대할 수 있다. 내가 사용하는 상품을 만든 노동의 과정과 그 일을 하는 사람에게 감사한 마음 갖기, 식당이나 병원을 예약했을 때 '노쇼(no show)' 하지 않기, 상담센터에 전화할 때 막말하거나 욕설하지 않기 등이다.

사실 인권에서 연대라는 것은 누군가의 인권 보장과 존중을 위해서 당사자가 아니더라도 인간 존재라는 이름으로 서로 결속되어 같이 노력하는 것을 말한다. 노동인권을 침해당한 이들의 주장을 듣는 것, 그들을 위해 목소리를 내는 것, 그리고 모든 노동의 존엄함을 인정하는 것, 이 모든 것들이 노동인권을 위한 연대의 시작이다.

노동
인 권 토론방

① 기본권과 인권의 관계에 대한 자신의 생각을 이야기해 보자. 그리고 우리나라 헌법에서 권리의 주체를 '인간'이라고 해야 하는지 아니면 '국민'이라고 해야 하는지 의견을 제시해 보자.

② 자원봉사는 스스로 자신의 재능을 기부하는 것이기에 노동은 아니다. 그럼에도 청소년이 자원봉사를 할 때 노동을 하는 경우가 있는데, 이때도 노동인권을 보장받아야 할까? 보장받아야 한다면 그 내용은 어떤 것이 되어야 할까?

〈내일을 위한 시간〉

• 영화 정보

2014년에 만들어진 벨기에 영화이다. 12세 이상 관람가로 95분 동안 상영된다.

• 생각할 거리

1. 영화에서 산드라의 회사 동료들은 마리아가 복직하지 않는다면 그 대신에 1천 유로를 보너스로 받는다. 1천 유로는 우리 돈으로 130만 원 정도이다. 나와 친하지 않았던 동료가 휴직했다가 복직하지 않는다면 나는 130만 원을 보너스로 받을 수 있다. 나는 지금 당장 130만 원 정도의 돈이 절실하게 필요하다. 동료의 복직에 대하여 투표를 해야 한다면 나는 어떤 결정을 할까?

2. 직장에서 같이 일하던 사람이 어떤 이유로 휴직을 한 경우에 그 사람의 복직 여부를 사용자가 정해야 하는가, 같이 일했던 직장 동료들이 합의하여 정해야 하는가, 아니면 휴직한 당사자가 정해야 하는가? 왜 그렇게 생각하는가? 또한 직원의 복직 여부를 동료들이 정해야 하는 경우가 있다면 어떤 경우일까?

3. 내가 산드라라면 동료들을 설득할 때 어떤 주장을 펼칠까?

4. 동료가 반대하여 복직이 이루어지지 않으면 그 대신 남은 동료들은 돈을 받게 되고 한 사람의 노동자는 일자리를 잃게 된다. 이런 갈등 상황을 만드는 이는 누구인가? 영화는 이런 갈등을 보여주면서 노동에 대하여 어떤 점을 이야기하고 싶었을까?

5. 내가 산드라라면 동료들의 최종 결정에 대하여 어떤 마음을 갖게 될까?

더 나은 노동을 위한 생각 더하기

1. 사람이 일, 노동을 하는 목적을 고려하여 '노동자'로 3행시, 노동인권의 의미를 고려하여 '노동인권'으로 4행시를 지어보자.

2. 신문 기사 등을 참조하여 '올해의 최고 노동자'를 선정해 보자. 국내외를 통틀어 올해 가장 의미 있는 노동자를 찾고 선정한 이유를 제시해 보자.

3. 최근 신문 기사 중에서 노동 관련 문제 상황을 다룬 기사를 두 가지 선정해서 해당 기사의 내용을 한 문장으로 요약해 보자. 그다음, 해당 내용에 노동인권 관점을 적용하여 문제 상황을 분석하고 해결 방안을 모색해 보자. 기사에서 이미 노동인권 관점을 적용한 문제 해결 방안을 제시했다면 유사한 다른 노동인권 문제 상황을 생각해 보고 해결 방안을 제시해 보자.

4. '우리나라 노동의 역사'라는 주제로 전시회를 한다면 어떤 역사적 사건들을 중심으로 전시하고 싶은가? 전시할 사건과 그 사건을 설명하는 내용을 정리해 보자.

5. 내가 알고 싶은 우리나라의 노동인권은 어떤 것인지 목록을 적어보고, 그 이유를 설명해 보자.

2장
청소년과 노동, 그리고 인권

—

당사국은 경제적인 착취를 비롯해

위험하거나 교육을 방해하거나

건강이나 신체적·지적·정신적·도덕적·사회적 발전에 유해한

모든 노동으로부터 보호받을

아동의 권리를 인정해야 한다.

유엔아동권리협약 제32조 제1항

—

1
아동 노동은
왜 사라지지 않을까?

이크발 마시. 1983년 파키스탄에서 태어난 이크발은 집안의
빚을 갚기 위해 4세 때 카펫 공장에서 일을 시작했다. 고작 4세였던 그는
우리 돈으로 25원 정도를 받고 1일 10시간 이상 일해야 했다. 임금으로
는 빚을 갚기는커녕 일상생활을 유지하기 위해 더 빚을 내야 했고 그 빚
을 갚느라 정작 노동의 대가를 제대로 누리지도 못했다.

공기가 매우 나쁜 직조 공장에는 이크발 또래의 아이들이 많았다. 아
이들은 작디작은 손을 쉴 새 없이 움직여야 했다. 공장에서는 왜 이렇게
작은 아이들에게 일을 맡겼을까?

기계로 카펫을 대량생산할 수 있지만 여전히 사람의 손으로 짜는 수
공예품이 더 정교하고 아름답기 때문이다. 당연히 가격도 더 비싸다. 그
래서 당시 사람들은 아이들의 작은 손으로 작업한 수공예품이 더 좋다
고 여겼다.

세계어린이상
·············
스웨덴적십자등 8개 단체
가 만든 비영리 인권단체
'어린이세상'이 2000년
에 제정한상으로 '아동노
벨상'이라 불린다.

9세에 공장을 탈출한 이크발은 아동 노동 반대 운동을 하던 단체에 가담했다. 그리고 강제 아동 노동의 현실을 고발하면서 세계 여러 나라 사람들의 이목을 집중시켰다. 그의 노력으로 아동 노동을 일삼던 카펫 공장이 문을 닫았지만 그가 치러야 할 대가도 컸다. 1995년, 12세가 되었을 때 괴한에게 피살당한 것이다.

2000년, 그가 세계어린이상★ 수상자로 결정되자 그의 주장은 더 널리 알려졌다. 그러나 그의 희생에도 아동 노동은 아직도 사라지지 않고 있다. 왜 그럴까?

핸드폰과 초콜릿도 아이들의 손으로

2017년 자료에 따르면 우리나라의 핸드폰 교체 주기는 평균 1년 6개월에 약간 못 미친다. 인도의 3분의 1, 일본의 2분의 1 정도로 빠른 셈이다.[10] 그런데 우리가 이렇게 자주 교체하는 핸드폰도 아동 노동과 관련이 있다.

핸드폰 필수 부품 중 하나가 배터리이다. 이 배터리를 만드는 데 들어가는 중요한 재료 중 하나인 코발트라는 광물을 추출하는 노동을 주로 아동이 한다.

코발트만이 아니라 다이아몬드 등 다양한 광물 생산에도 어린아이들이 투입된다. 광물을 캐기 위해 들어가야 하는 동굴이 비좁아서 어른들보다는 몸집이 작은 아동을 일꾼으로 활용하는 것이 좋기 때문이다.

이렇게 노동에 성인보다 아동을 이용하는 분야는 생각보다 많다. 사람들이 많이 먹는 초콜릿이나 커피, 색조 화장품의 반짝거리는 펄 성분도 그렇다. 우리가 일상적으로 쓰는 비누나 샴푸, 로션 등에 첨가하는 오일의 원재료인 야자를 따는 데도 아동 노동을 이용한다.

원재료 채취뿐만 아니라 이크발이 일했던 카펫 공장처럼 아동 노동을 이용해 상품을 생산하는 공장도 많다. 많이 알려진 축구공, 운동화뿐만 아니라 원피스, 초콜릿, 컵라면 등을 생산하는 아동 노동의 문제점을 알려주는 책『찰리와 초콜릿 공장이 말해주지 않는 것들』을 보면 아동 노동의 현실을 직시할 수 있다.

아동 노동의 역사

나이 든 어른들께 여쭤보면 어렸을 때 집안 농사일을 돕거나 소나 돼지를 키운 경험이 있는 분들이 많다. 사실 이것은 아동 노동이라기보다는 그냥 집안일을 도운 것이다.

반면에 아동 노동이라고 하는 것은 공장이나 기업 등에서 임금을 대가로 주고 아동을 채용하여 노동에만 전념하게 하는 것을 말한다. 또, 아동을 학교에 보내지 않고 집안일을 과도하게 시키는 등의 경우에도 아동 노동이라는 표현을 적용하기도 한다. 이런 노동은 언제부터 본격적으로 시작되었을까?

산업혁명 시대, 아동 노동의 시작
1830년대 영국 의회가 아동 노동 실태를 파악하고 정리한 보고서[11] 기록 내용을 바탕으로 당시 인터뷰를 가상 재현해 보자.

"언제부터 일을 시작했나요?"

"6살부터요. 저보다 어린 시기에 시작한 아이들도 있어요."

"그러면 일하는 시간은 어느 정도 되나요?"

"아침 5시부터 저녁 7시까지이지만 9시까지 일하는 경우도 많아요."

"쉬는 시간은 있나요?"

"아니오. 오로지 식사 시간에만 쉴 수 있어요. 그런데 식사 시간도 너무 짧아요. 아침은 15분, 점심은 30분이에요."

"일하면서 어떤 점이 힘들어요?"

"일하는 시간이 기니까 잠을 많이 못 자요. 그래서 일하다가 졸게 되는데 살짝이라도 졸면 어김없이 채찍이 날아와요. 기계를 만지면서 다치는 경우도 허다하고요. 제 옆에서 일하던 아이도 다쳐서 일을 그만두었어요. 공장에서는 우리 잘못이라고 치료비를 안 줘요. 결국 그 아이는 치료도 못 받았어요."

"이렇게 조건이 열악한데 왜 일을 그만두지 않아요?"

"힘들어도 굶어 죽는 것보다는 나으니까요. 이런 곳에서 일이라도 해야 그나마 먹고살 수 있어요."

어떻게 이런 일이 가능했을까? 도시로 이주해 온 농부들은 공장의 노동자가 되어 일했다. 하지만 이들이 일하는 기간이 늘어나면서 그리고 일에 대한 그들의 숙련도가 높아지면서 임금을 더 줘야 하는 문제가 자본가의 고민이었다. 그들은 더 많은 이윤을 남겨야 하기에 임금을 적게 주어도 되는 노동자를 구하는 것으로 이 고민을 해결했다.

마침 공장에 기계가 들어오면서 비숙련 노동자가 일을 해도 대량생산에 문제가 없어졌다. 공장에서는 어린 아동이나 여성 등 임금을 적게 주어도 되는 노동력을 이용하게 되었다.

산업혁명 당시 공장에서 일을 시작하는 아동의 연령은 6~7세 정도였다. 4세부터 카펫을 만들었던 이크발보다는 높은 연령이다. 아이들은 공장의 기계 앞에 서서 기계의 속도에 맞추어 12시간 이상 노동을 했다.

이 아이들에게 무슨 일이 생겼을까? 적은 임금, 긴 노동시간, 불결한 노동환경 등은 아동의 건강을 위협했다. 다 자라지도 못한 아동이 일하다 숨지는 경우도 있었다. 한 아이가 사라지면 그 자리는 또 다른 아이로 채워졌다. 존엄한 인간이 아니라 공장을 운영하는 사람의 이윤을 위한 소모품과 같이 여겨졌다.

아동 노동 문제가 사회적으로 제기되면서 이를 금지하는 법을 만드는 나라들이 생겨난다. 영국은 1833년에, 프랑스와 러시아는 1840년대에 아동 노동 금지와 관련한 법을 만들었다. 놀라운 것은 당시 영국이 정한 아동 노동 금지 연령은 9세 이하였다는 점이다. 그러나 이들 법은 제대로 시행되지 않았다.

현대 다국적 기업의 생산 방식과 아동 노동

두 차례의 세계대전을 겪으면서 인류는 인간의 존엄성에 대하여 생각하게 되었다. 1948년 세계인권선언(the Universal Declaration of Human Rights)*이 나오고, 1970년대에 아동을 존엄한 인간으로 보호해야 한다는 아동 관련 국제 선언이 나오면서 세계적으로 아동 노동을 금지해야 한다는 주장이 힘을 얻었다. 그러나 선언은 선언이고, 가난한 나라의 아동 노동은 현실이었다.

세계인권선언
두 차례의 세계대전 과정에서 인간의 존엄성이 훼손된 모습을 반성하고 인간 존엄성과 인권 보장을 강조하는 내용을 담은 유엔 문서이다. 1948년 12월 10일에 채택되었다.

다국적 기업

소비자에게 제공하는 상품이나 서비스 관련 연구, 생산, 판매, 서비스 등의 기업 활동을 한 나라에서만이 아니라 여러 나라에 걸쳐서 하는 기업.

1980년대 이후 경제의 국제화·세계화가 진전되면서 선진국의 많은 기업은 싼값에 상품을 생산할 수 있는 곳을 찾았다. 이에 생산 공장을 임금이 싼 다른 나라에 두고 세계 여러 지역에서 상품을 판매하는 전략을 사용하는 다국적 기업★이 성장했다.

제국주의 시절 값싼 식민지 노동력을 강제로 이주시켜 노동을 시킨 것과 달리 아예 노동력이 싼 외국에 공장을 짓거나 그곳에 있던 공장을 이용하여 생산하는 방식을 택한 것이다. 합법적이지만 식민지 노동 착취와 다를 바 없었다. 그러나 싼 가격의 상품을 대량으로 소비하게 된 세계 여러 지역의 소비자는 이를 반겼다.

가난한 나라의 값싼 아동 노동을 바탕으로 채굴한 원자재를 사용하거나 생산 과정에 아동 노동을 사용하기도 하면서 다국적 기업이 남기는 이윤도 커졌다. 결국 이크발 마시와 같은 희생자가 계속 생겨나는 구조

> 🔍 **알아봅시다**
>
> ## 다국적 기업에서 만드는 패스트패션과 아동 노동
>
> 패스트패션은 최신 트렌드를 반영한 패션이다. 패스트패션 매장에서는 보통 1~2주 단위로 옷들이 바뀐다.
>
> 최신 유행을 반영하면서 싼값에 팔기에 패스트패션을 좋아하는 이들이 많다. 그러다 보니 세계적으로 유명한 다국적 기업도 많다. 우리나라에서도 다양한 패스트패션 브랜드를 쉽게 찾을 수 있다.
>
> 이곳에서는 어떻게 그렇게 싼값에 옷을 만들어 판매할 수 있을까? 이는 일부 패스트패션 회사의 생산 공장이 있는 미얀마 등의 아시아 지역에서 14~17세 정도인 아동이 밤늦게까지 노동한 결과이다. 패스트패션 회사는 그 나라에서 그 정도 연령의 아동이 일하는 것은 합법적인 노동이라고 주장한다.

가 유지되었다.

다국적 기업은 가난한 나라에서 일어나는 아동 노동에 자신들이 직접 관여한 것이 아니니 책임이 없다고 한다. 아동 노동을 시키는 해당 국가의 문제라는 것이다. 그로 인해 가난한 지역의 아동 노동 문제는 외면받아 왔다.

전 세계 아동 노동의 현실

국제노동기구(International Labour Organization, ILO)★에 따르면 2015년 기준 5~14세 아동 1억 5천만 명이 일하고 있다. 대체로 논밭에서 일하며 이크발처럼 공장에서 일하기도 한다. 공장에서는 작업 환경과 공기가 나쁘고 일 자체도 고되어 많은 아동이 목숨을 잃는데 그 수가 매년 2만여 명이나 된다.[12]

코로나19가 세계적으로 영향을 미치던 2020년 6월에 국제노동기구와 유니세프는 전 세계에 2억 1천 8백 명의 아동이 노동자로 일하고 있다고 밝혔다.[13] 2000년 이후 계속 줄어들고 있던 아동 노동자의 수가 코로나19로 경제적 어려움이 심화되자 다시 늘어난 것이다.

문제는 이들이 일하는 곳 중에 마약 밀매나 성매매를 하는 곳도 있다는 점이다. 가난한 상황이 되거나 가난한 나라일수록 이런 위험한 곳에서 일하는 아동들이 많다는 점도 문제이다.

국제노동기구

노동조건 개선을 통해 사회정의 및 세계평화를 목적으로 제1차 세계대전 직후인 1919년에 설립된 국제기구이다. 노동조건 개선을 위한 국제선언이나 협약을 내놓는다.

왜 그 나라는 아동 노동을 금지하지 않을까?

유엔아동권리협약(Convention on the Rights of the Child)★에 따르면 아이들은 일정 연령이 되면 학교 교육을 받아야 한다. 교육받을 권리는 아동이 당연히 누려야 하는 권리이다. 또한 국가와 보호자는 아동이 안전하게 성장하도록 최선을 다할 의무가 있다. 그래서 보호자는 아이들이 미래를 위해 다양한 것을 학습하고 놀 수 있게 해주어야 한다.

이런 협약 내용을 토대로 우리는 쉽게, 아이에게 노동을, 그것도 위험한 곳에서 하는 것을 허락하는 국가가 나쁘다고 생각한다. 옳은 생각이다.

그러나 아동에게 노동을 하게 하는 근본적인 이유에 대해서도 생각해 보아야 한다. 우선 국가의 측면을 살펴보자. 아동 노동을 금지하지 않는 대부분의 국가는 과거 선진국 식민지였다. 유럽 등 산업혁명에 성공한 선진국들은 아프리카나 아시아 국가들이 가진 다양한 자원을 빼앗아 가는 등 경제적 착취를 했다.

제2차 세계대전 이후 식민 통치는 사라졌지만 식민지 시절 기득권을 가졌던 이들이 정권을 잡는 경우가 많았다. 정치인은 국민의 인권과 경제적 안정보다 자신들의 권력 유지와 이익을 추구하면서 부패해졌다.

한편 이 국가들은 다국적 기업에 싼 노동력을 제공해야 국가의 경제 유지가 가능하다고 판단하고 이를 용인한 측면도 있다. 선진국의 다국적 기업이 내는 세금 없이는 국가를 유지할 수 없었기 때문이다. 결국 국민의 노동력을 싼값에 제공하는 선택을 했다.

유엔아동권리협약 ......
전 세계 18세 미만 아동이 인간다운 삶을 누릴 권리를 보장하기 위하여 필요한 조항을 담아, 1989년 유엔총회에서 채택한 협약이다. 우리나라는 1991년에 비준받아서 국내법과 동일하게 받아들이고 있다.

이런 상황에서 아동 노동을 막으려면 무엇을 해야 할까? 해당 국가에서 아동 노동을 허락하는 제도를 바꾸어야 하겠지만 더 중요한 것은 바로 불평등한 전 세계의 상품 생산 구조를 바꾸는 일이다.

선진국의 다국적 기업이 가난한 나라의 공장에서 상품을 생산할 때 아동의 노동력을 활용하지 않도록 생산 공장 관련 제도를 개선하면 달라지지 않을까? 다국적 기업이 바뀌지 않는 한 가난한 나라들은 어쩔 수 없이 아동 노동을 용인하게 될 것이다.

아동을 일터로 보내는 부모들

국가는 그렇다 치더라도 왜 부모조차 아이들을 일터로 보낼 수밖에 없는 것일까? 어른들만 일해서는 먹고살기 어려운 경제 현실 때문이다. 심지어 임금이 비싼 성인 노동자를 해고하고 임금이 저렴한 아동을 채용하는 공장도 있다.

그러니 단순히 일을 안 하고 아이들에게 노동을 시키는 부모나 보호자에게 책임을 돌리기는 힘들다. 기본적으로 성인의 노동력에 대한 대가도 싸기에 그들이 아무리 열심히 일을 한다 해도 생활을 유지하기가 힘들기 때문이다. 아이까지 일을 해서 생활비를 보태야 그나마 생활할 수 있는 것이다.

집안에 필요한 물이나 땔감을 구하기 위해 학교에 가는 대신 일해야 하는 아동도 있다. 이런 지역은 자연환경이 황폐한 곳이 많아서 아침부터 서둘러도 오후가 되어야 돌아오게 된다. 이렇게 초등교육도 받지 못한 아이들은 그나마 괜찮은 직업을 가질 기회도 잃게 된다.

결국 최소한의 인간다운 삶을 위해서 필요로 하는 적정한 소득이 마련되지 않는다면 아동 노동이 완전히 사라지기는 어렵다. 그러니 아동 노동을 줄이기 위한 한 방안으로 그들 부모가 일을 하여 먹고살 수 있도록 적정한 임금을 받을 수 있는 상태를 만드는 것이 무엇보다 중요하다. 이 또한 세계 경제의 불평등이 해소되어야 해결될 수 있는 사안이다.

아동 노동 문제 해결을 위한 다양한 노력들

1996년 미국의 잡지 《라이프》에 날개 모양으로 유명한 세계적인 스포츠 용품 기업의 로고가 새겨진 축구공을 만들고 있는 3세 인도 아이의 사진이 실렸다. 당시 기사에서는 아이들이 받는 시간당 임금이 120원 정도였다고 하여 더 공분을 샀다.

이 기업은 상품을 생산하는 해당 국가의 하청업체가 한 일이며 자신들은 책임이 없다고 주장했다. 하지만 사람들은 해당 기업이 아동 노동을 못 하도록 감독할 책임이 있다며 그 회사의 상품 구매를 거부하는 불매운동을 벌였다.

결국 해당 기업은 자사 물품을 만드는 전 세계 공장의 작업 환경을 안전하게 개선했고 아동 노동을 전면 금지시켰다. 불매운동이 적정한 임금과 노동 환경 개선을 가져온 것이다. 더불어 아동 노동 문제도 해결하는 계기가 되었다.

아동 노동을 줄이는 또 다른 방법은 무엇일까? 그들의 가난 문제를 돕기 위한 후원금을 내거나 아동 노동을 줄이기 위한 다양한 아이디어를 낼 수 있다.

공정무역 상품을 구매하는 것도 좋은 방법이다. 세계적으로 초콜릿을 생산하는 노동을 하는 아동이 약 220만 명 정도이다. 이에 최근에는 공정무역 상품을 사는 일이 아동 노동을 해결하는 한 방법으로 부각되고

알아봅시다

아동 노동을 줄이기 위한 발명품 '솔라카우'

일부 국가의 아이들은 땔감을 구하거나 전깃값을 벌기 위해 학교 대신 일터에 간다. 이에 착안한 우리나라 기업이 학교에 가서도 전기를 만들어 올 수 있는 아이디어 상품을 만들었다.

우유병 모양을 한 태양광 충전기인 '솔라카우'가 그것이다. 이 충전기를 해당 지역의 학교에 설치되어 있는 충전기에 꽂아두면 전기가 만들어지는데, 아이가 학교에서 공부하는 동안 충전된다. 학생이 충분히 공부를 마칠 수 있도록 약간 느리게 충전되게 설계되었다.

학생이 학교 수업을 마치고 충전된 솔라카우를 가지고 집으로 돌아가면 집에서는 그것으로 하루에 필요한 에너지를 충당할 수 있다. 다음 날 필요한 전기를 사용하려면 아동을 학교로 보내야 하게끔 만든 것이다.

있다. 아동 노동을 하지 않고 생산한 초콜릿을 판매했을 때 남는 이윤의 상당 부분을 해당 지역의 노동자들에게 적정한 대가로 주고 생산하게 하는 것이다.

초콜릿뿐만 아니라 커피, 말린 과일, 옷 등 다양한 품목의 공정무역 상품을 구매하는 행위가 많아지면 다국적 기업도 판매량을 늘리기 위해서라도 적정 임금을 주고 생산하려고 할 것이기 때문이다. 그렇게 되면 아동 노동을 통한 생산을 피하게 될 것이다. 그러나 이러한 행동은 여전히 개인적 차원의 문제 해결이다.

6월 12일을 기억해야 하는 이유

어떤 한 국가가 아동 노동을 금지한다고 해서 아동 노동 문제가 해결되는 것은 아니다. 한 나라나 한 지역에서 아동 노동을 금지하면 다른 나라나 다른 지역으로 이동하여 또 다른 아동 노동을 사용하면 되기 때문이다. 그러니 세계 모든 곳에서 아동 노동을 금지하는 정책을 적용해야 한다.

이를 위해 적극적으로 나서는 곳이 아동 노동에 대한 문제 제기를 하는 '국제노동기구'이다. 국제노동기구는 1973년에 '취업의 최저연령에 관한 협약(일명 최저연령 협약, 우리나라의 경우 1998년에 국회에서 비준됨)'을 통해 고용 가능 최저 연령을 정했다. 바로 15세이다. 따라서 이 협약에 가입한 나라들은 14세 이하의 아동 노동을 금지해야 한다.

또한 1999년 6월 17일, 국제노동기구의 제네바 총회에서는 18세 미만 아동을 대상으로 하는 가혹한 노동, 강제 징병 등을 금지하는 '최악의 아동 노동 금지 협약'도 만장일치로 채택했다.

그러나 여전히 아동 노동 문제가 해결되지 않자 2002년에 국제노동기구에서는 매년 6월 12일을 '세계아동노동반대의 날'로 정했다. 아동 노동의 가슴 아픈 현실을 알고 이를 개선하기 위해 전 세계 구성원들이 노력해야 한다는 점을 기억하게 하려는 것이다.

인 권 토론방

① 공정무역 상품을 구매하면 일반 상품보다 더 비싼 가격을 치러야 하는 경우가 있다. 가격이 더 비싸더라도 공정무역 상품을 구매하는 것이 소비자 입장에서 경제적으로 합리적일까? 이에 대하여 토론해 보자.

② 세계적으로 아동 노동을 줄이기 위한 솔라카우 같은 활동을 찾아보자. 이처럼 아동이 노동하지 않고 학교에 갈 수 있도록 하는 아이디어를 내보자.

③ 내가 가진 패스트패션 옷을 살펴보자. 싼값에 유행하는 옷을 사 입는 것은 괜찮지만 그런 나의 행동이 가져올 결과에 대하여 생각해 보자.

④ 국제노동기구 홈페이지(www.ilo.org)에 가서 아동 노동 현실을 살펴보고 6월 12일 세계아동노동반대의 날에 어떤 일을 하면서 그날을 기념하는지 조사해 보자. 그중에서 어떤 것이 가장 의미 있는지, 그 이유는 무엇인지에 대하여 토론해 보자.

2
청소년 노동은
어떻게 보아야 할까?

내가 어렸을 때 친구의 아버지는 그 지역에서 건축과 관련한 꽤 큰 공장을 운영하고 있었다. 그 공장에서 만들어내는 것 중 하나가 벽돌이었다. 벽돌 공장의 마당에서는 찍어낸 벽돌을 말리는 작업을 했다. 벽돌을 말리는 과정에서 모양이 뒤틀어지지 않도록 중간중간 물을 뿌려주어야 했다.

벽돌 공장을 운영했던 친구 아버지는 초등학생인 자신의 딸과 내가 공장 근처에서 놀고 있으면 물 뿌리는 일을 시켰고, 일을 마치고 나면 맛있는 간식을 주셨다. 종종 용돈도 주셨다. 벽돌을 햇볕에 말려야 했기에 주로 여름에 작업을 하였는데, 여름방학 동안에 그 일을 하면서 신났던 기억이 아직도 남아 있다.

여러 사람이 같이 일할 때는 모두 정확하게 일정을 지키면서 작업해야한다는 것, 더운 여름철에도 어른들은 쉬지 않고 참 열심히 일한다는 것,

일상에서 별로 소중하다고 여기지 않던 작은 벽돌도 여러 사람이 땀 흘려 만드는 소중한 것이라는 것을 배웠다. 작은 일을 하고 받은 칭찬과 간식 등 모두가 소중하고 좋은 기억으로 남았다.

그럼에도 그 일을 하느라 공부는 약간 뒷전이었고 햇살 아래서 얼굴은 검게 탔다. 그렇게 시간을 보내다 보니 다시 학교로 돌아가서 공부하는 데 약간의 어려움도 있었다.

일을 시작할 수 있는 나이는 15세부터

사회적 동물인 인간은 사회 속에서 살아가면서 다양한 제도와 문화 속에서 자기 마음대로 하기 어려운 상황에 처하는 경우가 많다. 일이나 노동도 마찬가지이다. 여러분이 중학생이라면 다니는 학교를 그만두고 일하여 돈을 벌고 싶다는 생각을 스스로 하게 되었다고 가정해 보자. 정말로 학교를 그만두고 일을 할 수 있을까?

그렇지 않다. 우리 사회를 비롯하여 많은 나라가 노동할 수 있는 최저 연령을 정하고 있다. 대체로 15세 이상부터 가능하다. 이는 연령에 따라 인구를 구분할 때 크게 세 영역으로 구분하는 것과도 관련이 있다. 태어나면서부터 14세까지를 유소년 인구, 15세부터 64세까지를 생산가능 인구(또는 부양 인구), 65세부터를 고령 인구(또는 노인 인구)라고 한다.

이 중 유소년 인구를 제외하고는 노동을 하는 것이 가능하다. 다만 사회적으로 고령 인구가 되면 은퇴나 퇴직을 하는 경우가 많아서 실제적으로는 생산가능 인구가 주로 일을 한다.

15세 이상인 인구 중에서 노동 능력이 있어서 현재 일을 하는 경우와 노동을 할 의사가 있어서 일을 찾아서 취업 노력을 하는 경우를 합하여 경제활동 인구라고 한다. 이 경우에는 노동자로서만이 아니라 자영업이나 기업을 운영하는 등의 취업 상태를 모두 합하여 계산한다. 어쨌든 개념적으로 보면 15세 이상인 청소년이라면 일을 할 수 있는 셈이다.

그런데 우리나라에서는 중학교까지 의무교육이고 고등학교도 공립학교인 경우 무상교육이 이루어지고 있다. 따라서 청소년이 18세가 되기 전에 학업을 완전히 그만두고 직업을 갖는 경우는 드물다. 종종 아르바이트 등으로 일시적인 일을 하는 경우나 학교 졸업 요건을 맞추기 위해 현장실습을 가는 경우가 있을 뿐이다.

청소년 노동을 둘러싼 다양한 시각

이처럼 15세부터 일을 시작하는 경우가 있지만 실제로는 고등학교를 졸업해야만 일을 시작하는 게 일반적이다. 그렇다면 사람들은 아동이나 청소년들이 일하는 것에 대해 어떻게 생각할까?

청소년 노동 근절론: 청소년 시기에 노동은 안 돼!

청소년 시기에 노동을 하게 해서는 안 된다는 주장이다. 산업혁명 당시의 아동 노동 착취와 근현대에 걸쳐 이루어진 아동 노동의 역사를 돌이켜보자. 아동 노동으로 인해 어린이들의 정서나 신체적 건강의 문제, 교육을 받지 못하는 문제 등 아동의 인권이 침해되었던 점을 고려하여 아동 노동을 법으로 금지해야 한다고 보는 입장이다.

대부분의 일은 적정한 힘과 사회적 경험, 숙련된 기술을 요구한다. 그

러나 아동만이 아니라 청소년도 아직 신체적인 발달 과정에 있으며 일에서 요구하는 힘이나 경험도 부족하다.

그러니 청소년은 임금을 적게 받을 수밖에 없다. 노동시장은 숙련된 노동이나 기술을 가진 사람이 더 많은 임금을 받는 구조이기 때문이다. 더구나 청소년 시기에 일을 하려고 하는 사람이 많아지면 이윤을 추구하는 기업이나 사용자는 청소년에게 적은 임금을 주고 일을 시키려고 할 것이다. 이렇게 되면 생활비 등이 필요한 생산가능 인구의 취업에도 문제가 생긴다.

청소년 시기에 일을 시작하면 처음에는 적은 임금을 받더라도 일찍 시작한 만큼 더 빨리 숙련자나 기술자가 되어 더 빨리, 더 많은 임금을 받을 수 있다고 생각할 수도 있다. 그러나 기계화가 활발해진 현대 사회에서는 숙련된 노동자에게 임금을 많이 주면서 일을 시킬 기업이 그렇게 많지 않다. 오늘날에는 기계가 대신할 수 없는 창의적인 일이나 전문적인 일을 해야 더 많은 임금을 받을 수 있다. 따라서 어느 정도의 교육을 통해 일을 할 준비를 갖추어야 적정 임금을 받을 수 있다.

사실 청소년 노동을 금지해야 할 더 중요한 이유가 있다. 청소년 시기에는 적정한 교육을 받고 놀이나 문화를 즐기면서 사회적 존재로서 성장해 나가는 일이 무엇보다 중요하다.

많은 나라에서 청소년 시기에 노동을 금지하거나 제약을 가하는 것은 그 시기에 겪어야 할 다양한 사회적 경험을 지켜주기 위해서이다. 아이들은 놀이 경험을 통해 인간관계 맺는 법, 경쟁하면서 자신을 통제하는 법, 창의적으로 문제를 해결하는 법 등 살아가는 데 필요한 것을 배운다.

또한 청소년에 일을 하면 학업에 소홀하게 될 뿐만 아니라 자신을 깊이 탐구하고 어떤 직업을 가질 것인지에 대하여 고민할 시간을 갖지 못한다. 일함으로써 교육을 통해 더 나은 자신을 찾아가는 기회를 박탈당할 수 있다고 보는 것이다.

종종 일하는 노동 현장에서 나쁜 행동을 배우게 될 수 있다는 염려도 있다. 술이나 담배 등 청소년에게 금지된 것을 일하는 과정에서 자신도 모르게 배우게 된다.

아무리 정부가 보호한다고 할지라도 노동시장이나 노동 현장은 멋진 곳이 아니기에 가능한 한 노동시장에 진입하여 일하는 시기를 늦추어 주는 것이 아동과 청소년을 보호하는 방법이라고 본다.

인간으로 살아가기 위한 하나의 조건인 일, 노동을 해야 하는 것은 당연하지만 그 시기는 늦추는 것이 좋다. 그런 점에서 아동이나 청소년 노동은 금지되거나 제한되어야 한다. 특히 14세 미만 아동의 노동은 철저하게 금지해야 한다.

청소년 노동 보호론: 노동 경험은 청소년들의 삶에 소중해!

아동 시기의 노동을 금지하는 것은 맞지만 일반적으로 노동이 가능한 연령이라고 보는 15세 이상부터는 노동을 경험할 수 있게 하는 것이 맞다고 보는 입장이다. 이들은 현대 사회에서 노동이 매우 유연해지고 있는데 청소년 시기에 아예 노동을 못하게 막는 것은 청소년의 사회적 경험을 막는 것이어서 문제가 된다고 본다.

현대 사회는 과거와 달리 청소년이 적정한 노동환경에서 적정한 대우를 받으면서 노동을 할 수 있게 충분히 제도적으로 보호하고 감독할 수 있다. 그러니 위험하거나 신체적·정신적 발달을 위협한다는 이유로 청소년 노동을 막아서는 안 된다.

노동 현장에서 청소년은 학교 교육이나 책에서 배우지 못하는 다양한 사회적 경험을 한다. 여러 사람이 같이 일하면서 협동심을 배울 수 있으며, 자기가 맡은 일에 대하여 책임을 지고 일하는 과정에서 사회적 책임감도 배울 수 있다. 힘들게 일하는 경험을 통해 일하는 어른들이 노력하여 돈을 번다는 점도 알게 된다.

직접 번 돈으로 필요한 것을 소비하는 경험을 통해 자립심도 배울 수 있다. 그뿐만 아니라 과소비나 무엇인가를 쉽게 사서 사용하고 버리는 등의 행동도 줄일 수 있다.

경제 관념도 형성할 수 있다. 오늘날과 같은 자본주의 사회에서 돈을 번다는 것은 나름대로 경제적 주권을 갖는 것이기에 독자적인 인간으로서 다양한 삶에 대하여 목소리를 낼 기회를 더 확장하는 계기도 된다.

청소년 시기에 더 많은 것을 교육받고 그 후에 일하라는 것은 노동에 필요한 기술이나 지식을 개인이 알아서 배우라는 것과 마찬가지이다. 사실 학교에서 배우는 것 대부분은 일하는 데 필요한 것이지만 실제적인 일에 도움이 되지 않는 것이 많다. 교육을 위해 노동을 시켜서는 안 된다는 주장은 교육 비용을 기업이나 사용자가 부담하지 않으려는 의도가 반영된 것이다.

학교에서 배우는 것이 노동에 도움을 준다면 그 부담을 개인에게 부과할 것이 아니라 기업에게 부과해야 한다. 그러니 일찍부터 취업하여 돈을 벌면서 일하고 그 과정에서 일하는 데 필요한 지식이나 기술을 배우도록 해야 한다.

따라서 최소한으로 청소년 시기에 아르바이트 등 다양한 노동 경험을 할 수 있게 해야 한다. 정부가 청소년 노동을 보호하는 제도를 잘 마련하고 이것이 잘 작동하도록 감독한다면 청소년도 충분히 노동할 수 있다.

청소년 노동 경험이 남긴 것

1990년대 후반과 2010년대 후반에 아르바이트를 경험한 청소년은 어떤 생각을 할까? 아마도 이들의 경험을 통해 청소년 노동에 대한 우리 사회의 인식을 엿볼 수 있을 것이다.

1990년대 후반 청소년 아르바이트생의 경험[14]

전반적으로 청소년 노동 근절론을 지지하는 시기였다. 그러다 보니 아르바이트를 하는 학생은 공부하지 않고 뭔가 문제가 있는 학생으로 인식했다. 그럼에도 실제 청소년의 아르바이트 활동은 천천히 확장되고 있었다.

청소년들은 주로 전단지 배포나 식당 서빙, 주유 서비스를 많이 하였고, 중국집 등에서 배달 아르바이트를 하는 경우도 많았다.

아르바이트하며 번 돈으로 자신이 필요한 물품을 사는 경우도 있었고, 자신이 하고 싶은 취미 활동을 위해 돈을 모으는 경우도 있었다. 이 과정에서 일을 한다는 것의 의미, 사회적 관계성 등을 배우기도 했다.

어떤 청소년은 일을 하면서 공부를 더 열심히 하여 이보다는 조금 더 안전하고 편하게 일하는 곳에 취업을 해야겠다는 생각을 하게 되었다고 한다. 1990년대 후반에 아르바이트를 했던 청소년의 이야기를 살펴보면 긍정적이든 부정적이든 청소년 시기의 노동 경험은 성장에 도움이 되는 것으로 보인다.

"아르바이트를 한다고 할 때 무지 반대했죠. 공부하는 데 방해될까 봐. 그리고 또 나쁜 친구랑 어울려서 다닐까 봐 걱정도 되고. 누가 너더러 돈 벌어 오라고 그랬냐. 공부도 하고 더군다나 방학 때도 아니고. 학교 다니면서 했거든요."

당시 아르바이트하는 아들을 둔 부모의 면담 내용이다. 이를 보면 아르바이트하는 청소년을 바라보는 사회적 분위기나 어른들의 시각은 부정적이었음을 알 수 있다.

2010년대 후반 청소년 아르바이트생의 경험[15]

20여 년이 지난 2017년에 아르바이트를 하는 청소년을 바라보는 우리 사회의 인식은 어떠할까? 17~18세 청소년 7명을 면접한 연구에 나타난 청소년 아르바이트 이유는 1990년대의 선배 청소년들과 크게 차이가 나지 않았다.

'원하는 것을 갖고 싶어서' '어려운 집안 살림을 도와야 하니까' '부모님에게서 벗어나고 싶어서' '친구 만나서 하고 싶은 것을 즐기고 싶어서' '미래를 준비하고 싶어서' 아르바이트를 한다고 하니 달라진 것이 없는 셈이다.

어른들도 대부분 이런 이유로 일을 하니 세월이 지난다고 일하는 이유가 달라지지는 않을 것이다. 다만 1990년대에 아르바이트하는 청소년들은 카페에서 서빙하거나 편의점에서 일하는 경우가 많았다.

그런데 이전 세대보다는 아르바이트에 대한 환상을 가지고 있었는지 힘든 아르바이트 현실에 매우 당황한 경우가 많았다.

"처음에는 매장에 있는 사람들과 어떻게 지내야 하나 고민이었어요. 업무를 잘 모르니까 가르쳐주고 배우는데…… 그게 되게 불편하더라고요. 친절하기는커녕 툭툭 내뱉듯이 말하고. 하는 일마다 간섭하고 잔소리하고…… 내가 나만의 방식으로 일을 하면 그렇게 하는 것이 아니라고하고. 내가 볼 때는 내 방식이 훨씬 나은데……."

그러나 여러 아르바이트를 해보면서 어느 곳이나 고생은 비슷하다는 것을 깨달았다고 한다. 그러면서 부모님에게 그냥 받아서 쓸 때와 달리 아르바이트를 하여 번 돈의 소중함을 알게 되었고, 또한 성실함과 책임감이 중요하다는 것도 배우면서 스스로 성장한 느낌이 든다고 말하기도 한다. 더구나 사회생활에 대한 자신감도 배울 수 있었다고 한다.

그런데도 여전히 청소년 다수는 노동에 대하여 긍정적이기보다는 부정적인 인식을 가지고 있었다. 2016년에 서울의 한 종교 단체에서 해당 단체와 관련이 있는 청소년을 대상으로 하여 '노동'이라는 단어를 들으면 떠오르는 것이 무엇인지에 대하여 조사 연구를 했다.[16]

조사 결과 2명 중 1명꼴로 '힘듦'을 제일 먼저 떠올렸다. 그리고 3명 중 1명꼴로 '노력'을 떠올렸다. 반면에 '보람'은 100명 중 1명꼴로, '성실'은 100명 중 4명꼴로, '가난'은 100명 중 1명꼴로, '삽, 망치 등 공구'는 100명 중 3명꼴로 떠올렸다. 아르바이트 경험이 있는 청소년은 임금체불, 모욕, 폭행 등을 경험했다고 이야기한다.

이렇게 보면 아르바이트하는 청소년이 사회적으로 경험하는 차별이나 불평등은 크게 변하지 않았음을 알 수 있다. 그리고 청소년 스스로도 노동에 대하여 편견을 가지고 있음을 알 수 있다.

인간 존엄성을 누리는 노동자가 되기 위한 시작

지금까지 읽으면서 여러분은 어떤 생각을 갖게 되었는지 궁금하다. 청소년 시기의 노동을 찬성하는 이도, 반대하는 이도 있을 것이다. 찬반 입장을 떠나 경험 차원이든 생계에 도움이 되기 위해서든 이 책을 읽는 여러분도 청소년 시기에 노동을 경험할 수 있다.

그러나 청소년이 일하면서 보장받을 수 있는 권리나 부당한 대우에 대한 대처 방법에 대해서는 제대로 알지 못할 것이다. 청소년 시기에 일하는 것은 노동자로서 삶의 첫단추를 꿰는 것이나 다름없다. 그 시작에 인간으로서 존엄성을 누리며 노동하려면 무엇을 알아야 할까?

노 동
인 권 토론방

① 청소년기에 노동에 참여하는 경험은 청소년의 삶에 긍정적일까 아닐까? 이에 대하여 토론해 보자.

② 아일랜드나 일본 등 다른 나라에는 청소년에게 직업 체험을 제공하는 제도가 있다. 이 나라들처럼 청소년기에 직업 체험을 해보는 것에 대해 찬성하는가? 이에 대하여 토론해 보자.

3
청소년이 일하기 전에
알아야 할 것은?

이런저런 일로 종종 만나는 고등학교 선생님들에게서 요즘 고등학생들의 달라진 생활상을 많이 듣는다. 그중 하나. 방학에 아르바이트를 하는 고등학생이 많아졌단다.

대화를 나눈 선생님들은 다양한 계열의 학교에서 근무하고 계셨고 남녀공학, 남학교, 여학교가 다 있었으니 아마도 많은 학생들이 그렇게 하는 것 같다. 일부 고등학교 학생들은 현장실습을 가기도 한다.

아르바이트를 하더라도 대부분의 학생들은 학생 신분을 유지하지만 몇몇 학생들은 학교를 그만두고 취업을 하기도 한다. 그런데 애석하게도 우리 사회는 아직 학교 밖 청소년으로 살아가면서 일을 하는 청소년에 대한 관심은 적은 편이다. 또 자퇴했다는 이유만으로 편견을 갖기도 한다.

알고 보면 청소년들도 이런저런 이유로 노동을 한다. 이들의 노동 현황을 살펴보자.

청소년 아르바이트, 청소년 노동?

아르바이트는 청소년만 하는 것일까? 정년퇴직을 한 어른들이 잠시 하는 일은 아르바이트라고 부르지 말아야 할까? 잠시 하기로 한 일을 오래 지속하게 된다면 그것은 아르바이트일까, 직업일까?

우리나라의 경우는 청소년 대다수가 학생 신분을 유지하는 경우가 많다 보니 청소년이 일한다고 하면 당연히 임시적이거나 단기간 하는 것이라 생각하여 아르바이트라고 표현한다. 즉, "지속적이며 영구적인 직업에 대비되는 개념으로 언제든지 더 나은 기회가 있다면 그만둘 수 있는 일자리"[17]라고 여기는 것이다.

아르바이트는 독일어 'Arbeit'에서 온 말로, 이는 '노고, 일, 노동, 직업' 등을 포괄하여 표현하는 단어이다. 영어의 'performance, work, labour, job'과 같은 의미이다.

그러나 우리는 이 단어를 임시직이라는 의미로 쓴다. 독일어가 영어로 표기되면서 파트타임 일자리를 뜻하는 것으로 사용되고 있다.

독일은 제2차 세계대전에서 패한 후 경제적으로 어려워졌다. 그러자 많은 대학생이 공부 대신 일자리를 찾았다. 이에 당시 독일 정부는 학생들이 학업을 완전히 그만두지 않도록 일시적으로 일할 곳을 찾아주었다.[18] 이때부터 아르바이트라는 표현은 학생과 결부되었고, 학생 아르바이트는 임시적 일자리로 여겨졌다.

우리나라에서는 과거 지방에서 서울로 공부하러 온 대학생이 과외 등을 하는 것을 '아르바이트'라고 불렀다. 그러다 과외가 법으로 금지되면서 대학생들이 학비 등을 벌기 위해 방학 동안에 잠시 일을 하는 것을 아르바이트라고 부르게 되었다. 요즘 들어서는 이를 아예 단시간이나 임시적으로 하는 일이라는 의미로 사용한다.

청소년을 대상으로 임시적이거나 일시적인 일자리 광고를 낼 때 '청소년 알바 구함'이라고 한다. 문제는 '청소년 알바'라는 표현인데 이와 관련하여 청소년은 두 가지 측면에서 사회적 약자의 위치에 놓이게 된다.

하나는 성인 노동자와 비교하여 생업에 필수적인 노동을 하는 사람이 아니라는 생각을 하게 한다는 점이고, 다른 하나는 연속적이고 장기적인 일이 아니라 임시적이고 단기적인 일을 하는 사람이라는 생각을 하게 한다는 점이다. 이런 두 가지 생각은 청소년 노동에 대하여 사회적으로 중요하게 인식해야 한다는 점을 간과하게 만드는 요소가 될 수 있다.

즉, 잠시 하는 일 정도, 용돈벌이 정도, 정책적으로 크게 신경을 쓰지 않아도 되는 일 정도라고 청소년 노동을 이해하게 만든다. 이렇게 되면 일을 하던 청소년이 일자리를 잃게 되어도 크게 문제 삼지 않을 가능성이 크다.

그래서 청소년 노동에 관심이 있는 사람들은 청소년 아르바이트에 대하여 "사회적 관습에 의해 돈을 벌어야 하는 나이 이전에 경제적 소득을 위해 단시간 또는 비정규직이나 자영업 형태의 노동행위를 하는 활동"[19]이라고 정의하여 청소년 노동에 의미를 부여하는 개념화를 시도했다.

이들의 개념화에 따르면 청소년 아르바이트는 크게 세 종류로 나눌 수 있다. 첫째는 자신이나 가족의 생계를 위해 일하는 노동으로 이는 직업으로서 노동이다. 둘째는 용돈을 벌기 위해 일하는 노동으로 이는 아르바이트에 가깝다. 셋째는 가출한 청소년들이 일하는 노동으로 이는 생계를 위한 노동이 목적이지만 임시적인 경우가 많다.

이처럼 청소년 아르바이트를 개념화하고 유형화하는 것은 왜 필요할까? 이제 우리 사회도 청소년 노동에 대하여 그 중요성과 다양성을 고려하면서 이들의 삶을 깊게 들여다보아야 하는 시기이기 때문이다.

노동하는 청소년은 얼마나 될까?

청소년 노동에 대한 관심이 적어서인지 몰라도 청소년의 노동과 관련한 정확한 통계가 별로 없다. 어렵게 찾은 통계청 자료 「2020 청소년 통계」를 보면 2019년의 연령별 고용률 중 15세 이상 19세 이하에 해당하는 청소년의 고용률은 7.6퍼센트로 나타났다. 해당 연령 청소년 100명 중에서 8명 정도가 어딘가에서 일하고 있다는 것이다.

같은 자료를 보면 2010년 6.1퍼센트, 2015년 7.8퍼센트의 청소년 고용률을 확인할 수 있다. 요 근래 10여년 간 일할 수 있는 청소년 100명당 6명에서 8명 정도가 어딘가에 취업하여 일하고 있었음을 알 수 있다.

그런데 2019년에 한국청소년정책연구원에서 조사한 또 다른 자료[20]에서는 이보다 조금 더 많은 청소년이 아르바이트 경험이 있는 것으로 나타났다.

이 자료는 2019년에 중학교와 고등학교 재학 중인 학생들을 대상으로 조사 시점 기준 최근 1년 동안 아르바이트를 한 적이 있는지를 조사한 것이다. 자료에 따르면 아르바이트 경험이 있는 학생 청소년은 8.5퍼센트였다. 2013년에 13.3퍼센트가 아르바이트 경험이 있다고 한 것에 비해서는 많이 줄어든 것이다.

학교에 재학하는 청소년 중에서 남자는 9.5퍼센트, 여자는 7.5퍼센트가 아르바이트 경험이 있다. 중학생의 경우에는 2.7퍼센트, 고등학생의 경우에는 13.6퍼센트가 아르바이트 경험이 있다. 특성화고 학생의 경우

최저임금
국가에서 노동자의 임금
에 대하여 최저 수준을 정
해서 저임금 노동자를 보
호하려는 제도.

에는 23.5퍼센트, 그렇지 않은 고등학교 학생의 경우에는 11.2퍼센트가 아르바이트 경험이 있었다. 이렇게 보면 중학생보다는 고등학생이, 여학생보다는 남학생이, 특성화 고등학교 학생이 다른 고등학교 학생에 비해 더 많이 아르바이트를 하는 셈이다.

여기서 한 가지 주목할 점은 청소년 아르바이트 경험이 이전에 비해 전반적으로 줄어들고 있다는 것이다. 청소년 아르바이트 경험이 줄어든 이유를 분석한 자료는 없다. 다만 최근에 최저임금★이 인상되고 일자리가 줄어들면서 상대적으로 청소년 아르바이트가 더 많이 줄어든 결과일 가능성이 크다.

최저임금이 올라가면서 아르바이트 노동력을 구하는 경우가 줄어들고, 줄어든 일자리를 놓고 경쟁하는 노동시장에서는 가장 약자인 청소년 아르바이트생들에게 일자리가 잘 돌아가지 않을 가능성이 크기 때문이다. 이렇게 보면 청소년 아르바이트생은 이중적인 측면에서 사회적 약자라고 했던 이야기가 맞다는 것을 알 수 있다.

청소년들이 아르바이트하기 전 꼭 알아두어야 할 사항

청소년 아르바이트와 관련하여 알아야 할 사항은 어디서 찾으면 될까? 노동과 관련한 정부 부처인 고용노동부의 자료가 가장 정확할 것이다. 2017년에 고용노동부는 청소년이 아르바이트를 할 때「근로기준법」과 관련하여 꼭 알아야 할 사항을 정리했다. 여기에 최근 변경된「근로기준법」을 반영하여 다음의 열 가지를 정리했으니 꼭 알아두자.

알아봅시다

청소년 아르바이트에서 알아야 할 열 가지[21]

연소근로자 근로 권익 보호 등을 위해 연소 근로자와 사업주가 알아야 할 주요 노동관계법령 열 가지는 다음과 같습니다.

1. 원칙적으로 만 15세 이상의 청소년만 근로가 가능합니다(※ 만 13~14세 청소년은 고용노동부에서 발급한 취직인허증이 있어야 근로 가능).

2. 연소자(18세 미만)를 고용한 경우 연소자의 부모님 동의서와 가족관계증명서를 사업장에 비치하여야 합니다.

3. 근로조건을 명시한 근로계약서를 작성하여 근로자에게 교부해야 합니다.

4. 성인과 동일한 최저임금을 적용받습니다.

5. 위험한 일이나 유해한 업종의 일은 할 수 없습니다.

6. 1일 7시간, 주 35시간 이하로 근무가 가능합니다(※ 1일 1시간, 1주 5시간 이내 연장근로 가능).

7. 근로자가 5인 이상인 경우, 유급휴일 및 초과 근무 시 50%의 가산임금을 받을 수 있습니다.

8. 1주일에 15시간 일을 하고 1주일 동안 개근한 경우 1일의 유급휴일을 받을 수 있습니다.

9. 일하다가 다쳤다면 「산재보험법」이나 「근로기준법」에 따라 치료와 보상을 받을 수 있습니다.

10. 부당한 처우나 궁금한 사항에 대한 상담은 국번 없이 1350!

그렇다면 청소년은 위와 같이 노동하면서 보장받아야 하는 사항에 대하여 얼마나 알고 있을까? 앞에서 언급한 한국청소년정책연구원 자료를 보자. 원래 조사에서는 '매우 잘 알고 있다-알고 있는 편이다-모르는 편이다-전혀 모른다'라는 네 가지로 응답하게 하였는데, 여기서는 '매우 잘 알고 있다-알고 있는 편이다'라는 응답을 합한 결과를 볼 것이다.

우선 "적정 임금을 보장하고 최저임금 제도를 시행한다"에 대해 86.4

퍼센트, "연소자의 노동을 특별히 보호한다"에 대해 56.0퍼센트, "사장 또는 사업주는 임금, 노동시간, 휴일, 휴가 등 노동조건을 서면으로 명시해야 한다"에 대해 79.6퍼센트가 알고 있다고 한다.

또한 "미성년자가 독자적으로 임금을 청구할 수 있다"에 대해 52.8퍼센트, "임금은 월 1회 이상 전체 금액을 정한 날짜에 통화(돈)로 직접 지급한다"에 대해 56.4퍼센트, "18세 미만의 노동시간은 1일 7시간, 주 35시간 원칙, 초과 노동은 1일 1시간, 주 5시간 한도로 제한한다"에 대해 68.8퍼센트, "4시간에 30분 이상, 8시간에 60분 이상 자유로운 휴게시간을 보장한다"에 대해 64.4퍼센트가 알고 있다고 한다.

이런 응답 결과를 보면 일을 할 수 있는 연령에 도달한 청소년 10명 중 6명 내외는 「근로기준법」 등에서 제시하는 청소년 노동인권 보호를 위한 장치를 알고 있는 셈이다. 그렇다면 실제로 청소년 노동인권은 잘 보호받고 있을까?

같은 자료에서 아르바이트 경험이 있는 경우에 한 번이라도 노동인권 피해 경험이 있는지를 살펴본 비율을 보자.

우선 "아르바이트 시작 전 근로계약서*를 작성하였다"와 관련하여 58.9퍼센트가 그렇지 않다고 응답하여서 근로계약서를 작성하지 않는 경우가 많은 편임을 알 수 있다. "최저임금보다 적은 돈을 받고 일을 했다"에는 16.7퍼센트, "일을 하고 나서 임금을 받지 못하거나 약속보다 적게 받았다"에는 14.5퍼센트가 그렇다고 응답하였으니 100명 중 15명 내외로 임금과 관련한 권리 침해를 당한 셈이다.

또한 "계약 시간보다 초과하여 일을 하였거나 처음 하기로 한 일과 전혀 다른 일을 하였다"에는 12.4퍼

근로계약서
노동자로 취업하는 경우에 노동조건 등에 대한 내용을 약속하는 사용자와 노동자 간의 계약 문서.

센트, "폭언 등 인격모독을 당했다"에는 10.2퍼센트가 그렇다고 응답했다.

아르바이트를 한 경우에 청소년 노동인권 차원에서 문제가 되는 노동인권 침해를 경험한 비율이 10명 중 1명 이상은 되는 셈이다. 한 연구에 따르면 노동인권을 아는 것은 노동인권 피해에 영향을 주는 변수가 아니라고 한다.[22] 따라서 노동인권을 안다고 할지라도 아르바이트 과정 등에서 노동인권 침해를 경험할 수 있다.

노동인권을 침해하는 사항을 아는 것보다 더 중요한 것은 노동인권 침해를 받았을 때 어떻게 대처할지를 아는 것이다. 실제로 노동인권과 관련한 조사에서 해당 권리 침해 시의 대처 방법에 대하여 알고 있다고는 응답했지만 정확하게 알고 있다고 응답한 경우는 10명 중 2명 내외였다.[23] 따라서 내가 일을 한다면, 앞으로 일을 할 것이라면 관련 사항을 정확하게 아는 것이 중요하다.

알고 있나요? '청소년 또래 노동인권지킴이'

"캠페인 활동을 했어요. 많은 분들께 아르바이트와 노동에 대한 올바른 생각을 전달하려고 했어요. 노동조합에 대하여 조사하기도 하고, 노사합의문을 작성해 보기도 했어요. 또래 노동인권지킴이 활동을 하면서 노동에 대해서 '칙칙한 분위기, 힘든 것'으로 여겼던 생각을 바꿀 수 있었어요."[24]

청소년 또래 노동인권지킴이 활동 결과를 보고한 어느 고등학교 학생의 글을 재구성한 것이다. 청소년 또래 노동인권지킴이는 청소년 스스로 자신들의 노동권리를 지킬 수 있도록 하는 캠페인이다.

이 캠페인에 참가한 청소년들은 지역의 사회단체나 지역자치 단체 등에서 또래 청소년 노동인권 상담자를 양성하는 교육에 참가하여 교육을 받는다. 교육을 받고 나면 '또래 노동인권지킴이' '청소년 또래 노동인권 상담사' 등으로 활동한다. 일과 노동에 대해 이해하고 이를 바탕으로 청소년 노동인권에 관하여 또래의 청소년들과 같이 소통하면서 청소년 노동권리를 지키는 일이다.

청소년 또래 노동인권지킴이 교육에 참가한 청소년들은 여러 면에서 노동인권을 정확하게 이해할 수 있다고 한다. 우선 노동이나 노동자에 대한 편견과 고정관념에서 벗어나게 된다. 또한 자신이 아르바이트하거나 노동자로서 살아갈 때 중요하게 요구할 수 있는 노동인권은 어떤 것이 있는지, 어떻게 보호받아야 하는지를 알 수 있다.

"학급 친구가 아르바이트하는 곳에서 주인으로부터 '뚱뚱해서 거슬린다'거나 '야, 이 새끼야. 일 똑바로 안 해!'와 같은 언어폭력을 지속적으로 당했을 때는 경찰에 신고해야 한다고 했어요. 그런데 친구들을 도와주는 것도 좋지만 내가 아르바이트를 할 만한 가게와 그렇지 않은 가게를 구별할 수 있어서 더 좋았어요."[25]

청소년 또래 노동인권지킴이 교육은 청소년 노동에 초점을 두지만 우리 사회에 전반에서 나타나는 노동, 노동자, 그리고 노동인권에 대하여 알아가는 과정인 셈이다. 이 점에서 청소년 자신만을 위한 것이 아니라 우리 사회 전체의 노동인권 감수성을 더 높이는 역할도 한다.

이것도 알고 있나요? '청년유니온'

노동조합은 노동자가 집단을 이루어 노동권리를 존중받기 위한 힘을 갖기 위해서 만들었다는 것을 우리는 앞에서 배웠다. 그러니 일을 할 때 가장 기본적인 권리로서 챙겨야 하는 것이 노동조합 가입이다.

그런데 십 대 청소년인 내가 일을 하는 경우라면 노동조합에 가입할 수 있을까? 학교를 그만두었거나 졸업하고 일자리를 구하고 있다면? 만약에 노동조합에 가입할 수 있다면 어떤 노동조합에 들어가야 할까?

아르바이트를 하는 고등학생은 전업 노동자가 아니니 노동조합 가입이 안 된다. 바로 이런 고민을 해결하기 위해 만든 단체가 있다. 노동과 관련한 권리를 직접 지키려는 노동조합, '청년유니온(youthunion.kr)'이다. 2010년 3월에 만들어진 이 노동조합은 실업자, 비정규직, 정규직 등

청년유니온의 블랙기업 퇴출 운동

2015년에 청년유니온은 블랙기업 퇴출 운동을 벌였다. 블랙기업은 청년을 인턴이나 수습직원 또는 계약직으로 채용한 후 힘든 일을 시키고 소모품 버리듯 하는 기업을 말한다. 청년유니온은 회원들로부터 블랙기업을 제보받아서 온라인에 공개했다. 즉, 이 운동은 청년에게 일하기 나쁜 기업을 알리고 노동구조를 개선하려는 노력의 일환이었다.

고용 형태와 상관없이 만 15~39세 청년이라면 누구든 가입할 수 있다.

"일하고, 꿈꾸고, 저항하다"라는 슬로건을 내건 이 단체는 청년의 일자리 문제, 청년들이 겪는 노동 문제, 청년이 일하는 일터의 문제를 드러내고 이를 개선하는 방안을 제시하면서 청년 노동 현실을 개혁하는 중이다.

청소년 노동자는 청소년이면서 노동을 하는 사람이라는 이유로 많은 어려움을 경험한다. 노동 관련 법은 여러 번 읽고 설명을 들어도 이해하기 어렵다. 일하는 청소년이라면 이런 단체가 있다는 것도 알아두자.

노 동
인 권 토론방

① 최저임금을 올리면 아르바이트 자리가 줄어들어 일을 구하는 청소년에게 불리하다고 한다. 이에 대하여 찬반 토론해 보자.

② 근로계약서를 쓰자고 하니 사용자가 일자리를 주지 않겠다고 한다. 이럴 때 근로계약서를 작성하자고 해야 할까 말아야 할까? 이에 대하여 토론해 보자.

③ 청년유니온이 청년의 노동인권을 보장하기 위해 하는 최근의 활동을 조사해 보고 그 활동에 대한 나의 의견을 제시해 보자.

4
우리나라는 아동·청소년 노동을 어떻게 보호할까?

한 방송국의 TV 프로그램 중에 트로트 경연 프로그램이 있었다. 여기에 한 초등학생이 참가하여 마지막 경쟁 무대까지 진출했다. 그의 노래가 주는 아름다움에 남녀노소가 반한 결과였다.

마지막 경쟁 무대는 실시간으로 생방송되었는데, 방송 시간이 밤 10시부터 다음 날 새벽 1시 30분까지 이어졌다. 초등학생인 그 참가자도 당연히 밤을 넘겨서 무대에서 경연을 했다.

그런데 이를 두고 12세였던 그 초등학생 참가자를 새벽까지 방송에 출연시킨 것에 대하여 비판 여론이 형성되었다.

우리나라는 아동이 밤늦게 특정한 활동을 하지 못하도록 하는 제도를 몇 가지 도입한 바 있다. 밤 12시부터 새벽 6시까지 온라인 게임을 막은 셧다운제도, 일부 시·도에서 시행하는 심야 시간대 학원 수업 금지 등이 대표적이다. 셧다운제도는 올해부터 폐지되었으나, 이 제도들은 아동이 심야에 충분히 수면을 취할 수 있도록 하여 아동의 발달권을 보호하기 위한 것이다.

따라서 심야 시간에 방송에 출연하는 것은 해당 아동의 발달권을 침해하는 것이어서 그 자체로도 문제이지만, 방송에 출연하는 것도 노동행위이기에 심야에 아동 노동을 시켰다는 점이 더 큰 문제가 되었다.

문제가 제기되자 이와 관련하여 '방송에 출연하는 아동은 노동행위를 하는 노동자인가 아닌가' '심야 생방송에 아동을 출연시키는 것을 금지하는 법이 있는가 없는가' 등에 대한 다양한 팩트 체크도 이루어졌다.[26]

이처럼 연예계 활동이 아니더라도 아르바이트 등 노동을 하는 청소년들을 보호하기 위한 법이 존재할까? 구체적으로 어떻게 아동과 청소년 노동행위를 보호하고 있을까?

초등학생은 일할 수 없는데 드라마에는 어떻게 나오지?

요즘 들어 2월 초에 졸업식을 하는 학교가 많아졌다. 2월 말까지는 해당 학교 학생 신분이지만 졸업식을 했기에 등교하지 않아도 된다.

그러다 보니 졸업식을 마친 학생 중에 일을 하여 용돈을 벌겠다는 학생들이 있다. 그러면 초등학교 졸업생(13세), 중학교 졸업생(16세), 고등학교 졸업생(19세)은 노동을 할 수 있을까?

기본적으로 노동을 시작할 수 있는 나이는 15세부터이다. 그러니 13세인 초등학생이나 중학생은 아르바이트를 할 수 없다. 그렇다면 방송에 출연하는 어린 연령의 연예인은 어떻게 가능할까? 바로 「근로기준법」에 예외 조항이 있기 때문에 일할 수 있다.

「근로기준법」은 다음과 같이 15세 미만 아동의 노동을 제시하고 있다.

제64조(최저 연령과 취직인허증) ① 15세 미만인 사람(「초·중등교육법」에 따른 중학교에 재학 중인 18세 미만인 사람을 포함한다)은 근로자로 사용하지 못한다. 다만, 대통령령으로 정하는 기준에 따라 고용노동부 장관이 발급한 취직인허증을 지닌 사람은 근로자로 사용할 수 있다.

② 제1항의 취직인허증은 본인의 신청에 따라 의무교육에 지장이 없는 경우에는 직종을 지정하여서만 발행할 수 있다.

③ 고용노동부 장관은 거짓이나 그 밖의 부정한 방법으로 제1항 단서의 취직인허증을 발급받은 사람에게는 그 인허를 취소하여야 한다.

15세 미만인 경우와 15~18세일지라도 중학생인 경우에는 아르바이트 등의 노동을 금지하고 있다. 다만 15세 미만인 경우에 고용노동부 장관이 발급한 취직인허증*이 있으면 취업이 가능하다.

일단 13세 미만인 경우에는 취직인허증을 발급받더라도 방송 출연과 같이 예술 공연에 참가하는 경우에만 일하는 것이 가능하다. 그러니 유치원생이나 초등학생도 취직인허증을 발급받으면 드라마나 예능에 출연할 수 있다.

13세 이상에서 15세 미만인 경우에는 일하고자 하는 곳이 도덕적으로나 보건적으로 유해하거나 위험한 직종이 아닌지를 심사해서 의무교육에 지장이 없다고 판단되는 경우에만 취직인허증을 발급해 준다. 따라서 13세가 되었다면 취직인허증을 발급받을 수 있는 직종에서 잠시 아르바이트를 하는 것이

취직인허증

우리나라에서 취직이 금지된 15세 미만 아동을 대상으로 고용노동부 장관이 노동이 가능하도록 취직을 허가하는 증명서를 말한다.

가능할 것이다.

취직인허증은 어떻게 발급받을 수 있을까? 고용노동부 홈페이지를 방문하여 검색창에 '취직인허증'을 입력하면 필요한 신청서 파일을 찾을 수 있다. 이 파일을 다운로드하여 그 안에 필요한 정보를 모두 기록하여야 한다.

작성한 신청서 파일을 출력하여 청소년 자신, 친권자(부모님) 또는 법적인 후견인, 그리고 학교장(재학생인 경우)이 서명해야 한다. 그 후 자신의 주소지를 관할하는 지방고용노동청이 어디에 있는지를 찾아서 그곳에 신청서를 제출하면 된다. 신청서를 받은 지방고용노동청에서는 「근로기준법」 등 해당 청소년의 노동과 관련하여 법적으로 문제가 없는지를 확인한 후에 취직인허증을 발급해 준다.

그렇다면 15세 이상인 경우에는 그냥 일해도 되는 걸까? 18세부터는 동의서 없이도 일할 수 있지만 15세 이상 18세 미만인 경우에는 친권자 또는 후견인의 동의서가 있어야 일할 수 있다.

동의서도 고용노동부 홈페이지에서 신청서 파일을 다운로드하여 내용

📑 알아봅시다

나는 일할 수 있는 나이일까? 노동 가능 나이 계산 방법

1. 생일이 지났다면 올해 연도에서 태어난 연도를 빼면 된다. 2007년 1월 22일에 태어났는데 2022년 2월 10일에 자신의 나이를 계산하면 [2022-2007=15] 가 되기에 15세가 된다.

2. 생일이 지나지 않았다면 올해 연도에서 태어난 연도를 빼고 다시 1을 빼야 한다. 2007년 3월 22일에 태어났는데 2022년 2월 10일에 자신의 나이를 계산하면 [2022-2007-1=14]가 되기에 14세가 된다.

을 작성하고 일하고자 하는 곳에 제출하면 된다. 이와 관련해서 따로 고용노동부 심사 등의 절차는 필요하지 않다.

청소년이 노래방이나 PC방에서 일하는 것이 가능할까?

유엔아동권리협약에서는 18세 미만 아동과 청소년의 노동을 보호하면서 유해한 곳에서 일하게 해서는 안 된다고 규정하고 있다. 우리나라는 헌법 제32조 제5항에서 "연소자의 근로는 특별한 보호를 받는다"라고 하며 관련 내용을 「근로기준법」 등에서 세부적으로 제시하고 있다. 「청소년보호법」에서도 청소년을 고용해서는 안 되는 곳을 지정하고 있다.

어떤 곳에서 일하는 것이 안 될까? 사용자가 청소년에게 어떤 일을 하

게 해서는 안 될까? 우선 광물을 캐내는 갱내에서 일하는 것은 금지이다. 갱내 환경이 아동에게 미치는 나쁜 영향을 막기 위해서이다. 이처럼 생명에 위협을 주는 환경일 경우에도 청소년의 노동을 금지한다.

만 18세 미만인 경우 면허취득이 제한되는 직종에서 운전을 하는 것도 금지된다. 위험성이 크다고 판단되는 일인 잠수 작업이나 소각, 도살 등의 업무도 금지이다. 기름 등을 취급하는 곳에서도 일해서는 안 되는데 다만 주유소는 예외이다.

또한 술을 파는 곳이나 숙박 등을 하는 업소에서도 일을 해서는 안 된다. '○○방'과 같이 사람들이 여가나 오락을 즐기는 곳에서 일하는 것도 「청소년보호법」에 따라 금지하고 있다. 그러니 18세 미만의 청소년이라면 아무리 친권자의 동의를 얻었어도 노래방이나 만화방, 그리고 PC방에서 일하는 것은 불법이다.

청소년이 심야에 일하는 것은 가능할까?

어느 청소년이 방학 동안에 주유소에서 아르바이트를 하기로 했다면 한 달간 쉬지 않고 종일 일할 수 있을까? 「근로기준법」에 따르면 성인의 경우에도 노동하는 시간에 제한을 둔다. 1주당 40시간, 1일당 8시간을 초과해서는 안 된다. 이런저런 이유로 꼭 필요한 경우에 당사자 간 합의를 했다면 근무시간을 연장하는 것이 가능하지만, 이 경우에도 1주당 52시간을 초과해서는 안 된다.

18세 미만 청소년 역시 「근로기준법」에 의해 노동시간 제한을 받는다. 「근로기준법」 제69조에 따르면 기본적으로 18세 미만 청소년의 경우

「근로기준법」에서 제시한 연소자 노동시간

제69조(근로시간) 15세 이상 18세 미만인 사람의 근로시간은 1일에 7시간, 1주에 35시간을 초과하지 못한다. 다만, 당사자 사이의 합의에 따라 1일에 1시간, 1주에 5시간을 한도로 연장할 수 있다.

제70조(야간근로와 휴일근로의 제한) ② 사용자는 임산부와 18세 미만자를 오후 10시부터 오전 6시까지의 시간 및 휴일에 근로시키지 못한다. 다만, 다음 각 호의 어느 하나에 해당하는 경우로서 고용노동부 장관의 인가를 받으면 그러하지 아니하다.

1. 18세 미만자의 동의가 있는 경우

2. 산후 1년이 지나지 아니한 여성의 동의가 있는 경우

3. 임신 중의 여성이 명시적으로 청구하는 경우

에는 1일당 7시간을, 1주당 35시간을 초과해서 일하게 해서는 안 된다. 다만 필요에 따라 노동을 하는 청소년과 사용자 간에 합의를 하는 경우에는 1일당 1시간을 연장하여 최대 8시간까지, 1주당 5시간을 연장하여 최대 40시간까지는 일하게 할 수 있다.

이렇게 최대한으로 일할 수 있는 시간을 한정하는 것은 노동자의 휴식 시간 등을 보호하면서 노동의 질을 높이기 위해서이다. 청소년 노동자는 더 많이 보호받아야 하는 사회적 약자로 보기에 최대한 일하는 시간을 18세 이상 노동자보다 더 적게 규정하여 제한하는 것이다.

그런데 이런 경우는 어떨까? 나는 17세 학생으로 학교 정규 수업을 마치고 야간 자율 학습까지 하고 나면 밤 10시가 넘는다. 그래서 밤 10시 이후부터 하는 일만 하고 싶은데 가능할까? 또한 야행성 성향인 나는 밤늦게 일을 시작하여 새벽까지 일하는 게 편한데 가능할까? 아마도 안 될 가능성이 크다.

「근로기준법」 제70조에 따르면 18세 미만의 경우에는 오후 10시부터 새벽 6시까지 노동을 하지 못한다. 다만 당사자가 동의한 경우에는 고용노동부 장관의 인가를 받아서 가능하다. 휴일에 일하는 경우에도 마찬가지 조건이 적용된다.

초등학생이 심야에 방송에서 하는 공연이 왜 문제일까?

방송 드라마에서 아동 연기자들이 활발하게 일하고 있다. 요즘 들어서 예능 프로그램에 참여하는 아동도 있다. 앞에서 살펴본 것처럼 관련 법에 따르면 원칙적으로는 안 되지만 고용노동부 장관의 인가를 받으면 이들도 저녁 10시부터 새벽 6시까지 일할 수 있다.

그렇다면 새벽 1시 30분까지 진행된 생방송에 초등학생 경연자가 참가한 것을 두고 문제 제기를 한 것은 제대로 알지 못하고 비판한 것이 아닐까? 여러분은 이를 어떻게 생각하는가? 지금까지 공부한 내용을 바탕으로 생각해 보자.

'경연을 위한 방송 출연은 노동자로서 하는 활동인가? 해당 활동은 13세 미만의 아동이 고용노동부 장관의 인가를 받아서 해도 되는 활동인가? 심야 촬영과 관련하여 인가를 받았는가?' 등을 고려해야 한다.

먼저 '경연을 위한 방송 출연은 노동자로서 하는 노동 활동인가?'라는 질문부터 살펴보자. 앞에서 살펴본 것처럼 노동자는 누군가에 고용되어 일한 대가로 임금을 받는 사람을 말한다. 만약에 예능 방송에 출연하면서 해당 방송사와 노동을 위한 계약을 했으면 노동자로서 「근로기준법」을 적용받을 것이다.

「대중문화예술산업발전법」에서 정한 청소년의 활동 시간

제22조(15세 미만 청소년의 대중문화예술용역 제공) ① 대중문화예술제작물 제작 시 15세 미만의 청소년 대중문화예술인이 용역을 제공하는 시간은 1주일에 35시간을 초과하지 못한다.

② 대중문화예술제작업자는 오후 10시부터 오전 6시까지의 시간에 15세 미만의 청소년 대중문화예술인으로부터 대중문화예술용역을 제공받을 수 없다. 다만, 대중문화예술용역 제공일의 다음 날이 학교의 휴일인 경우에는 대중문화예술인과 그 친권자 또는 후견인의 동의를 받아 대중문화예술용역 제공일 자정까지 대중문화예술용역을 제공받을 수 있다.

③ 국외활동을 위한 이동, 장거리 이동 등 정당한 사유가 있는 경우에는 제1항을 적용하지 아니한다. 이 경우 대중문화예술사업자는 청소년 대중문화예술인의 학습권, 휴식권, 수면권 등을 보장하여야 한다.

제23조(15세 이상 청소년의 대중문화예술용역 제공) ① 대중문화예술제작물 제작 시 15세 이상의 청소년 대중문화예술인이 용역을 제공하는 시간은 1주일에 40시간을 초과하지 못한다. 다만, 당사자의 합의에 따라 1일 1시간 1주일에 6시간을 한도로 연장할 수 있다.

② 대중문화예술제작업자는 오후 10시부터 오전 6시까지의 시간에 15세 이상의 청소년 대중문화예술인으로부터 대중문화예술용역을 제공받을 수 없다. 다만, 15세 이상의 청소년 대중문화예술인 및 그 친권자 또는 후견인의 동의가 있는 경우에는 대중문화예술용역을 제공받을 수 있다.

③ 국외활동을 위한 이동, 장거리 이동 등 정당한 사유가 있는 경우에는 제1항을 적용하지 아니한다. 이 경우 대중문화예술사업자는 청소년 대중문화예술인의 학습권, 휴식권, 수면권 등을 보장하여야 한다.

그러나 예능 방송의 경연 프로그램 촬영을 하면서 방송사가 해당 아동을 직원으로 고용하는 근로계약을 하지는 않으므로 「근로기준법」이 적용되는 노동자의 노동이라고 보기 어렵다. 따라서 「근로기준법」에서 강조하는 15세 미만 청소년의 노동을 보호하는 법 조항을 어긴 것은 아니다.

그렇다면 15세 미만 청소년이 계약을 바탕으로 하는 노동자라는 지위를 갖지 않는다면 심야에 공연을 해도 될까? 아니다. 우리나라의 법 중에 「대중문화예술산업발전법」(줄여서 「대중문화법」)이라는 것이 있다. 이 법 제22조는 15세 미만 청소년에 대해서는 「근로기준법」과 마찬가지로 오후 10시부터 새벽 6시까지 활동을 하지 못하도록 규정하고 있다.

따라서 밤 12시가 넘어서 15세 미만 아동이 생방송에 출연하는 일은 다음 날이 휴일이어도 그리고 당사자 자신과 친권자의 동의가 있어도 해서는 안 되는 것이다. 즉, 이 사례는 「대중문화법」을 어긴 위법 행위이다.

「대중문화법」 제23조에서는 15세 이상인 청소년의 경우에도 「근로기준법」을 준거로 하여 1주당 40시간을 초과하지 못하며, 당사자 간 합의에 따라 1일당 1시간, 주당 6시간을 한도로 연장할 수 있게 하고 있다. 당연히 이들도 오후 10시부터 오전 6시까지 활동하게 해서는 안 된다. 다만 해당 청소년의 친권자나 후견인이 동의하면 가능하다.

아동 유튜버에게도 노동권리가 있다고요?

요즘은 아동이나 청소년 중에도 유튜버로 활동하는 이들이 있다. 일부 극소수의 아동 유튜버가 돈을 아주 많이 번다는 이야기를 들어서인지 어릴 때부터 유튜버가 되고 싶어 하는 아동도 많다. 종종 부모가 어린 자녀를 유튜버로 만들어 기업처럼 키우기도 한다.

아동 유튜버가 활발히 활동하자 여러 국가에서 법으로 아동을 보호하기 시작했다. 대표적으로 프랑스는 2020년에 법을 만들었는데, 아동 유튜버가 벌어들인 소득을 그들이 16세가 되기 전에는 인출하지 못하도록 했다.[27]

또한 아동 유튜버를 고용하여 영상 등을 제작할 때는 정부의 허락을 얻어야 하며, 해당 아동이 영상 등을 삭제하기를 원할 때는 삭제하여 잊힐 권리★를 행사하도록 했다.

우리나라에서도 아동이나 청소년 유튜버의 노동을 보호하는 방안을 마련해야 한다는 주장이 나오고 있다. 예를 들어 아동이 먹기에 너무나 가혹해 보이는 먹거리를 주고 '먹방'을 찍는 경우 등에 대하여 제한을 가해야 한다는 것이다. 아동이 장난감이나 옷 등을 가지고 노는 모습을 찍어 올리는 경우도 있는데, 이는 아동이 스스로 즐겁게 놀 권리를 침해하는 것이라는 주장도 있다.

사실 아동의 보호자인 부모가 동영상 등을 만들거나 아동 자신이 직접 유튜버가 되는 경우에는 개념적으로 노동자라고 보기 어렵다. 그런데도 아동이나 청소년을 대상으로 하는 다양한 노동 행위에 대하여 국가가 제도를 만드는 이유는 무엇일까? 이 또한 「대중문화법」에서 연예 활동을 하는 청소년을 보호하는 것과 같은 이치로 보면 된다.

청소년기의 활동을 제한하는 이유는?

우리나라는 케이팝만이 아니라 영화나 드라마 등 세계적으로 인기를 끄는 콘텐츠가 많다. 그러다 보니 아동이나 청소년도 콘텐츠 제작에 많이 참여한다. 아이돌 가수로 성장하기 위하여 어릴 때부터 엔터테인먼트에 소속되어 춤이나 노래, 연기 등을 훈련하고 촬영 등을 하기도 한다.

이러한 대중문화 관련 활동은 노동자의 노동은 아니지만 그 활동이 노동과 유사하다는 점에서 아동이나 청소년의 노동과 마찬가지로 보호할 필요가 있다. 그런데 「근로기준법」으로는 해당 활동을 하는 아동이나 청소년에 대한 보호를 할 수 없어서 「대중문화법」에 이를 보호하는 규정을 넣은 것이다.

사실 앞서 언급한 경연 프로그램의 다른 시즌에서도 초등학생들이 나왔지만 이들은 밤늦게까지 촬영하지 않았다. 드라마를 찍을 때도 아동이나 청소년의 경우에는 1일당 일정 시간 이하로만 촬영한다.

이렇게 아동과 청소년 연예인의 활동에 대해 활동 가능 시간을 제한하는 것은 기본적으로 아동과 청소년의 노동 가능 시간을 제한하는 것과 동일한 이유이다. 즉, 아동 청소년 시기에는 노동 등 다양한 경험을 하는 것을 인정하지만 적정한 교육을 받을 권리, 발달을 위해 적정한 수면을 취할 권리, 그리고 적절하게 휴식을 취하거나 놀 권리를 보장하는 것이 우선이기 때문이다.

노동 인권 토론방

① 청소년 유해 환경을 설정하여 청소년을 보호하는 것은 이해하지만 청소년도 이용하는 노래방, 만화방, PC방에서 아르바이트를 못 하게 하는 것은 청소년 노동을 보호하는 것일까, 아니면 청소년의 노동을 제한하는 것일까? 자신의 의견을 정리하여 토론해 보자.

5
청소년 노동인권을 법적으로
보장받으려면?

"알바 여러분, 법으로 정한 대한민국 최저시급은 5,580원입니다. 5,580원 이런 시급! 쬐금 올랐어요, 쬐금. 370원 올랐대. 이마저도 안 주면 히잉."[28]

2015년에 나온 아르바이트 포털 사이트 광고의 대사이다. 누군가를 향한 욕처럼 들리는 '이런 시급' 때문이었는지 이 광고는 사회적 이목을 끌었다.

아르바이트 모집 사이트를 홍보하는 이 광고는 3부작으로 만들어졌다. 아르바이트생이 알아야 하는 상식 세 가지를 알리는 공익광고 형태였다. 그 상식은 '최저임금, 인격모독, 야간수당'이었다.

이에 아르바이트생을 주로 뽑은 PC방 업체가 광고에서 고용주를 악덕한 인물로 만들고 있다며 항의했다. 결국 해당 광고를 낸 아르바이트 인터넷 사이트는 기업 광고를 그만두고 업주들에게 사과했다.

그러나 이 광고로 아르바이트생이 주장할 수 있는 권리에 대한 사회적 인식과 관심은 매우 높아졌다. 아르바이트하는 청소년의 노동권리가 법적으로 어떻게 보호받고 있는지 살펴보자.

무엇보다 먼저 근로계약서를 작성해야 한다

신분제 사회에서와 달리 시민사회는 시민 간의 자발적인 계약과 그에 대한 국가의 제도적 보호를 중시한다. 그러다 보니 시민끼리 무엇인가를 할 때 계약은 매우 중요한 행위이며 법적인 보호를 받을 수 있는 기반이 된다. 그래서 중요한 사항은 계약서를 통해 기록으로 남겨 두는 것이 좋다. 특히 불리한 위치에 있는 사람일수록 중요한 계약 내용은 계약서를 통해 기록으로 남겨야 제대로 보호를 받을 수 있다.

실제로 계약을 맺을 때 중요하게 고려할 것이 있다. 이론적으로는 계약을 맺는 사람들은 동등한 시민적 지위를 가지지만 실제로 사회에서 개인이 차지하는 지위로 인해서 불평등한 관계에서 계약해야 하는 경우가 많다는 점이다. 자본가나 사용자, 기업과 노동계약을 맺어야 하는 노동자의 관계도 그렇다. 그래서 노동계약을 맺을 때 사회적 약자인 노동자를 보호하는 장치를 제도로 정해놓았다.

청소년 노동에 대해서도 계약과 관련하여 보호 장치를 법적으로 정해놓은 것이 많다. 따라서 일을 하고자 하는 청소년들은 법에서 정한 내용을 고려하여 정확하게 근로계약서를 작성하는 것이 중요하다. 「근로기준법」 제66조와 제67조에서는 청소년의 근로계약서 관련한 사항과 필요한 서류 등에 대하여 다음과 같이 제시하고 있다.

「근로기준법」의 청소년 노동 계약 관련 사항

제66조(연소자 증명서) 사용자는 18세 미만인 사람에 대하여는 그 연령을 증명하는 가족관계기록사항에 관한 증명서와 친권자 또는 후견인의 동의서를 사업장에 갖추어 두어야 한다.

제67조(근로계약) ① 친권자나 후견인은 미성년자의 근로계약을 대리할 수 없다.

② 친권자, 후견인 또는 고용노동부 장관은 근로계약이 미성년자에게 불리하다고 인정하는 경우에는 이를 해지할 수 있다.

③ 사용자는 18세 미만인 사람과 근로계약을 체결하는 경우에는 제17조에 따른 근로조건을 서면(「전자문서 및 전자거래 기본법」 제2조 제1호에 따른 전자문서를 포함한다)으로 명시하여 교부하여야 한다.

근로계약서 제대로 작성하는 방법

근로계약서에는 '근로계약기간/근무장소/업무의 내용/근로시간/근무일과 휴일/임금/연차유급휴가/4대보험' 등의 내용을 적어야 보호받을 수 있다. 계약서의 모든 내용은 정확해야 하고 구체적인 숫자 등으로 명확하게 기록해야 한다.

① 근로계약기간

언제 일을 처음 시작하여 얼마 동안 일을 할 것인지를 적는다. '2022년 1월 25일부터 2022년 2월 25일까지'처럼 시작하는 날짜와 마치는 날짜를 정확하게 기록해야 한다.

만약 '3개월 이상' 등과 같이 불명확하게 기록하면 일을 시작하는 날짜와 마치는 날짜를 알 수 없기에 불이익을 받을 수 있다. 다만 정규직으로 채용된 경우에는 입사한 이후부터 특별한 일이 없는 한 계속 근무하는 것이기에 정해진 계약 기간이 따로 없다.

② 근무 장소

나에게 일을 시키는 기업이나 업체의 정확한 주소를 적어야 한다. 추상적으로 '업무를 하는 모든 곳' 등과 같이 적으면 안 된다. 내가 하는 일이 영업이나 배달인 경우에 외부에 나가서 일을 하더라도 근무 장소는 그 일을 시키는 회사나 가게의 주소를 적어야 한다.

③ 업무의 내용

내가 하는 일을 구체적이고 정확하게 적어야 한다. 설거지와 서빙을 하기로 했으면 '설거지, 서빙'이라고 적어야 한다. 중요한 것은 계약서에 적은 그 일만 하면 된다는 것이다. 계약서에 적지 않은 일을 시키는 경우에는 계약서를 바탕으로 거절할 수 있다.

④ 근로시간과 휴게시간

하루에 언제 일을 시작하여 언제 끝나는지를 기록한다. 이때 근로시간은 1일당 7시간 이내로만 가능하다. 그리고 당사자 간에 합의한 경우에는 1시간을 연장할 수 있다.

그런데 1일에 8시간 일하는 경우에는 1시간 이상, 1일에 4시간 일하는 경우에는 30분 이상의 휴게시간(쉬는 시간)을 일하는 중에 가질 수 있다. 다만 휴게시간은 근로시간에 포함되지 않는다.

계약서에 근로시간을 적으면서 휴게시간도 정확하게 같이 기록하는 것이 좋다. 일하는 시간을 '9시 30분부터 18시 30분까지'라고 적었다면 이 중 실제로 일하는 시간은 8시간이고 계약서에 적은 근로시간 내에서 1시간의 휴게시간을 가질 수 있다.

이 경우에는 '(휴게시간: 12시 30분부터 13시 30분까지)'라고 휴게시간을 정확하게 같이 적으면 된다. 만약 일하는 시간을 4시간으로 하는 경우에는 '14시 00분부터 18시 30분까지'라고 적고 그 옆에 '(휴게시간: 16시 00분부터 16시 30분까지)'라고 적으면 된다.

휴게시간은 노동자가 해당 업무에서 벗어나서 자유로이 이용 가능해야 한다. 편의점에서 일하는 경우를 보자. 내가 매장 내에서 혼자 근무하는 중에 휴게시간이어서 저녁식사를 하는데 손님이 왔다. 식사를 멈추고 그 손님을 응대해야 한다면 나의 저녁식사 시간은 휴게시간일까 근무시간일까? 이는 휴게시간이 아니라 근무시간이 된다. 휴게시간은 완전히 일이나 업무에서 벗어나는 것임을 숙지하자.

⑤ 근무일과 휴일

정확하게 해당 요일을 적는다. 예를 들어 '매주 금, 토, 일요일 근무'처럼 적는 것이다. 다만 18세 미만의 경우에는 일하는 시간이 1주일에 휴게시간을 제외하고 최대 35시간을 넘길 수 없으며 당사자 간 합의에 따라 최대 40시간까지만 일할 수 있다. 그래서 1일에 7시간 일하는 경우에는 주당 최대 5일까지만 일할 수 있다. 휴일 없이 매일 2시간씩 일하는 것은 어떨까? 주당 근무시간이 14시간이므로 문제없다.

1주일에 15시간 이상 동일한 사업장에서 일하는 경우에는 요일을 하루 정해서 주휴일을 받을 수 있고, 주휴수당★을 따로 받을 수 있다. 주휴일은 말

주휴수당

1주일에 15시간 이상 근무하기로 정한 경우 1주일을 개근하면 1일의 유급휴일(주휴일)이 부여되는데, 이 유급임금을 주휴수당이라고 한다.

상여금

근로계약을 한 경우에 기업이나 사용자가 정해진 임금 외에 특별한 경우에 지급하는 것. 보너스라고도 한다.

그대로 해당 주에 쉬는 날을 의미한다. 따라서 1주일에 15시간 이상 일하기로 정한 경우에는 근로계약서에 주휴일을 명확하게 기록해야 한다.

예를 들어 매주 금, 토, 일요일에 근무하고 1일당 6시간씩 일하기로 했다면 주당 나의 근무시간은 18시간이 된다. 이 경우에는 전체 노동시간이 주당 15시간이 넘기에 주휴일을 정할 수 있다.

주휴일은 근무하는 요일 이외 하나를 정하면 된다. 만약 금, 토, 일요일을 근무일로 하고 목요일을 주휴일로 정한다면 계약서에는 '매주 금, 토, 일요일 근무(주휴일 매주 목요일)'이라고 기록하면 된다.

⑥ 임금

일을 한 대가로 받을 수 있는 금액과 그것을 언제 어떻게 받을 것인지를 적는다. 일반적으로 아르바이트의 경우에는 시급으로 정하는 경우가 많아서 시간당 임금으로 적는다. 이때 당해년도 최저임금을 고려하여 그 이상으로 합의하여 결정하면 된다.

예를 들어 시급을 10,000원으로 결정했다면 다음과 같이 기입한다.

- 시급: 10,000원
- 상여금:* 없음
- 임금 지급일: 매월 25일(휴일인 경우에는 전일 지급)
- 지급 방법: (계약한 노동자 자신의 명의로 된 통장 계좌번호와 해당 은행)

모든 임금은 돈으로 받아야 한다. 문화상품권이나 상품 등을 임금으

128

로 받아서는 안 된다. 보통은 한 달 단위로 하여 계약서에 기재한 정해진 날에 월급이 통장으로 입금되도록 하는 것이 좋다.

실제로 고용주가 임금을 지급할 때 노동자가 세금을 부담해야 하는 경우(청소년 아르바이트의 경우는 보통 세금을 내지 않아도 되는 경우가 대부분이다)나 4대 사회보험료★를 내야 하는 경우에는 계약한 임금에서 이를 제외하고 지급한다. 또한 받기로 정한 시급 이외에 식비나 교통비 등을 받기로 했다면 이 또한 임금 지급 시 같이 지급해야 한다.

주휴수당은 1주당 15시간 이상 일하기로 정한 경우에 받을 수 있는데, 법에 정해진 것이므로 근로계약서에 따로 적지 않았더라도 받을 수 있다. 주휴수당은 1주일 단위로 발생하므로, 1주일간 재직하고 그만두더라도 주휴수당을 받을 수 있다.

⑦ 연차유급휴가와 4대 사회보험 적용 여부

입사 1년 미만인 경우에는 1개월 개근할 때마다 1일의 연차유급휴가★가 발생하는데 만 1년이 되기 전까지 전부 사용해야 한다. 만 1년이 되면 연간 출근율 80% 이상인 경우 15일의 연차유급휴가가 발생하며, 1년 이내에 사용해야 한다. 휴가를 사용하지 않은 경우 수당으로 받을 수 있다. 연차유급휴가와 관련해서는 근로계약서에 정해진 대로 하기에 '연차유급휴가는 「근로기준법」에 정하는 바에 따라 부여함'이라고 적으면 된다.

노동자의 안전과 복지를 위해 고용보험,★ 산재보험,★ 국민연금,★ 건강보험★이라는 4대 사회보험에 가입한다. 이는 '주 15시간 이상 월 60시간 이상 근무하는 경우'에는 의무가입 대상이며, 비용은 노동자와 사용자가 반반 나누어 부담한다.

그러니 노동계약을 하는 청소년이 4대 사회보험에 가입해야 하는 대상이면 받기로 한 임금에서 해당 보험료를 미리 빼고 임금을 지급한다. 4대 사회보험은 일하는 중에 발생하는 위험 등을 대비한 것이기에 노동자 입장에서는 가입하는 것이 유리하다. 자신이 일하는 곳이 4대 사회보험 가입 의무에 해당하는 곳인지 확인해야 한다. 가장 기본인 산재보험은 모든 사업체가 다 가입해야 한다.

⑧ 기타

위의 내용을 정확하게 적었으면 중요한 것은 다 기록한 셈이다. 그러나 남은 것 몇 가지가 더 있다. 우선 가족관계 기록 사항에 대한 증명서를 제출할 때 필요한 경우 친권자나 후견인의 동의서 제출 등의 관련 내용을 기재하여 표기하는 것이 좋다.

더불어 계약일, 사업주와 관련하여 사업체명, 전화번호, 해당 사업체의 주소, 사업자 이름을 적어야 한다. 그리고 청소년 노동자 자신의 주소, 전화번호, 이름을 적고 옆에 서명(날인)까지 해야 한다.

근로계약서를 작성할 때 어떤 점을 유의해야 할까?

근로계약서 내용은 위에 적은 내용을 고려하여 사용자와 합의하여 정하면 된다. 다만, 계약서를 작성하는 과정에서 유의할 점이 있다.

첫째, 계약은 당사자 간에 이루어져야 한다. 여기서 당사자는 나를 고용하는 사람과 일하려고 하는 나 자신이다. 부모 등의 보호자는 당사자가 아니다. 그래서 근로계약서는 일하려는 청소년 자신과 사용자가 직접 작성해야 한다. 계약서를 작성할 때 보호자와 같이 가서 세부 내용을 상의해도 되지만 내용의 기록이나 서명 등은 본인이 직접 해야 한다.

둘째, 계약서는 동일한 내용으로 2부를 작성해야 한다. 복사하지 말고 2부에 각각 직접 내용을 적어야 한다. 그런 후에 2부 모두에 직접 서명하여 사용자와 노동자가 각각 1부씩 나누어 가진다. 만약에 사용자가 근로계약서를 작성하지 않겠다고 하거나 근로계약서를 작성했는데 1부를 받지 못했다면 해당 사용자는 벌금 처벌을 받게 된다.

셋째, 아무리 계약서를 작성했더라도 「근로기준법」 등에서 정한 최소 기준을 지키지 않은 경우(예: 청소년이라고 당해연도 최저임금보다 낮은 금액으로 계약을 한 경우)나 청소년에게 불리하게 계약한 경우에는 친권자나 후견인 또는 고용노동부 장관이 이를 해지할 수 있다. 그러니 계약한 내용에 대하여 문제가 있다고 생각하면 가족이나 학교 선생님께 보여드리고 같이 살펴봐 달라고 하는 것이 좋다.

또한 계약서에 기록한 임금 등을 받지 못한 경우에는 근로계약서 등을 바탕으로 대처해야 하기에 자신이 받은 근로계약서 1부는 집에 잘 보관한다. 가능하면 3년 정도 보관하는 것이 좋다. 계약서에 적은 임금에 따라 월급(예를 들어 주휴수당 등)이 정확하게 들어오는지를 알고 싶다면 고용노동부 사이트에 들어가서 '최저임금 모의계산'을 해보면 된다.

넷째, 계약이기에 청소년 노동자 자신도 계약 내용을 정확하게 지켜야 한다. 일하는 시간에 지각하거나 일찍 퇴근하는 등 불성실하게 일해서는 안 된다. 지각하여 일을 하지 못한 경우에는 사용자가 급여에서 해당 시간만큼 임금을 빼고 주는 것이 가능하다.

또한 계약서에 기재된 계약기간이 끝나지 않았는데 일을 그만두는 경우에는 다음 사람을 구할 수 있게 사용자에게 미리 이야기해야 한다. 보통은 한 달 정도 여유를 두고 알려서 후임으로 일할 사람을 뽑을 수 있게 한다. 아무 말 없이 그만두어 사용자를 당황하게 하는 일은 하지 말아야 하며 다음에 일할 사람이 정해지면 인수인계를 하고 인수인계 시에 자신이 일할 때 처음 받은 모든 물건 등을 반납하여야 한다.

청소년이라서 임금 차별을 당한다면?

경력이 많은 어른과 달리 처음 일하는 청소년의 경우 일을 제대로 하지 못한다는 이유로 임금 차별을 받지 않을까? 이는 염려하지 않아도 좋다. 청소년도 최저임금 이상으로 임금을 받도록 법으로 보호하고 있다. 청소년이 일하는 경우에 받을 수 있는 임금을 살펴보자.

최저임금, 청소년도 동일하게 받을 수 있을까?

최저임금은 노동자의 권리를 보호하기 위해 설정한 최저 수준의 임금이다. 이전년도에 최저임금이 결정되기 때문에 근로계약을 하기 전에 그해에 적용되는 최저임금을 조사하여 액수를 기억하고 있어야 한다. 최저

임금은 최저 기준이기에 그보다 더 받아도 된다. 청소년이라도 최저임금은 동일하게 보장받는다.

다만 1년 이상으로 계약하고 수습으로 일을 하는 경우에는 3개월 동안은 일부 업종에 한하여 최저임금의 10퍼센트를 감한 범위(예를 들어 최저임금이 10,000원인 경우에 9,000원 이상에서 10,000원 사이)에서 정할 수는 있다. 또한 장애가 있어서 근로능력이 현저히 낮은 경우에는 최저임금 적용을 예외로 한다.

주휴수당, 얼마를 받을 수 있나?

1주일에 15시간 이상 일하도록 계약을 한 경우에는 한 요일을 정해서 쉴 수 있게 한 주휴일이 있다. 주휴일은 쉬지만 수당을 받을 수 있는 유급휴일이다. 1주일당 15시간 이상 일을 하였다면 주휴수당까지 포함하여 임금을 받아야 한다. 기본적으로 1주일에 최대 40시간까지 일할 수 있기 때문에 주휴수당은 40시간을 기준으로 계산한다.

따라서 주휴수당의 계산식은 [(내가 1주당 일한 시간/40시간)×8시간 ×계약으로 정한 시급]이다. 이를 적용해 보자. 예를 들어 1주일에 16시간 일하고, 9,500원을 시급으로 받기로 계약을 정한 경우를 보자. 그러면 내가 받는 주휴수당은 [(16/40)×8×9,500원=30,400원]이다.

휴일근로수당이 있다?

계약서에 명시된 근무 날짜 이외에 주휴일이라고 기재한 요일에 일했다면 휴일근로수당을 받을 수 있다. 예를 들어 근로계약서에서 '금, 토, 일요일'에 일을 하기로 기재하였고 '목요일'을 주휴일로 표시하여 계약한 경우를 보자.

갑자기 고용주가 나에게 이번 주 목요일에 한 번만 일을 해달라고 부탁해서 내가 일을 하는 것을 받아들였다면 목요일은 나의 주휴일이기 때문에 휴일근로수당을 따로 받을 수 있다. 이 경우에는 원래 계약한 시급에 더하여 가산수당으로 0.5배를 더 받을 수 있다. 따라서 계약서에 내가 정한 주휴일에 일을 한 경우에는 근로계약서에서 시간당 임금으로 결정한 금액의 1.5배를 받을 수 있다.

야간에 일하는 경우에는 가산수당을?

'가산'이라는 말은 무엇인가를 더하여 계산한다는 의미이다. 가산수당은 계약서에서 기본적으로 받기로 한 수당에 더하여 받을 수 있는 수당을 말한다. 대표적으로 야간노동에 대한 가산수당이 있다.

자, 기억해 보자. 청소년의 경우 오후 10시부터 오전 6시 사이에는 일을 하면 안 된다고 했다. 그럼에도 15세 이상 18세 미만 청소년 본인의 동의가 있고 관할지방고용노동관서의 장이 인가한 경우에는 야간노동이 가능하다.

이렇게 하여 오후 10시에서 오전 6시 사이에 상호 합의하여 일을 한 경우에는 시간당 계약한 시급의 0.5배를 가산하여 받을 수 있다. 그러니까 야간노동을 하는 경우에도 휴일근로수당처럼 근로계약서에 적은 기본 시급의 1.5배를 받을 수 있는 것이다.

다만 야간노동에 대한 가산수당은 5인 이상이 일하는 기업에서만 받을 수 있다. 혼자서 심야에 편의점에서 아르바이트하는 경우라면 대부분 가산수당을 받을 수 없다.

빨간날 일하기로 계약했다면 가산수당을 받을 수 있나?

달력에 보면 빨간색으로 표기된 날이나 일요일은 모두가 쉬는 날인데 이때 일하면 가산수당을 받을 수 있을까? 과거에는 민간기업에 적용되는 휴일은 주휴일과 노동절밖에 없었다. 그러나 최근 근로기준법이 개정되어 2022년부터는 공휴일(단, 일요일은 제외)과 대체공휴일도 민간기업의 휴일에 포함된다. 예를 들어, 5인 이상 사업장에서 국경일에 근무한 경우 가산수당을 받을 수 있다.

4대 사회보험은 어떻게 되며 퇴직금을 받을 수 있나?[29]

18세 미만인 경우에도 산재보험, 고용보험, 국민연금, 건강보험에 가입해야 할까? 기본적인 사항을 먼저 살펴보자.

산재보험은 근로계약을 맺었다면 모든 경우에 가입해야 한다. 고용보험은 1개월당 60시간 미만으로 근로계약을 한 경우에는 3개월 이상 계속 근무하지 않는 한 가입 대상에 해당하지 않는다. 국민연금은 18세 이상부터 60세 미만인 경우에만 해당한다. 건강보험은 1개월에 60시간 이상 일한 경우 가입 대상이다. 그러니 18세 미만의 청소년이 일하는 경우에는 4대 사회보험 중에서 산재보험만 가입 가능한 경우가 대부분이다.

18세 미만 청소년일지라도 1년 이상 같은 회사에서 계속 노동을 하고 퇴직한다면 퇴직금을 받을 수 있다. 퇴직금 금액은 '계속근로연수* 1년당 30일분의 평균 임금'으로 계산한다. 통상적으로 보면 1년당 1개월 치 임금을 퇴직금으로 주는 셈이다.

그런데 4주간 평균하여 1주당 15시간 미만의 노동시간으로 계약한 경우에는 퇴직금이 지급되지 않는다. 노동시간이 평균 1주당 15시간 이상인 달과 미만인 달이 섞여 있는 경우에는 그 이상인 달만 합하여 1년 이상이 되면 그 경우에는 퇴직금을 받을 수 있다.

임금을 받지 못한다면?

청소년 중에 근로계약을 체결하여 노동을 했음에도 정해진 임금이나 최저임금에 미치지 못하는 임금을 받는 경우가 있다. 이런 경우에 법적으로 정한 최저임금과 비교하여 못 받은 임금을 포기하는 경우가 많은데 받을 방법은 없을까? 두 가지 방법으로 해결할 수 있다.

첫째, 자신이 계약했던 사업장의 주소가 있는 해당 지역의 고용노동청을 찾아가서 신고하고 도움을 요청하면 된다. 지역의 고용노동청은 고용노동부 사이트에 들어가서 [기관소개]를 누른 후 '지방청/고용센터 찾기'

에서 자신이 일한 곳의 해당 지역을 찾으면 된다.

둘째, 온라인을 이용하여 고용노동청에 도움을 요청하는 방법이다. 고용노동부 사이트 메뉴 바에서 [민원]을 누르면 '민원마당 바로가기'가 있다. 여기에 들어가서 '임금체불' 등의 민원을 신청하면 된다. 민원을 작성하는 것이 조금 어려우면 선생님께 도움을 청하는 것도 좋다.

다만 어떤 방법을 선택하든지 상담을 위해서는 정확한 내용을 알려주어야 한다. 그러므로 자신의 근로계약서를 놓고 해당 사항을 알려주면서 명확하게 상담하여야 한다. 더불어 통장에 입금된 임금과 자신이 일한 시간 등도 명확하게 증빙할 수 있도록 준비해야 한다.

하나 더 기억해야 하는 것이 있다. 임금 체불 등의 문제는 그 소멸시효

알아봅시다

청소년 노동 상담은 어디에서 가능할까?

1. 전화 상담
- 고용노동부: 1350
- 근로복지공단: 1588-0075
- 대한법률구조공단: 132

2. 온라인 상담
- 고용노동부: 1350.moel.go.kr/home

3. 청소년근로권익센터
- 전화 상담: 1644-3119
- 카톡 상담: 카톡에 '청소년근로권익센터' 검색, 해당 채널에 상담
- 온라인 상담: www.youthlabor.co.kr

가 3년이라는 사실이다. 즉, 3년이 지나지 않았다면 자신이 받지 못한 임금을 찾을 기회가 있는 셈이다. 그래서 근로계약서를 3년간 보관해 두라는 것이다.

일을 하는 동안에 이런 문제가 생겼다면?

청소년이든 성인이든 일을 하다 보면 부당한 일을 경험하는 경우가 있다. 사실 사회에서 다수의 사람은 선량하고 좋은 관계를 유지하려고 한다. 하지만 어떤 경우에는 그 사람의 인성이 나빠서, 어떤 경우에는 청소년 노동에 대하여 법적인 사실을 정확하게 알지 못하거나 잘못 알고 있어서 부당한 요구를 하는 경우가 있다. 이럴 땐 어떻게 해야 할까?

부당해고를 당했을 때

근로계약서를 작성하여 근로계약을 맺은 후 나름 성실하게 일을 하고 있는데, 계약기간이 남았음에도 일을 그만두라는 해고 통지를 받는 경우를 생각해 보자. 예를 들어 근로계약서에 주당 18시간의 근무시간과 주휴일을 정했다. 그런데 월급을 받을 때 주휴수당을 포함시켜 주지 않아서 주휴수당을 달라고 했더니, 내일부터 더이상 일하지 말라면서 해고 통지를 했다. 어떻게 해야 할까?

해고를 하려면 해고 사유와 시기를 서면으로 작성해서 통지해야만 한다. 따라서 말로 해고를 한 경우에는 그 자체로 부당해고가 된다. 다만 사용자가 해고통보를 한 것에 대해 다툼이 생길 수 있으므로 이에 대한 증거를 확보할 필요가 있다.

이처럼 부당해고에 해당하면 5인 이상의 노동자가 일하는 사업장에서는 이와 관련하여 사업장 주소가 있는 지방노동위원회에 구제해 달라고 신청할 수 있다. 그러나 5인 미만의 노동자가 일하는 경우에는 민사소송을 통해 재판을 해야 하는 어려움이 있다. 그러니 학교 선생님이나 부모님 등 보호자와 해당 문제를 상의하여 어른들의 도움을 받아서 해결 방법을 찾아보아야 한다.

직장 내 괴롭힘, 성희롱이나 성폭행 등을 당했을 때

직장 내에서 같이 일하는 사람에게 욕설이나 위협적인 말을 듣거나 감시를 당하거나 모욕감을 느끼는 일을 당했다면 매우 불쾌한 것으로 끝나는 것이 아니라 그곳에서 계속 일하기 어려울 것이다.

이 경우에는 당시 상황을 기록해 두는 것이 좋다. 예를 들어 "2021년 4월 17일 오후 7시 28분에 테이블 2번에서 여자 3명, 남자 2명이 식사한 후 남긴 음식이 많아서 그릇을 조금 천천히 나르고 있는데, 주인이 '이 ××, 너 그렇게 느리게 일하면 월급 못 줘'라며 막말을 했다"처럼 정확하게 기록해야 한다.

이와 같은 일이 반복되면 먼저 가족과 상의하는 것이 좋다. 일하는 곳의 동료들이 그런 일을 했다면 사용자 대표에게 이를 해결해 달라고 말해야 한다. 사용자 대표가 해결을 위해 노력하지 않을 경우에는 직장 내 괴롭힘 상담 전화(국번 없이 1350)를 활용하는 방법도 있다.

19세 미만 아동·청소년을 대상으로 성희롱이나 강간, 추행 등 성범죄를 저지르는 것은 중대한 범죄행위이다. 일을 하는 과정에서 불행히도 이런 일을 당했다면 신고하여 가해자가 처벌받도록 해야 한다.

우선 보호자와 상의하고 재학생이라면 일단 학교에서 가장 믿을 만한 선생님과도 상담하여 방법을 찾아보는 것이 좋다. 관련 기관의 도움을 받고 싶다면 국가인권위원회(국번 없이 1331), 한국여성인권진흥원(국번 없이 1366), 여성폭력사이버상담(www.women1366.kr) 등 다양한 곳을 이용하자.

일하면서 다쳤을 때

일하다가 다치거나 병원에 입원해야 할 정도로 병을 얻는 경우가 있다. 어떤 경우에는 다친 것에 그치지 않고 장애가 생기는 경우도 있다. 이럴 땐 어떻게 해야 할까? 청소년 아르바이트 중 사고가 났다면 이 또한 우선 부모 등 보호자와 상의하여 처리하는 것이 좋다.

극히 일부를 제외한 대부분의 사업장은 산업재해보상보험법이 당연히 적용되므로, 사업주가 산재보험에 가입했는지와 상관없이 근로복지공단에 산재 신청을 해서 치료비 등의 보상을 받을 수 있다.

종종 사업주가 치료비를 줄 터이니 산업재해보상보험 신청을 하지 말

> 🔍 **알아봅시다**
>
> ### 노무사라는 직업이 있어요
> ....
>
> 드라마나 영화에서 노동권과 관련한 다툼이 있는 경우에 등장하는 전문직 중 하나가 노무사이다.
>
> 노무사는 노동과 관련한 법률전문가로서 공인노무사 시험에 합격하여 국가가 인정하는 노무사 자격증을 따야 할 수 있다. 사용자나 노동자, 노동조합의 의뢰를 받아서 노동 관련 사안을 조정하거나 사용자와 노동자 간의 분쟁을 조정하고 중재하는 일을 주로 한다.
>
> 노무사 시험은 1년에 한 번씩 있는데, 1차 객관식 시험, 2차 주관식 논술형, 3차 면접시험을 거쳐야 한다. 학력 제한은 없다.

라고 하는 경우가 있다. 그러나 일하면서 다친 경우에는 그 후유증이 있을 수 있으니 산업재해보상보험을 청구하여 치료를 받는 것이 좋다.

만약 사업주가 산업재해가 아니라고 하는 경우에는 법률적 다툼이 필요하다. 법률 지원은 공인노무사를 통해서 받는 것이 좋다. 비용이 부담된다면 지역의 노동위원회(국선 노무사)나 노동자종합지원센터(서울의 경우), 지역의 '찾아가는 노무사' 등의 제도를 알아보면서 도움받을 수 있는 방법을 찾아보자. 이 경우에도 부모님이나 학교 선생님, 보호자와 함께 도움받을 곳을 찾아보는 것이 좋다.

노동
인 권 토론방

① 방송이나 신문기사 등에 등장하는 노무사의 업무를 찾아보고 나중에 나의 일과 어떤 면에서 관련성이 있을지 생각해 보자.

6
현장실습은
노동일까 아닐까?

"처음에는 학교에서 배운 것과 달라서 힘들었어요. 이제는 많이 익숙해졌어요. 어떻게 손님을 대해야 하는지, 어떻게 말하면서 손님을 맞아야 하는지 기초부터 알려주셔서 큰 도움이 되었어요. 제가 휴대폰 판매하는 일을 하니까 친구들도 물어보고 신기해해요."

"손님들이 와서 학생 실습생이 너무 열심히 밝게 일하는 모습을 보시고 기특하다고 칭찬하세요. 매장 분위기도 밝아졌고요."

제주 지역의 한 신문에 난 고등학교 현장실습생과 그를 현장실습생으로 받아들인 해당 대리점 관리자의 이야기이다.[30] 이 학생은 업무 능력을 인정받아 현장실습이 끝나면 해당 대리점에 바로 취업하기로 결정되었다. 현장실습을 통해 일도 배우고 취업도 해결한 것이다.

또 다른 사례를 보자. 직업계 고등학교 중에서 수산계 고등학교가 전국에 9개가 있다. 이곳에 다니는 많은 학생은 바다 위 실습을 통해 어업인이 될 준비를 한다. 해양수산부에서 다목적 어업실습선인 '한미르 호'를 제작하여 수산계 고등학생들이 실습할 수 있도록 지원하는 덕분이다.[31]

실습을 받는 학생들은 3개월 정도 이 배에 올라 실제 어업 활동을 배운다. 학생들은 오징어나 고등어 등을 잡는 어업 실습, 배를 운전하는 항해 실습, 기관실에서 일하는 기관 실습을 한다. 학교에서 이론으로 배운 것을 실제 장비에 적용하여 직접 바다에서 실습하면서 더 많은 것을 배우는 것이다.

직업계 고등학생의 노동 아닌 노동 같은 현장실습. 좋은 점도 있고 힘든 점도 분명히 있다.

고등학생의 현장실습이란?

우리나라의 대학 진학률은 다른 나라에 비해 상당히 높은 편이다. 교육부에서 발표한 「경제협력개발기구(OECD) 교육지표 2000」 결과[32]를 보면 청년층(25~34세)의 고등교육 이수율은 69.8퍼센트로, 우리나라는 OECD 국가 중 2위를 차지했다.

고등교육 이수율은 고등학교 졸업 이후 대학 등에서 공부한 사람의 비율을 말한다. 고등교육 이수율이 높으면 좋다고 생각할 것이다. 그런데 고등교육 이수율이 높아서 나타나는 사회 문제도 있다.

우선, 일할 때 필요한 교육보다 더 많은 교육을 받는 이들이 발생한다는 점이다. 그러다 보니 사회적 비용이 낭비되는 문제가 생긴다. 또 다른 문제도 있다. 개인적으로 비용을 더 들여서 공부하였음에도 공부하는 시간이 길어진 만큼 더 적게 일하게 되어 개인 소득이 줄어드는 것이다.

또한 고등교육 기관에서 배운 것과 상관없는 일자리에서 일하는 경우도 생긴다.

이를 해결하는 방법으로 정부는 고등학교 졸업 후 바로 취업하는 것을 지원하는 정책을 실시했다. 이에 따라 IT 기술 등 특화된 기능을 배우는 고등학교가 많아졌다. 이 덕분에 고등학교를 졸업하고 바로 취업하는 비율이 증가했다.

현장실습은 왜 생겼을까?

고등학생의 취업을 지원하는 방안 중 하나로 긍정적 평가를 받았던 것이 바로 현장실습이다. 현장실습은 학교에서 배운 지식과 기술을 실제 취업 현장에서 직접 체험하여 산업 현장에서 잘 적응하도록 하려는 학교 교육의 한 과정이다.[33]

그래서 현장실습 보호 관련 법인 「직업교육훈련촉진법」에서는 현장실습에 대하여 "직업 교육 훈련생이 향후 진로와 관련하여 취업 및 직무 수행에 필요한 지식·기술 및 태도를 습득할 수 있도록 직업 현장에서 실시하는 교육 훈련 과정"이라고 설명한다.

고등학생을 대상으로 현장실습을 운영한 것은 1963년부터이다. 이를 도입한 이유는 무엇일까? 당시 고등학교에는 직업 훈련 시설이 부족해서 졸업 후 취업하려는 학생들이 기본적으로 알아야 할 기술을 실습하기 어려웠기 때문이다. 현장실습은 학교에서 배우기 어려운 것을 노동 현장에서 직접 익히도록 하기 위해 만든 제도이다.

그런데 1980년대 우리나라 경제가 급격하게 성장하면서 일자리가 풍부해지자 일할 사람을 구하기 어렵게 되었다. 이 때문에 회사에서는 고등학교 실습생이 와서 훈련을 받도록 하는 것보다 미리 일하도록 하는 것을 좋아했다.

1993년부터 현장실습은 훈련보다는 취업과 같은 의미를 가지게 되었다. 그러다 보니 학생들은 현장실습을 가서 제대로 된 훈련을 받지 못하고 바로 일자리에 투입되었고 작업 현장에서 기계 등을 능숙하게 다루지 못하면서 안전사고를 당하는 문제가 생겼다.

그래서 2006년 이후로 고등학생의 현장실습 제도를 개선했다. 이때 가장 중요하게 고려한 것이 고등학생이 기술을 연마하고 교육받기 안전한 노동환경을 가진 곳에서만 현장실습을 하도록 한 것이다.

이에 맞추어 노동환경을 개선하기 위해서는 비용을 들여야 했다. 아무리 정부가 노동환경 개선을 위한 지원금을 주더라도 회사가 부담해야 하는 비용도 발생하다 보니 문제가 생겼다. 현장실습 대상 회사나 기업이 참여하지 않아서 현장실습할 곳을 찾기가 어려워진 것이다. 결국 이전보다 개선되기는 했지만 여전히 안전사고 위험이 있는 곳으로 가는 현장실습이 일부 유지되었다.

현장실습은 꼭 필요할까?

텔레비전 드라마에서 일하는 장면과 다큐멘터리에서 일하는 장면에 등장하는 환경이 크게 다르다는 것을 느낄 것이다. 실제 일터와 일터를 재현한 것에 차이가 있기 때문이다.

고등학교의 미용학과 학생들은 헤어 디자이너가 되기 위해 미용하는 방법을 이론적으로 배운다. 학교에서 실습을 하기는 하지만 대부분 인형 머리를 이용한다. 인형은 고정되어 있고 두상도 일정하다. 그러나 미용실에 오는 사람들은 움직이며 두상도 다양하다. 더구나 실제 미용실에서는 손님을 잘 응대하는 일도 해야 한다.

대부분의 신입 직원은 학교에서 배운 것과 실제 현장에서 직접 하는 일의 차이로 어려움을 겪는다. 이를 해소하는 방안의 하나가 바로 현장실습이다. 즉, 학생들이 산업체에 직접 가서 구체적으로 일하는 방법을 배우게 하는 것이다.

현장실습의 장점은?

내가 근무하는 대학교에서는 초등학교 교사를 길러낸다. 학생들은 대학교 2학년부터 초등학교로 교육실습을 간다. 실습을 가서 초등학생을 가르치는 경험을 하는데 그들 중 한두 명은 수업을 하면서 울렁증에 시달린다.

울렁증이 심해 실습을 하기 어려운 학생의 경우는 상담을 한다. 그리고 그 후의 실습에서도 같은 문제가 발생하면 불행하게도 해당 학생은 교사가 되는 길을 포기한다. 이처럼 현장실습은 실제로 일을 배울 뿐만 아니라 자신이 일할 만한 곳인가를 판단하는 기회가 된다.

현장실습은 학생, 학교, 노동 현장에 각각 다음과 같은 편익을 제공한다.[34] 현장실습을 통해서 학생들은 일하는 현장에서 여러 사람과 공동 작업을 경험할 수 있다. 그러면서 노동의 과정이나 노동 현장에서 일어나는 일, 그리고 어떻게 행동해야 하는지에 대하여 이해할 수 있게 된다.

고등학교 입장에서도 이점이 있다. 학교에서 학생들이 해야 할 실험이나 실습을 노동 현장에서 하므로 경비를 절약할 수 있다. 더 중요한 점은 학교에서 가르친 내용이 노동 현장에 적용 가능한지 확인할 수 있다는 점이다. 현장실습을 간 학생을 통해서 지역사회의 기업이나 산업체와 네트워크를 형성할 수 있다는 장점도 있다.

노동 현장에도 장점이 있다. 현장실습을 나온 학생이 우수한 인력인지를 관찰하여 바로 직원으로 채용할 수 있다. 현장실습 기간에 교육을 시키고 해당 학생을 자신의 가게, 회사나 기업에 채용할 경우에는 준비 기간을 줄이고 바로 일을 시킬 수 있다.

동상이몽: 노동 현장의 시각과 실습생의 시각

평소 다니는 미용실의 헤어 디자이너와 이야기를 한 적이 있다. "손님이 많은데 왜 혼자서 일을 하세요?" 그랬더니 "요즘 젊은 디자이너들은 이렇게 작은 미용실에서 일하려고 하지 않아요. 한다고 해도 일을 제대로 하지 못하면서 높은 임금을 요구해요"라고 답했다. 여러 곳에 지점을 둔 기업형 미용실이 많아지면서 신입 헤어 디자이너들은 그런 곳에서 일하기를 선호한다는 말도 덧붙였다.

자신이 가진 헤어 디자인 기술을 가르치면서 임금을 적게 주고 미용실에서 간단한 보조 일을 할 사람을 뽑을까 하는 생각을 했었단다. 그런데 포기한 것은 괜히 사고를 일으키거나 도움이 안 될 가능성이 커 보였기 때문이다. 그냥 손님을 적게 받고 혼자서 일하는 것이 더 낫다고 한다.

그 대화 후에 뉴스 기사에 언급하는 '열정페이'라는 단어가 떠올랐다. 청년 신입 직원에게 무급 또는 최저시급에도 미치지 못하는 아주 적은 월급을 주면서 일하게 하는 상황을 비꼬는 표현이다.

신입 직원은 힘들게 일하는데 정당한 대가를 받지도 못하며 회사에서 시키는 일도 경력과 무관한 사소하고 궂은일이라 억울하다고 한다. 그러면서 그 정도로 힘든 것은 견뎌야 제대로 일을 배울 수 있다고 젊은이들의 열정만을 요구하는 현실이 힘들다는 것이다.

노동 현장에서 현장실습을 받는 사람들과 현장실습을 간 고등학생 사이에도 이런 인식의 차이가 있을 것이다. 왜 이런 일이 생겼을까?

산업혁명 이전에는 도제 제도를 통해 일을 배웠다. 유럽뿐만 아니라 우리나라 사람들도 비슷한 형태로 기술을 배웠다. 도제 제도에서는 기술을 가르치는 사람인 전문가와 기술을 배우는 사람인 도제가 스승과 제자 관계를 맺어서 일을 전수했다. 오늘날의 사용자와 노동자로서 노동관계에 대한 계약을 맺고 일하는 경우와는 그 관계가 아예 다른 것이다.

과거 도제 관계에서 도제는 오랜 기간 제자로서 기술을 배우면 자신의 스승이 가진 기술을 온전히 배울 수 있다고 생각했다. 그래서 열정을 다해서 부모처럼 따르면서 일을 하고 배웠다.

스승의 입장에서 기술이나 노하우는 그 일을 계속하는 데 매우 중요한 것이기에 신입 제자에게 쉽게 전수할 것이 아니었다. 그러니 궂은일을 시키면서 그가 열정과 열심을 다해서 그 일을 제대로 할 것인지, 내 기술을 알려줘도 나를 배신하지 않고 일을 잘할 것인지 등을 파악하는 것이 중요했다.

그러나 산업혁명 이후 기계화가 되면서 생산 시스템에 따라 신입이 바로 배워서 곧바로 생산 업무를 시작하도록 변했다. 그러니 이런 방식에 익숙한 신입은 짧은 시간 안에 제대로 연수를 받으면 배정받은 일을 하는 방법을 바로 익혀서 일을 하는 것이 가능하다고 생각한다.

그런데 우리나라가 짧은 기간 압축적으로 경제성장을 한 사회라는 점을 기억해야 한다. 현재 일을 가르치는 입장에 있는 선배 노동자들 대다수는 자신들의 열정과 노동에 대하여 제대로 된 대가를 받지 못하고 일을 배웠다. 그렇기에 신입에게 열정을 요구하는 것이 당연하다고 생각하는 경우가 많다. 그러나 신입은 이를 부당하게 여긴다. 이러한 동상이몽은 현장실습에서도 나타난다.

실습생은 '값싼 알바'가 아니다

현장실습을 없애야 한다는 주장도 있다. 그 이유는 무엇일까? 학교를 벗어나서 산업 현장에 배우러 온 학생들을 산업체에서 보호해 주지 않으면 기술을 제대로 배우기도 어렵고 신입 노동자로서 보호받아야 할 노동 인권도 보호받기가 어렵기 때문이다.

현장실습에서 제대로 교육을 받으려면 기술을 가르치는 체계가 제대로 마련되어야 하지만 기업은 모든 노동력을 생산 활동에 투입해야 이윤을 남길 수 있다. 교육을 전담할 사람을 정하는 것은 기업 입장에서는 손해인 것이다. 그래서 현장실습생이 오자마자 간단히 연수하고 바로 일을 시키는 기업도 있다.

결국 기존 직원들과 같이 일을 해야 하는 현장실습생은 학생으로 보호받기보다는 '값싼 알바'로 취급될 수밖에 없는 구조가 된다.[35] 모든 현장실습 기업이 다 그런 것은 아니지만 조금이라도 일을 제대로 못하면 막말을 듣고 부당한 대우를 받는 경우도 있다.

또한 현장실습에서 해당 작업을 가르치는 직원도 교육 업무가 자신의 고유한 일이 아닐 뿐만 아니라 그의 하루 작업량도 정해져 있다. 그렇기에 현장실습 학생에게 친절하고 꼼꼼하게 가르쳐주지 못하는 상황이 생길 수 있다. 이런 전체적인 문제 상황을 알지 못하고 "너 때문에 나까지 제대로 일하지 못한다"는 말을 듣는 현장실습생은 마음에 큰 상처를 받게 된다.

현장실습의 가장 큰 문제, 안전사고

제주시의 삼성혈 근처에 제주학생문화원이 있다. 2019년 이곳에 한 사람의 죽음을 기리는 조형물이 설치되었다. 그는 특성화고등학교에 재학 중이던 학생으로, 교육 과정에 따라 지역의 한 공장에서 현장실습을 하다 안전사고를 당했고 병원으로 옮겨졌으나 열흘 후 사망했다.

사고 내용은 이렇다.[36] 현장실습을 간 곳은 생수를 만드는 곳이었다. 그는 회사에 근무하는 직원에게서 기계 사용과 작업 방법 등을 배워야 했다. 그런데 그에게 작업 방법을 알려주던 직원이 그가 현장실습을 간 지 5일 만에 그만두었다. 상황이 그렇게 되자 그는 그 일을 정확하게 잘 알지도 못했음에도 혼자 작업해야만 했다. 더구나 해당 작업을 하는 데

150

필요한 안전장치가 제대로 설치되지 않아서 사고가 난 것으로 밝혀졌다.

이 사건 이전에 다른 곳에서도 현장실습생이 안전사고를 당한 경우가 있었다. 2016년에 현장실습 과정에서 발생한 안전사고는 21건이다. 인간의 생명을 위협하고 장애를 입힐 수 있는 안전사고는 1건이라도 위험하다.

그나마 2020년에 안전사고가 5건으로 감소했는데 이는 현장실습 안전사고에 대한 문제 제기를 계속 한 덕분이다. 그러나 여전히 교육 목적대로 현장실습이 제대로 이루어지도록 안전 등의 환경 정비를 보완하여 현장실습을 계속 유지해야 한다는 주장과 안전사고 등의 위험을 고려해 폐지해야 한다는 주장이 대립하고 있다. 어떻게 보아야 할까?

현장실습생, 건강하고 안전한 현장실습을 요구하다

현장실습을 나간 학생들의 안전사고가 발생하자 2017년 4월 28일에 특성화고와 마이스터고 재학생 및 졸업생 3천 5백여 명이 '건강하고 안전한 현장실습을 바라는 특성화고·마이스터고 학생과 졸업생의 7대 선언 및 3대 요구'를 발표했다.[37]

이들은 현장실습 중에 너무나 힘들어 중간에 그만두고 학교로 돌아가고 싶어도 몇 가지 걱정 때문에 그만두지 못했다고 한다.

"중간에 그만두면 졸업을 하지 못할까 걱정이 되었어요."

"가족들이 취업했다고 좋아하는데 그만둔다고 말하기가 어려웠어요."

"제가 학교로 돌아가면 학교 취업률이 내려간다는 말을 들었어요."

"중간에 그만두면 내가 일하는 이곳에서 더이상 우리 고등학교 학생을 현장실습생으로 받지 않을까 걱정이 되었어요."

이런 걱정 때문에 현장실습이 힘들어도 그만두기도 어려웠다는 학생들이 내세운 요구는 다음과 같다.

알아봅시다

특성화고·마이스터고 학생과 졸업생의 7대 선언 및 3대 요구

〈7대 선언〉

1. 우리는 취업률을 핑계로 전공과 무관하게 진행하는 현장실습을 거부할 권리가 있다.
2. 우리는 안전하고 건강한 교육환경과 실습환경에서 진로를 탐색하고 전문교과를 익힐 권리가 있다.
3. 우리는 정부와 교육청, 학교에 현장실습 관련 정보를 요청하고 들을 권리가 있다.
4. 우리는 여러 종류의 현장실습 중 선택하고 결정할 권리가 있다.
5. 우리는 현장실습 중 위험하다고 판단하면 즉시 하던 일을 멈추고 나와 동료를 스스로 보호할 권리가 있다.
6. 우리는 현장실습을 중도에 중단했을 때 두려움 없이 학교에 돌아갈 권리가 있다.
7. 우리는 현장실습노동 중 적절한 노동시간과 충분한 휴식을 보장받을 권리가 있다.

〈3대 요구〉

1. 교육부와 교육청, 학교는 특성화고 파견형 현장실습 제도의 문제를 근본적으로 해소할 방안을 제시하라.
2. 교육부와 교육청, 학교는 특성화고 파견형 현장실습을 당장 멈추고 대안적인 직업교육 계획을 마련하라.
3. 산업체는 실습생, 훈련생, 인턴, 교육생 등의 이름으로 행하는 모든 노동자의 노동인권을 보장하라.

관련 제도와 법 개선 노력이 이루어졌지만 제주도 학생문화원 앞에 동상으로 서 있는 그 학생은 이 선언 이후에 안전사고로 사망했다. 이에 현장실습을 나가야 하는 학생들은 자신들의 안전을 보장받기 위해서 목소리를 계속 내고 있다.

대표적으로 2019년 11월 3일에 학생독립운동 90돌 기념일을 맞아 '특성화고등학생권리연합회'가 '양질의 고졸 일자리 확대, 교내 실습실 안전 보장, 특성화고 차별 정책 개선, 졸업 후 사회 안전망 확보, 노동인권교육 전면 확대, 학생 정책 참여 보장'이라는 6대 요구안을 발표했다. 아마도 우리 사회의 노동 현장이 개선되지 않는다면 이런 요구는 앞으로도 지속될 것이다.

현장실습생이 알아야 할 노동인권

현장실습은 졸업을 위한 필수과목이어서 보통 고등학교 마지막 학기에 이루어진다. 과거에는 현장실습 업체가 정해지면 성적이 좋거나 자원하는 학생을 보냈다.

문제는 해당 기업에 대하여 학생 스스로 일할 만한 곳인가를 충분히 검토할 여유가 없다는 것이다. 제대로 된 정보도 없이 간 현장실습 일이 적성에 맞지 않더라도 중간에 학교로 복귀하는 것은 거의 불가능했다.

문제에 대한 대책 요구가 이어지자 현장실습생의 인권을 보호하기 위하여 「직업교육훈련촉진법」을 2020년에 개정하면서 표준협약서★를 제시하고 현장

표준협약서
기업과 현장실습생인 학생이 근로계약서 대신 필요한 사항을 계약으로 맺도록 표준을 제시한 것.

실습 계약 체결을 통해 법적인 보호 장치를 갖추도록 했다. 더불어 직업계 고등학생의 경우에 현장실습 과목을 졸업을 위한 필수과목에서 제외하여 꼭 현장실습을 나가지 않아도 졸업할 수 있게 했다.

요즘은 원하는 경우에만 현장실습을 나갈 수 있게끔 학생의 자율성을 보장하고 있다. 이처럼 학생들의 현장실습을 건강하고 안전하게 개선하는 방안이 조금씩 제도화되고 있다. 어떤 제도가 있는지 알아보자.

현장실습계약서 작성하여 권리 보호받기

현장실습을 가면 「직업교육훈련촉진법」 제9조 제1항에 따라 '학생-학교-해당기업' 간 표준협약서에 기반하여 현장실습계약을 위한 협약서를 작성해야 한다. 현장실습을 가는 학생은 노동자가 아니기에 근로계약서가 아니라 표준협약서로 계약을 하고 이를 통해 보호받을 수 있도록 한 것이다.

표준협약서에 따르면 현장실습생은 노동자가 아님에도 실습 현장에서 일하기에 현장실습 수당을 기업으로부터 받을 수 있는데 수당을 언제 받는지에 관한 부분도 협약서에 기재하게 되어 있다. 다만 근로계약이 아니므로 「근로기준법」에 따른 최저임금이나 초과근무, 주휴수당 등은 지급되지 않는다. 현장실습 관련 계약을 해지하고 학생이 다시 학교로 돌아오는 것이 가능하도록 한 조항도 있다.

협약서에서는 1일 7시간, 1주일 35시간 이내에서 고등학생 현장실습을 하도록 하고 있다. 이는 아동 및 청소년 등의 연소자 노동시간을 보호하는 「근로기준법」을 준용하여 「직업교육훈련촉진법」 제9조의2에서 현장실습 시간을 그렇게 명시하고 있기 때문이다. 다만 「근로기준법」에서처럼 현장실습생이 동의하면 1일 1시간씩, 1주일에 5시간 이내에서 현장실습 연장이 가능하다.

현장실습이 1일당 4시간 이상인 경우 30분 이상, 8시간 이상인 경우 1시간 이상의 휴게시간도 당연히 보장받는다. 휴게시간은 보통 식사 시간으로 활용된다. 오후 10시부터 오전 6시까지는 현장실습이 금지되어 있다.

해당 기업이 주말에도 일하는 곳인 경우에는 현장실습생에게도 출근하도록 요구하는 경우가 있다. 그럴 경우 표준협약서에 주말을 출근 요일로 기록하고 계약했으면 주말에 출근하되 그 주의 다른 요일 이틀을 휴일로 정해야 한다. 따라서 표준협약서에 1주에 2회 이상 휴일이 있도록 기재하고, 주휴일로 하기로 한 날도 정확하게 기록해 두어야 한다.

현장실습 전체 기간은 3개월이다. 그래서 현장실습을 시작하는 날짜와 끝나는 날짜도 3개월을 고려하여 표준협약서에 기록해야 한다. 당연히 일하는 장소도 정확하게 해당 기업의 주소로 기록해야 한다. 협약서는 현장실습을 가기 7일 전까지 3부를 작성하여 서명하여 서로가 계약을 지킬 것을 약속하고, '학생-학교-기업'이 각각 1부씩 보관한다.

산업체는 위반 사항 하나당 20~80만 원씩 최대 500만 원의 벌금을 내도록 되어 있다. 그러니 협약서를 꼭 작성하여 잘 보관하고 계약대로 지키지 않을 경우에는 보호자나 학교의 선생님과 상의해 대응 방안을 모색해야 한다.

현장실습에서 안전을 지키기 위해서 고려할 것

학교에서 현장실습생임을 표기한 안전 조끼를 받을 수 있는 경우에는 이것을 착용하는 것이 좋다. 이는 노동자가 아니라 교육받는 실습생이라는 정체성을 표현하는 것으로 작업 현장에서 일하는 선배 노동자로부터 보호받을 수 있기 때문이다. 현장에서 안전과 관련하여 보호구를 받는 경우에는 착용 방법을 정확하게 안내받아 완벽하게 착용하도록 한다.

📑 알아봅시다

현장실습과 관련한 경제적 지원이 있어요

국가장학재단에서는 고등학생의 현장실습과 관련하여 경제적 지원을 한다. 이는 현장실습을 하면서 해당 기업에서 받는 수당이나 그곳에 취업하여 받는 월급과는 다른 지원금이다. 어떤 것이 있는지 살펴보자. 자세한 내용은 한국장학재단 홈페이지에서 확인할 수 있다.

1. 현장실습지원금

국가장학재단에서는 현장실습을 하는 고등학교 3학년 학생들에게 현장실습지원금을 지급한다. 1일당 3만 원으로 최대 60일, 180만 원 한도에서 지급한다.

자동으로 받는 것이 아니고 신청해야 받을 수 있다. 정해진 예산 안에서 지급하는 것이기에 빨리 신청해야 한다. 현장실습을 가는 고등학교 3학년이라면 학교 선생님께 관련 제도를 문의하고 관련 서류를 제출해서 장학금처럼 받아보자.

2. 취업연계장려금

국가장학재단에서는 국내 직업계 고등학교(특성화고·마이스터고·일반고 직업반) 및 일반고등학교 직업교육 위탁과정 3학년 재학생(졸업예정자) 중 중소·중견기업에 취업하는 경우에 4백만 원의 장려금을 일시금으로 지급한다.

모두가 다 받는 것은 아니고 조건이 있다. 현장실습을 종료한 후에 그곳에서 취업으로 전환하여 근로계약서를 체결한 후 6개월을 필수로 일한 경우에만 해당자가 된다. 또한 중소기업이나 중견기업인 경우에만 해당하기에 자신이 취업한 곳이 이에 해당하는지 확인해야 한다. 신청한 사람의 조건을 고려하여 순위를 정한 후 지급한다는 점도 기억하자.

현장실습을 가는 학생들은 「근로기준법」에서 제시하는 연소자의 노동과 관련한 권리, 「산업안전보건법」에 따라 보호받는 내용, 직장 내 성희롱 예방 등에 관한 교육을 필수로 받아야 한다.

더불어 현장실습을 하는 과정에서 보호받아야 하는 자신의 권리가 무엇인지, 그 과정에서 권리를 침해당했을 경우에 어떻게 대처해야 하는지 등에 대한 사전 교육을 학교에 요청하여야 한다.

현장실습생 안전을 위한 법적 보호 장치는 어떤 것이 있을까? 가장 기본적으로는 현장실습을 하는 공간은 노동의 장소이기에 산업재해보상보험에 가입하도록 되어 있다. 협약서에 산업재해보상보험에 가입된 내용이 있는지 확인하고 담임 선생님께도 해당 사항에 대하여 확인해 달라고 요청해야 한다.

더구나 「산업안전보건법」의 제166조의2(현장실습생에 대한 특례) 조항을 2020년 3월에 신설하여 현장실습계약을 체결한 현장실습생의 경우에도 근로자에게 적용되는 대부분의 안전 관련 조항을 적용하도록 하고 있다. 이에 따라 현장실습생이 산업재해를 당했다면 해당 기업에 고용된 노동자로 간주되어 동일하게 보호받을 수 있다는 점도 기억하자.

권리 위에 잠자는 자의 권리는 지켜주지 않는다는 말이 있다. 현장실습생으로서 자신의 권리를 보호받기 위해서는 자신의 목소리를 내야 한다. 현장실습에서 어려운 일을 당하면 당연히 선생님과 보호자에게 있었던 일을 알리고 상의해야 한다. 지역 내 다양한 상담센터를 활용해도 된다.

알아봅시다

나의 안전한 노동을 위해 꼭 확인해야 할 사항들

노동을 하는 사람이 일하기 전에 위험과 안전에 대하여 스스로 확인할 것들이 있다. 다음은 캐나다와 미국에서 만들어 놓은 안전 관련 확인 사항을 정리한 것이다.[38] 안전하게 노동할 수 있도록 미리 확인해 보자.

1. 사용자나 고용주에게 질문하기

- 이 일을 하는 데 위험한 부분은 어떤 것이 있고, 그 부분에서는 어떤 것을 조심해야 하나요?
- 이 일을 하면서 일어날 수 있는 소음, 방사선, 화학 물질로 인한 위험이나 신체에 가해지는 위험은 어떤 것이 있고 무엇을 조심해야 하나요?
- 직업 안전 교육은 언제 하며 어떻게 참여할 수 있나요?
- 안전장치는 어떤 것이고 어디에 있으며 어떻게 사용하나요?
- 소화기는 어디에 있고 구급상자 등 응급 장치는 어디에 있나요?
- 일을 하다가 다칠 경우에는 어떻게 해야 하고 누구에게 문의해야 하나요?
- 안전과 관련하여 알아야 할 사항은 누구에게 질문하면 되나요?

2. 보호자와 대화하기

- 자신이 일하고자 하는 곳의 사업체 이름과 주소, 하는 일 등을 알린다.
- 일을 하기 전에 받은 직업 안전 교육과 안전 관련 사항을 이야기한다.
- 일하는 곳에서 위험한 일이 일어났다면 자신에게 일어난 것이 아닐지라도 이야기한다.
- 근로계약서에 작성하지 않은 요구(초과 근무, 더 낮은 임금, 계약서에 적지 않은 일 요청 등)나 욕설, 폭력 등을 겪었다면 가능한 한 빨리 상의한다.
- 일을 하면서 갑자기 피곤해졌거나 살이 너무 많이 빠졌거나 정신적인 스트레스가 심하다면 대처 방안을 상의한다.

그렇다고 너무 노동 자체나 작업 현장을 무서워하지 말자

가장 중요한 것 하나. 고등학교를 졸업하고 취업하는 것을 두려워할 필요가 없다는 점이다.

현장실습이 아니어도 기본적으로 일하는 것 자체는 놀이가 아니기에 힘들 수밖에 없다. 놀이도 직업이나 노동이 되면 힘들다. 어른들이 "남의 돈 벌기가 쉬운 줄 알아?"라는 말을 자주 하는데 이는 돈을 버는 데 쉬운 일은 없다는 것이다. 또한 우리나라의 노동 현실을 보면 현장실습에서 발생하는 다양한 문제는 어디에 취업을 하든지 누구라도 경험할 수 있는 것인 경우가 많다.

실습하러 간 노동 현장에서 만나는 어른들이 나빠서가 아니라 그들도 힘들게 일하기에 실습생을 도와주지 못하는 경우도 많다는 점을 기억하자. 그런 점에서 현장실습생의 문제를 해결하기 위해서는 우리나라의 근본적 노동환경을 노동인권 친화적으로 바꾸어 나가도록 해야 한다.

다음 장에서 우리나라 노동 전체의 인권 보장을 위한 이슈를 보면서 더 많은 생각을 해보자.

노동 인권 토론방

① 어떤 직업에 필요한 훈련 비용은 노동을 하려는 사람이 학비 등으로 내야 할까, 아니면 노동을 시키는 기업이 부담해야 할까? 이에 대하여 토론해 보자.

② 고등학생이 학교를 졸업하기 전에 현장실습을 통해 직업의 실제를 체험하는 것이 필요할까 아닐까? 이에 대하여 토론해 보자.

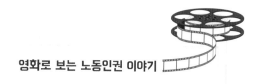

〈부력〉

• 영화 정보

2019년에 만들어진 오스트레일리아 영화로 15세 이상 관람가이다. 91분 동안 상영된다.

• 생각할 거리

1. 주인공 차크라는 아버지를 도와 논일을 하며 학교 가는 친구들을 부러워하는 14세 소년이다. 종일 일해도 가난한 현실에 불만을 터트리는 차크라에게 아버지는 먹여 주고 재워주는데 뭐가 더 필요하냐고 묻는다. 마침 태국에서 돈을 벌어온 친구를 만난 차크라는 일을 하러 태국으로 떠나게 된다. 이런 상황이라면 여러분도 태국으로 일을 하러 가겠는가?

2. 현실의 아동 노동 문제를 이렇게 영화로 보여주는 것은 아동 노동 문제를 해결하도록 사람들을 설득하는 데 도움이 될까? 어떤 점에서 그렇게 생각하는지 자신의 의견을 이야기해 보자.

3. 우리나라의 청소년 아르바이트나 현장실습 등의 노동 문제와 관련하여 이런 영화를 찍는다면 어떤 스토리로 찍어야 할까?

4. 영화 마지막에 차크라는 집으로 돌아간다. 그리고 그는 마지막 선택을 다시 하게 된다. 주인공의 선택을 통해 감독이 우리에게 아동 노동과 관련하여 던지는 질문은 무엇일까?

5. 내가 감독이라면 영화를 만들 때 청소년인 주인공 배우의 노동인권을 보장해 주기 위해 어떤 부분을 신경 쓰겠는가?

더 나은 노동을 위한 생각 더하기

1. 학교 축제 기간 동안 동아리에서 세계아동노동반대의 날을 기념하기 위한 행사를 한다면 어떤 프로그램을 운영하고 싶은가? 관련 내용을 구상하여 제안해 보자.

2. '고용노동부 청소년노동팀'이라고 가정하고 노동 관련 정책 계획서를 작성한다면 어떻게 쓸 수 있을까? 청소년 노동에 대하여 보호론과 근절론을 고려하여 찬반 토론해 보고 그 결과를 계획서에 반영해 보자.

3. 청소년 노동인권을 보장하기 위한 관련 법의 세부 조항을 조사하여 세부 내용을 정리하여 제시해 보자. 그리고 관련 조항으로 더 추가해야 할 것이나 보완해야 할 것이 있으면 이를 제안해 보자.

4. 청소년이 아르바이트할 때 꼭 알아야 할 사항(예: 이런 시급!)을 홍보하는 5분짜리 동영상을 만들어보자.

5. 신문 기사를 통해 청소년이 노동 중에 인권 침해를 당한 사례를 조사하고 해당 사건 경과를 정리해 보자. 그런 후 해당 사건과 관련하여 보완되어야 할 정책을 제시하거나 사건의 가해자에 대하여 모의재판을 해보자.

6. 고용노동부 장관에게 보낼 '현장실습 청소년 노동인권 보장을 위한 새로운 요구 열 가지'를 작성하고 그 세부 내용을 자세히 설명해 보자.

3장

우리 사회와
노동인권 문제

—

노동은 가장 좋은 것이기도 하고
가장 나쁜 것이기도 하다.
자유로운 노동이라면 최선의 것이고
노예적인 노동이라면 최악의 것이다.

알랭, 프랑스 철학자

—

1
감정노동부터 갑질까지, 노동을 힘들게 하는 우리 사회의 모순들

"네, 고객님~"이라고 반가운 목소리로 전화 응답을 해주는 이들이 있다. 일명 콜센터라고 불리는 고객센터에서 전화 상담이나 응대를 하는 이들이다. 이 사람들이 응대하는 사람은 주로 무엇인가 불만을 이야기하거나 서비스를 요청하는 경우가 대부분이어서, 전화를 건 사람에게 친절을 기대하기 어려운 경우가 많다.

"싸가지가 없네" "야, 이 ×××야. 니가 책임지고 이거 처리해" 등의 욕설만이 아니다. 야한 성적 표현을 하거나 죽이겠다는 협박을 가하는 이들도 있다. 전화 통화 상황이다 보니 자신의 얼굴이 보이지 않는다는 점을 이용해 콜센터의 상담 노동자에게 고통을 가하는 것이다.

그래도 고객이니 함부로 응대할 수 없어서 참다 보니 스트레스와 우울증은 고객센터 직원의 직업병이 되었다. 2014년에는 한 고객센터에서 상담 노동을 하던 이가 "노동청, 미래부, 방통위에 꼭 접수 부탁드립니다"라

는 말로 시작하는 유서를 남기고 극단적 선택을 한 경우도 있었다.[39)]

최근에는 고객센터에 전화를 하면 상담 직원에게 연결되기 전에 "지금 전화상담을 하는 사람은 누군가의 고귀한 가족입니다"라며 그들이 존중받아야 하는 사람임을 알려준다. 그리고 폭언 등을 하는 경우에 해당 내용을 녹취하여 대응 매뉴얼에 따라 범죄로 신고할 수 있다는 점도 고지한다. 인간으로서 존엄성을 훼손당하는 노동 현장, 그 속에서 일하는 사람들을 만나보자.

현대의 새로운 노동, 감정노동의 고통

여기 노동하는 세 사람이 있다. 첫 번째, 나무를 잘라서 나무의 결을 그대로 살린 탁자를 만든다. 두 번째, 컴퓨터 기술을 이용하여 나무의 결을 살린 탁자를 디자인한다. 세 번째, 나무의 결을 살린 탁자를 산 사람이 수리를 요청하는 전화를 받고 응대한다.

전통적으로 보면 세 사람의 노동은 한 사람이 충분히 할 수 있는 일이었다. 그러나 산업이 발달하면서 자신의 육체적 근육을 직접 사용하여 일하는 육체노동과 발달된 기술을 조작하거나 생산 자체를 관리하는 일을 하는 정신노동이 분리되었다. 우리는 첫 번째 사람의 노동을 육체노동, 두 번째 사람의 노동을 정신노동이라고 부른다. 세 번째 노동에 대해서는 특별한 이름을 붙이지 않았다.

그러다 1983년에 『감정노동(*The Managed Heart*)』[40)]이라는 책에서 '감정' 자체를 상품으로 판매하는 노동에 대해 설명했다. 그 이후 세 번째 노동을 감정노동이라고 하여 앞의 두 노동과 구분했다.

감정노동은 주로 눈에 보이는 직접적인 상품을 만들거나 판매하는 것이 아니라 고객에게 서비스를 하는 과정에서 자신의 감정을 감추고 표정이나 말투를 꾸며서 감정 자체를 만들어내는 노동이다.

"고객님 친절히 모시겠습니다"라면서 뭐든 다 들어줄 수 있는 것처럼 대응해야 하는 노동이 대표적이다. 더불어 "네, 고객님 그러셨군요. 맞습니다"라며 고객의 감정을 이해한다는 점을 드러내야 하는 경우도 있다.

이러한 노동의 가장 큰 어려움은 개인 감정을 드러내서는 안 된다는 점이다. 또 고객인 상대방을 위해 거짓 감정을 만들어내면서 일해야 한다는 점도 있다.

육체와 정신, 감정 이 세 가지는 모두 인간에게 중요한 것이다. 하지만 육체와 정신을 사용하여 노동하는 경우에는 고객에게 자신의 육체적 활

동이나 자신의 정신적 활동을 속이지 않는다. 그러나 감정을 사용하는 노동의 경우에는 상대방의 감정을 받아주면서 자신의 감정을 속여야 한다.

문제는 이로 인해 서비스를 받는 상대방이 매우 위험한 착각을 한다는 것이다. 감정노동자가 노동으로 제공하는 서비스를 자신이 더 높은 지위에 있어서 받는 것이라고 착각하는 것이다. 감정노동자의 서비스를 일시적으로 이용하는 것이지 그의 전인격이나 인간으로서 가진 그의 모든 특성을 통제하는 것이 아님에도 그렇게 해도 된다고 착각한다. 여기서 소비자의 갑질이 시작된다.

과도한 감정노동을 요구하는 소비자의 '갑질'

요즘 배달업체를 통해 배달하는 식당 평가에서 식당의 맛이 아니라 배달 과정이나 응대하는 종업원이 얼마나 친절했는가를 문제 삼아 별점을 낮게 주는 경우가 종종 있다. 다른 일을 하느라 바쁜 가게의 주인이 "어서오세요"라는 인사를 하지 않았다고 불친절한 가게라고 평을 올리는 경우도 있다. 이런 행동도 어쩌면 '갑질'이 아닌지 생각해 볼 필요가 있다.

'갑(甲)'이라는 표현은 과거 계약서를 작성할 때 계약을 하는 권리 당사자를 기록하기 위한 칸에 갑과 을을 나누어 각각 당사자를 기록한 것에서 시작한다. 일반적으로 계약을 하는 경우에는 권력이나 권리 측면에서 더 강한 위치에 있는 사람이 있다. 예를 들어 근로계약서를 작성하는 경우에는 아르바이트생보다는 사용자가 더 강한 위치에 있다. 계약서에서는 권력이 더 강한 경우에 갑, 권력이 상대적으로 약한 경우에 을의 칸에 이름이나 주소 등을 적게 되어 있었다.

이처럼 우리 사회에서 '갑'이라는 의미는 권력, 지위, 신분 등에서 더 위에 있는 또는 강한 위치에 있다는 의미를 갖는다. 그리고 어떤 단어 뒤에 붙여 쓰는 '질'이라는 것은 어떤 행동에 대하여 부정적 측면의 의미를 드러내는 것이다. 그래서 갑질은 권력이나 지위, 신분 등의 관계에서 더 강한 권력을 가진 사람이 그렇지 않은 사람에게 가하는 부정적이고 부당한 행동이라고 볼 수 있다.

인터넷이 발달하면서 소비자가 부당한 요구를 하는 갑질로 노동을 하는 사람들을 힘들게 하는 경우가 있다. 예를 들어 쇼핑을 하러 가서 주차요원에게 자신이 원하는 곳에 주차 자리를 배정하지 않았다고 욕을 하면서 무릎을 꿇어 사과하지 않으면 불친절하게 응대한 사실을 백화점의 인터넷 게시판에 올리겠다고 협박하는 경우이다.

해당 주차요원은 부당하지만 일자리를 유지하기 위해서 사과를 할 수밖에 없다. 이렇게 되면 소비자의 갑질로 노동자는 자신의 인간으로서 존엄성이 무너지는 경험을 하게 된다. 이에 최근에는 소비자와 노동자가 갑과 을의 관계가 아니라 동등한 관계임을 강조하는 워커밸(work-customer-balance) 문화★를 지향하는 목소리가 나오고 있다.

식당 종업원이 바빠서 조금 늦게 손님 접대를 한 것인데도 계산하면서 주인으로 보이는 사람에게 "종업원이 너무 불친절하네요"라고 말한다면 어떻게 될까? 아마 종업원은 주인에게 문책을 받을 것이다.

종업원이 늦게 손님 접대를 했다는 이유로 그런 말을 듣게 되는 것은 소비자가 그들에게 감정노동을 요구하기 때문이다.

2020년 한 아파트에서는 아파트 입주민이 전기세

워커밸 문화

주로 서비스를 제공하는 노동자와 서비스를 받는 소비자 간의 균형에 역점을 두며 서로 종속 관계가 아니라 예의를 지켜야 하는 평등한 관계임을 강조하는 문화.

가 너무 많이 나왔다며 아파트 관리인들에게 폭언과 욕설을 하고 폭력까지 가하는 일이 일어나기도 했다. 어떤 입주민은 화단 잡초 관리를 제대로 안 한다고 관리인에게 폭언이나 욕설을 하기도 했다. 심지어 주차 자리 확보를 위해 자신의 차를 밀었다는 이유로 경비원을 심하게 폭행한 사건도 있었다.

누군가의 서비스를 받거나 상품을 구매하면서 노동을 제공하는 사람을 마치 노예나 노비처럼 대하며 전인격적인 노동을 요구하는 부당한 행위는 왜 발생할까? 자신과 그들이 동등한 인간이라는 사실을 잊어버리고 일하는 사람을 자신의 소유나 노예라고 인식하는 잘못된 사고 때문이다.

손님은 왕이 아니다. 고용주도 왕이 아니다. 민주주의 사회인 오늘날 왕은 존재하지 않으며 존재해서도 안 된다. 어쩌면 우리 대부분이 노동자로 살아가고 있다는 사실을 잊고 있는 것은 아닐까? 아니면 우리 사회에서 만연된 갑질로 인해 을의 위치에서 받은 갑질을 또 다른 곳에서 누군가의 갑이 되어 풀고 있는 것은 아닐까? 서로에게 감정노동을 요구하고 갑질하면서 모두의 인간 존엄성을 훼손하는 것은 아닌지 걱정스럽다.

직장 고용 관계나 동료 관계에서 일어나는 갑질

청소년들이 아르바이트하면서 가게 주인에게 듣는 욕설이나 무리한 요구도 갑질 피해의 하나이다. 취업하여 일할 때 고용주에게 당하는 갑질은 노동을 유지하고 생계를 이어가야 하는 사람들에게는 참으로 힘든 일이다.

직장 동료나 선후배 관계에서도 갑질이 나타난다. 종종 자신이 더 오래 일했다거나 나이가 많다는 이유로 신입이나 아르바이트생 혹은 임시직 직원에게 갑질을 하는 경우도 있다.

이렇게 고용 관계나 동료 관계에서 갑질이 일어나는 이유는 우리 사회가 수평적인 인간관계보다는 수직적인 인간관계를 유지해 왔기 때문이다. 아마도 과거 유교 사회의 한 특징으로 나타났던 가부장제나 경로 사상 등이 남아서 고용이나 동료 관계에 나타나기 때문일 것이다.

이렇듯 오늘날 갑질은 감정노동 현장이 아닌 곳에서도 다양하게 나타난다. 그렇다면 이제 "지금 전화상담을 하는 사람은 누군가의 고귀한 가족입니다"라는 안내 멘트는 모든 노동 현장에 적용해야 하지 않을까? "지금 당신과 마주하고 일하고 있는 사람은 고귀한 사람입니다. 당신과 마찬가지로."

돌봄 노동자도 전문가이다

2020년에 고용노동부에서는 "아줌마 아닙니다"라는 공익광고를 내보냈다. 여기서 아줌마가 아니라고 하는 이는 '요양보호사'이다. 요양보호사가 어엿한 전문 기술을 가진 직업인임을 강조하는 것이 광고의 주된 내용이다. 왜 이런 광고가 나오게 되었을까?

요양보호사는 대표적인 돌봄 노동을 하는 이들이다. 돌봄 노동은 다른 노동과 달리 노동하는 내내 특정 사람과 시간을 같이하면서 그의 일상 행위를 도와주는 일을 한다. 즉, 다른 사람에게 의존해야만 일상을 영위할 수 있는 환자, 아이, 노인을 돌보는 모든 노동이 바로 돌봄 노동이다.

그림자 노동

'그림자 노동(shadow work)'은 철학자 이반 일리치의 저서인 『그림자 노동』[41]에 나오는 내용이다. 저자에 따르면 인류의 역사에서 생산 활동 과정의 노동 형태는 크게 세 가지로 나타난다. '무보수의 자기충족적 생산 활동인 자급자족, 자신을 위해서가 아니라 상품 생산을 위해서 보수를 받고 일하는 임금노동, 직접적 상품 생산을 위해서가 아니라 임금노동을 뒷받침하기 위해 무보수로 행하는 그림자 노동'.

그림자 노동은 가사노동이 대표적이며 이외에도 끊임없이 스펙 쌓기, 직장 통근, 자기계발 노력 등도 그림자 노동에 해당한다.

특히 인터넷 등 과학기술의 발달로 자동화되고 무인화 시스템이 갖추어지면서 셀프로 처리하는 것들, 그리고 인터넷 검색을 통해 무엇인가를 찾는 것들 모두 그림자 노동이 될 수 있다.

전통적으로 돌봄 노동은 노동을 제공하고 그 대가를 받는, 즉 노동시장에서 거래되는 것이 아니었다. 남성이 밖에서 일하고 여성이 집안일을 하는 구조였을 때 아이와 노인을 돌보는 일은 가족 내 여성의 일이었다.

자본주의가 발달하면서 밖에서 일해서 돈을 벌지 못하는 여성의 돌봄 노동은 중요한 노동이 아니라 '당연히 해야 하는 일'로 여겨졌다. 그래서 가족 내 돌봄 행위는 노동이지만 그 대가인 임금을 받지 못하는 그림자 노동의 대표적 사례이다.

그런데 여성의 사회 진출이 증가하고 맞벌이 가구가 늘면서 가족 구성원을 위한 돌봄 노동은 이제 돈을 지불하고 누군가를 고용해야 하는 노동이 되었다. 그러면서 환자나 노인을 돌보는 요양사, 아동을 돌보는 보모 등이 임금을 받고 일하는 돌봄 노동자가 되었다.

문제는 그림자 노동이 오랫동안 임금을 받지 않는 노동이었다는 점이다. 이 때문에 그들의 노동 가치는 사회적으로 높게 평가받지 못하고, 노동자로서 보호받아야 할 다양한 권리도 제대로 누리지 못하고 있다. 더구나 여성들이 주로 종사하고 이전에 가족 구성원이 했던 일이라는 인식 때문에 전문적인 기술을 요구하는 노동이라고 생각하지도 않는다. 그러다 보니 '아줌마'라고 부르는 것이다.

식당에서 일하는 이들을 '이모'라고 부르는 경우가 많다. 사실 친밀감을 표현하여 사용하는 호칭이기도 하다. 그러나 남자가 주문을 받고 음식을 나르는 경우에 '외삼촌'이라고 부르지 않는다는 것을 생각해 보면 '이모'라는 표현에는 돌봄 노동을 바라보는 우리 사회의 편견이 담겨 있음을 알 수 있다.

또한 '아줌마' '이모'라는 표현에는 직업의 전문성을 인정하지 않는 편견도 담겨 있다. 병원에 가서 의사와 대화하면서 '의사 아줌마' '의사 이모' '의사 아저씨'라고 하지 않을 것이다. 일명 '사'가 붙은 직업에 대해서

알아봅시다

초등학교 교과서에 나온 직업에 대한 잘못된 인식

국가인권위원회에서는 2017년에 발간된 초등학교 교과서에서 편견과 차별이 나타나는 양상을 분석했다.[42] 당시의 초등학교 1, 2학년 학생들이 사용하는 교과서를 모니터한 결과를 보면 교과서에서는 각 직업에 종사하는 사람에 대한 존칭을 달리 부여하는 것으로 나타났다. 예를 들어 '의사'의 경우에는 '선생님'을 붙여서 표현한 반면 소방관이나 경찰관에 대해서는 '아저씨' 등을 붙여서 표현한 것이다.

일상에서 우리가 만나는 사람에 대하여 친밀감이나 존경심이 다르기 때문에 "의사 선생님" "소방관 아저씨" 등으로 부르는 것은 개인의 선택이라 할 수도 있다.

그러나 교과서에 '몸이 아플 때는 의사 선생님께 도움을 받습니다' '불이 났을 때는 소방관 아저씨에게 도움을 받습니다'라고 서술하는 것은 직업에 대한 일상적인 편견과 차별이 반영된 결과가 아닐까?

는 전문가라고 여기기 때문일까?

돌봄 노동자뿐만 아니라 모든 직업에 종사하는 사람들은 각각의 전문성을 가지고 일하고 있음을 알 필요가 있다. 그래야 노동이 존중되고 모든 노동자의 인권이 존중된다. 그래야 노동하는 누군가에게는 '선생님'이라고 호칭하고 누군가에게는 '아줌마'라고 하고 누군가에는 '야' '너'라고 하는 표현이 사라질 것이다.

파견직, 하청직 노동자들의 애환

청소년이 아르바이트를 할 때 퇴직금을 받을 정도로 1년 넘게 일을 하는 경우가 드물다. 왜냐하면 노동계약서에 일하는 기간이 정해져 있는 시간제 노동 계약직이기 때문이다. 반면에 노동기간을 일시적으로 정해서 계약하지 않고 노동을 하는 경우는 대부분 정규직 노동자이다.

정규직 노동에 대비하여 만들어진 것이 비정규직 노동이다. 그런데 비정규직이라는 개념은 OECD 등 경제나 노동 관련 국제기구에서는 잘 사용하지 않는 표현이다. 일반적으로는 임시적 노동이라고 하는데, 우리나라에서는 '정규직이 아니라는 점'에 초점을 두어 비정규직이라고 한다.

통계청이 발표한 「2020년 8월 경제활동인구조사 근로형태별 부가조사 결과」에 따르면 우리나라 노동자 중에서 비정규직 노동자는 36.3퍼센트이다. 이 비율은 5년 전인 2015년의 32.4퍼센트에 비하여 3.9퍼센트포인트 증가한 것이다. 성별로 보면 비정규직 여성 노동자는 45.0퍼센트이고, 비정규직 남성 노동자는 29.4퍼센트로 나타나 남성에 비하여 여성이 더 많은 편임을 알 수 있다.

확률적으로 노동하는 3명 중 1명은 비정규직이며, 비정규직에 대한 특단의 대책이 없는 한 앞으로 이 비율은 더 높아질 가능성이 크다. 여기서 문제는 비정규직에게는 정규직과는 다른 조건, 환경, 지위가 주어진다는 점이다. 임금도 적게 받는 경우가 많다. 회사에서 주는 명절 선물마저 정규직과 비정규직은 다르다고 한다.

비정규직 중에서도 특히 노동조건에서 더 많이 차별받는 이들이 있다. 바로 파견직 노동자이다. 이들은 파견업체에 고용되어 다른 장소로 파견 나가서 일한다.

예를 들어 자동차 회사를 보자. 자동차를 만드는 회사는 자동차의 부품 중 하나인 안전벨트를 직접 만들지 않고 안전벨트를 만드는 작은 회사에 생산을 맡긴다. 이를 하청이라고 한다.

안전벨트를 만드는 회사는 하청을 준 자동차 회사에 자사 직원을 파견 보내어 그곳에서 안전벨트 설치 작업을 하게 한다. 문제는 이 노동자는 자동차 회사에서 일하지만 자동차 회사 직원이 아니라 안전벨트 회사의 직원이며, 이로 인해 자동차 회사에서 노동보호를 받지 못할 가능성이 크다는 점이다.

일하고 있는 회사가 자신을 고용한 곳이 아니니 노동자로서 정당한 대우를 요구하기가 힘든 상황에 처하고 노동인권 침해가 일어나도 대응하기가 어렵다. 「근로기준법」에 제시된 노동자의 권리를 주장하기도 어렵고 최저임금을 적용받지 못하는 경우도 많다.

더 큰 문제는 이들이 파견된 곳에서 노동조합을 결성하는 것도 현실적으로 어렵다는 점이다. 즉, 노동인권 보장에 가장 기본이 되는 노동조합이라는 울타리로부터도 보호받지 못한다. 그래서 '울타리 밖 노동자'라고 불리는 이들의 노동에 대한 사회적 관심도 적은 편이다.

특수고용 노동자들의 어려움

앞에서 노동자는 누군가에게 고용되어 노동을 제공하고 그 대가로 임금을 받는 사람이라고 이야기했다. 그러면서 배달 라이더는 노동자일까 아닐까에 대하여 생각해 보자고 했다. 이들과 같이 노동자는 아니지만 노동자인 사람들, 특수고용직에 취업한 경우를 보자.

최근 TV 프로그램에 과거 유명했던 한 연예인이 출연해 자신의 차로 택배 배달 일을 하는 근황을 전했다.[43] 방송에서 그는 해당 지역의 '택배 회사 지점'에 가서 당일에 몇 개의 택배를 배달할 것인지를 파악하고 그날 배달할 택배 물품을 받아서 밤새 배달하는 일을 마쳤다.

그는 택배 배달이라는 노동의 대가를 택배를 요청한 사람이나 택배를 받는 사람에게서 직접 받는 것이 아니라 택배회사 지점에서 받는다. 그런데 그는 택배회사 지점에 고용된 노동자가 아니다. 그는 그 택배회사 지점과 일정한 계약을 맺고 일하는 것이다. 계약의 내용은 택배 배달 '1건당 몇 원'이 될 것이다.

그는 계약을 기반으로 하여 노동자처럼 일하지만 노동자가 아니라 1인 개인사업자이다. 배달 라이더도 마찬가지이다. 이처럼 1인 개인사업자로서 어떤 회사와 계약으로 연결되어 일하는 사람들이 많다. 이들의 경우 일반적인 노동계약에 따른 고용이 아니라는 점에서 특수고용 노동자라고 부른다. 골프장 캐디, 건축 차량 운전사, 방송 작가, 학습지 방문 교사가 대표적인 특수고용 노동자이다.

디지털 기술이 발달하면서 스마트폰의 디지털 플랫폼으로 연결되어 일하고 그 대가를 받는 노동자들도 생겼다. 바로 퀵서비스, 배달 라이더, 택배 기사, 대리운전 기사 등이 여기에 해당된다. 이들을 디지털 특수고용 노동자 또는 플랫폼 노동자라고 부르기도 한다.

이들은 자신과 계약을 맺은 기업이나 플랫폼으로부터 일을 받지 못하면 노동을 통해 생계를 유지하는 것이 어렵다. 더구나 노동자가 아니라 1인 개인사업자이기에 4대 사회보험에 들어가는 비용도 대부분 자신이 부담해야 한다.

해당 노동을 하는 사람들이 많아지면 1건당 노동에 대한 비용 경쟁이 발생해 대가로 받는 돈이 줄어든다. 그래서 더 많이 일하고도 수익이 줄어드는 경우도 생긴다. 1건당 대가를 정하기에 최저임금의 적용도 어렵다. 개인사업자이기에 노동조합 이야기는 꺼내기조차 어렵다.

최근에는 이런 특수고용 노동을 하는 사람들도 노동자로 인정받아서 사회적으로 최소한의 노동인권을 보장받기를 원한다. 문제는 이들이 노동자로 일하지만 노동자가 아니라 개인사업자라는 점이다. 이들이 노동인권 사각지대에서 벗어나 노동인권을 보장받기 위해서는 수많은 노동 관련 법의 개정이 필요하다.

다행히 2021년에 경기도에서는 이런 특수고용 노동을 하는 사람의 산재보험을 상당 부분 지원하기로 결정했다고 한다. 노동자로서 이들의 인권을 보장하는 일들이 확장되는 첫걸음이 될 것이다.

제4차 산업혁명으로 과거와 다른 노동 활동이 많아지고 있다. 이제 우리 사회도 노동자라는 개념을 새롭게 정의해야 하지 않을까? 그에 대한 본격적인 사회적 논의를 시작해야 할 시점이다.

노동하는 모든 사회적 약자의 권리를 위하여

2019년에 방영된 KBS 2TV 드라마 〈동백꽃 필 무렵〉 주인공인 동백은 우리 사회의 여러 측면에서 사회적 약자이다. 부모가 없으며 결혼하지 않고 낳은 아이를 혼자서 키우고 돈도 별로 없어서 집도 없고 세들어 살아가며 술집을 운영한다.

술집을 운영하는 그는 손님들로부터 성희롱과 비난 등 다양한 인권 침해를 받는다. 이때 동백은 피해 사실을 자신만의 공책에 정확하게 기록한다. 그리고 나중에 이를 경찰에 제시한다.

일반적으로 범죄 사실을 확인할 때 피해자의 일관된 진술을 강조하는데, 동백이 한 것처럼 피해자가 자신의 피해 사실을 정확하게 기록하는 것은 자신의 권리를 지키기 위한 가장 약하지만 효과적인 방법이다.

많은 사람에게 무시당하는 동백은 '술집을 하면서 술과 음식은 팔지만 자신의 인격과 권리까지 팔지는 않는다'고 한다. 그러면서 자신의 노동행위와 인간으로서 자신의 존엄성에 대한 존중을 사람들에게 정확하게 요구한다.

노동이 신성하다면 모든 노동이 신성하며 모든 노동자는 신성하고 존중받아야 한다. 그리고 노동을 하는 모든 이들이, 노동을 하는 순간에 자신의 인격과 권리를 포함하여 인간으로서 존엄성을 포기하지 않았다는 것을 기억해야 한다. 노동시장에서 거래되는 것은 노동이라는 행위이지 노동행위를 하는 노동자의 인격과 권리는 아니다.

그럼에도 노동하는 사회적 약자는 노동을 하면서 그들의 인격과 권리까지 포기한 것처럼 대우받는 경우가 종종 있다. 왜 그럴까? 헌법과 「근로기준법」에서 모든 노동은 평등하지만 그 법 안에서 보호받지 못하는 경우가 많기 때문이다.

그래서 우리 사회에서 노동하는 사회적 약자의 이야기는 그들의 고통과 어려움을 이야기하고 공감하는 데서 끝나는 것이 아니라 그들의 권리를 법적으로나 제도적으로 보장하는 방안을 마련해야 한다는 목소리로 변화되어야 한다.

인 권 토론방

① 내가 일상에서 하는 그림자 노동은 어떤 것이 있는지 생각해 보자.

② 모든 직업을 차별 없이 공평하게 대하기 위해서 각 직업의 종사자를 어떻게 부르면 좋을까? 좋은 개선책이 있으면 이야기해 보자.

③ 조를 이루어 자주 이용하는 배달 사이트에 올라오는 댓글을 확인하고, 해당 댓글 중 갑질에 해당하는 것과 아닌 것을 구분해 보자. 그렇게 구분한 이유에 대하여 토론해 보자.

2
「근로기준법」은
제대로 역할을 해왔을까?

　　"여러분 오늘날 여러분께서 안정된 기반 위에서 경제 번영을 이룬 것은 과연 어떤 층의 공로가 가장 컸다고 생각하십니까? 물론 여러분의 애써 이루신 상업 기술의 결과라고 생각하시겠습니다만은 여기에는 숨은 희생이 있다는 것을 명심하셔야 합니다. 즉 여러분들의 자녀들의 힘이 큰 것입니다. 성장해가는 여러분의 어린 자녀들은 하루 15시간의 고된 작업으로 경제 발전을 위한 생산계통에서 밑거름이 되어 왔습니다. 특히 의류계통에서 종사하는 어린 여공들은 평균연령이 18세입니다……."

　　서울 광화문 근처 청계천변을 따라가다 보면 청계 2가 근처에 아름다운 청년 전태일 기념관이 나온다. 기념관 벽면에 하얀 글씨로 적혀 있는 이 글은 전태일이 당시 근로감독관에게 노동조건 개선을 요구하기 위해 보낸 편지의 내용이다.

지금은 DDP(동대문 디자인 플라자) 옆에 의류 쇼핑몰이 들어서서 많은 사람들이 쇼핑하러 오지만 1960년대에 이 일대는 봉제 공장이 몰려 있었다.

이곳에는 주로 초등학교나 중학교를 마치고 돈 벌러 온 십 대 노동자들이 일하고 있었다. 공장에서 일하는 여자, 그래서 여공이라 불렸던 이들이 열악한 공간에서 재봉틀을 돌리며 일하던 시절이었다.

1960년대 서울 청계천을 비롯하여 전국의 많은 공장은 거의 휴일도 없이 24시간 불 꺼질 줄 모르고 기계를 돌렸다. 국가가 경제성장을 강조하던 이 시절에 산업역군으로 불렸던 이들의 노동시간은 산업혁명 초기 유럽 공장의 노동시간만큼이나 길었다. 적은 임금에 고픈 배를 참으면서도 그들은 장시간 일을 할 수밖에 없었다.

이런 공장에서 일했던 전태일, 그의 소원은 「근로기준법」이 지켜지는 것이었다. 우리의 「근로기준법」은 노동인권을 위해 무엇을 다루고 있을까? 제대로 다루고 있을까?

청년 전태일이 외친 것은 무엇이었을까?

1948년생인 전태일은 고등학교를 중퇴하고 17세부터 옷 만드는 공장에서 일하다 같이 일하던 동료가 강제로 해고되자 그를 복직시킬 방법을 찾아보게 된다. 그러던 중 전태일은 1968년에서야 「근로기준법」이 있다는 것을 알게 되었다. 노동3권을 비롯하여 노동자의 인간다운 삶을 위해 다양한 권리가 법에 기록되어 있다는 것을 처음 알게 된 것이다.

공장에서 힘든 일을 마친 후에 한자로 된 「근로기준법」을 혼자서 공부하면서 그는 열악한 노동조건이 불법이라는 사실을 알게 되었다. 그후부터 열악한 노동조건을 개선해 달라고 정부에 요구하기 시작했다.

그는 대통령에게 보내는 편지에 "2만 명이 넘는 직원 10명 중 9명 정도가 평균 18세이고, 근무시간은 15시간이며, 15세 정도인 여공들은 보조로 일하는데 이들은 16시간이나 일한다"면서 헌법과 「근로기준법」에 맞게 노동 현장을 감독하여 개선해 달라고 요구했다.

여러분이 앞에서 읽었던 「근로기준법」 내용은 사실 1960년대 「근로기준법」과 유사하다. 그러니 전태일의 편지에 드러난 당시의 노동조건이 얼마나 불법인지를 짐작할 수 있을 것이다.

지금은 직장에 다니면 사무직은 2년마다 한 번씩, 그 외에는 1년마다 한 번씩 건강검진을 의무적으로 받지만 당시에는 이것도 불가능한 일이었다. 어린 여공들은 돈을 벌기 위해 적은 월급에도 제대로 쉬지도 먹지도 못하며 일했다. 공기가 나쁜 공장에서 하루 종일 일하다 폐결핵 등의 질병에 걸려 고통을 겪으면서도 일해야 했다.

전태일이 대통령에게 보낸 편지에는 이런 요청이 들어 있다. '보조로 일하는 이들의 월급을 50퍼센트 인상해 줄 것. 15~16시간인 하루 근무시간을 10~12시간으로 단축할 것. 1개월간 일하면서 딱 2번 쉬는 휴일을 매주 일요일마다 쉬게 해줄 것. 건강검진을 하게 해줄 것.'

전태일은 당시 「근로기준법」에 맞게 '임금, 노동시간, 휴식, 안전과 보건' 등의 노동조건을 개선해 달라고 요구한 것이다. 그러나 그의 요구사항은 받아들여지지 않았다. 아니, 사실은 한 청년 노동자의 요구에 대해 사회는 아무런 관심도 없었다. 그래서 그는 자신의 생명을 희생하여 노동조건을 개선해야겠다고 결심했다.

1970년, 전태일은 청계천 버들다리에서 죽음을 택하며 노동자의 삶을

개선해 달라고 요구한다. 그는
어머니에게, 그리고 동료들에게
자신이 못다 이룬 일을 이루어
달라는 유언을 남긴다. 그의 주검
앞에 전태일의 어머니는 아들의
유언대로 노동조건 개선과 노
동조합 결성 허락을 요구하
며 장례식을 치르지 않기로
했다.

　이 사건으로 정치적으로 위
기에 처한 당시 정부는 더이상 사회적 파장이 생기지 않도록 하기 위해
노동조합 결성을 허락한다. 그래서 1970년에 '청계피복노조'라는 노동조
합을 결성하게 되었다.

　일하는 사람들의 인간다운 삶을 위한 최소한의 법으로서 「근로기준
법」이 작동한 셈이다. 한 청년의 아름답고 거룩한 목숨과 아들의 장례마
저 포기한 한 어머니의 고통을 대가로 지불한 결과였다.

「근로기준법」이 말하는 노동의 최저 기준

　제헌헌법에서 노동권리를 규정하면서 노동의 조건은 따로 법률로 정한
다고 하였지만 실제로 관련 법이 시행된 것은 1953년 「근로기준법」이 제
정되면서부터이다. 「근로기준법」은 '최저 기준'으로서 노동조건을 제시하
여 노동자들의 노동권리를 보호하기 위한 법이다. 사회 변화와 함께 노동

의 보호를 위해 고려할 사항이 변하면서 여러 차례에 걸쳐 수정되었다.

「근로기준법」은 사용자와 근로자의 근로계약 체결을 강조한다. 근로계약 사항으로 '임금, 근로시간, 휴일, 유급휴가, 근로조건' 등을 명시하며, 이들 항목에 대한 세부 내용의 최저 기준을 조항으로 제시하고 있다.

임금

임금은 노동자가 일한 대가로 받는 것이어서 노동조건 중 가장 중요한 부분이다. 그래서 이런 생각을 할 수도 있다. 노동자가 기업이나 사용자보다 사회적 약자라고 하는데, 그러면 국가에서 노동자들이 얼마를 받아야 한다고 정해주어야 하는 것이 아닌가?

그러나 「근로기준법」에서는 내가 노동을 하고 받을 임금을 명시하지 않는다. 임금에 대한 세부 결정은 계약을 통해 노동관계를 맺는 노동자와 사용자 당사자가 하는 것이므로 이를 법에서 자세하게 기록하는 것은 권리침해이기 때문이다.

대신 「근로기준법」에서는 임금은 화폐로 전액을 정한 날에 주어야 한다는 것을 명시하고 있다. 노동자들이 받을 최소한의 임금을 국가에서 정해주는 것이다. 이를 최저임금이라고 한다.

그런데 최저임금 액수를 법으로 정하면 어떤 일이 생길까? 국회에서 매년 법을 개정해야 할 것이다. 만약 국회가 개정을 매년 하지 않으면 어떻게 될까? 임금 인상이 불가능해진다. 그래서 노동자들의 임금을 보호하는 「최저임금법」을 따로 정하고 있다. 최저임금에 대해서는 이 장의 '4. 임금, 존엄한 삶을 위해 어느 정도가 적정할까?'에서 더 자세히 알아보자.

노동시간과 휴식

전태일이 「근로기준법」에 정한 대로 개선해 달라고 요구한 중요한 조건이 근로시간이다. 근로시간은 1일당 일할 수 있는 최대 시간의 한계 그리고 휴일 등이 중요한 조건이 된다.

전태일과 동료들의 노동시간은 1일 최대 15시간이나 되었다. 그는 그 시간을 12시간으로 줄여달라고 요구했다. 놀라운 것은 1953년에 제정된 당시 「근로기준법」의 내용이다. 제42조 1항을 보면 "근로시간은 휴게시간을 제하고 1일에 8시간 1주일에 48시간을 기준으로 한다. 단, 당사자의 합의에 의하여 1주일에 60시간을 한도로 근로할 수 있다"고 되어 있다.

2021년 현재 우리나라 「근로기준법」에서는 노동시간이 1일에 8시간을 초과해서는 안 된다고 규정되어 있다(「근로기준법」 제50조 제2항). 이 점은 1953년의 「근로기준법」과 동일하다. 다만 1주간의 근로시간은 40시간을 초과할 수 없다(제50조 제1항)라고 하였고, 당사자 간 합의에 따라 1주간에 12시간 연장이 가능하기에(제53조 제1항), 최대 노동시간은 52시간이다. 그러니 전태일 당시의 「근로기준법」에 비해 2021년 현재 주당 노동시간은 8시간 정도 줄었다.

또한 휴게시간, 즉 일을 하는 중간에 쉬는 시간에 대한 규정도 있다. 사용자는 노동시간이 4시간인 경우에는 30분 이상을, 8시간인 경우에는 1시간 이상을 일하는 시간 중간에 휴게시간으로 주어야 한다.

이 규정은 1953년 「근로기준법」을 만들 때부터 있던 내용 그대로이다. 보통 1일에 8시간 일하는 경우 대부분의 일하는 사람들은 점심때 1시간 정도 휴게시간을 갖는다.

이외에도 「근로기준법」은 생리휴가, 출산휴가, 유산·사산휴가 등 모성보호를 위한 휴가와 함께 1년간 80퍼센트 근무한 경우에는 15일의 유급휴가를 주어야 한다는 것 등 다양한 휴가 규정을 담고 있다.

여성과 소년

전태일이 「근로기준법」을 보장해 달라고 요구할 당시 그가 지켜주려고 했던 노동자 동료 대부분이 여성과 청소년이었다. 당시의 「근로기준법」과 현재의 「근로기준법」 모두 여성과 청소년 노동자에 대한 보호 장치를 따로 제시하고 있다. 앞에서 아동과 청소년에 관한 「근로기준법」 내용은 살펴보았으니, 여성에 대한 보호 내용을 보자.

헌법 제32조 제4항에는 "여자의 근로는 특별한 보호를 받으며, 고용·임금 및 근로조건에 있어서 부당한 차별을 받지 아니한다"라고 규정되어 있다. 이에 따라 아동 및 청소년과 마찬가지로 여성들도 탄광 등의 갱내나 도덕상 또는 보건상 유해하거나 출산과 임신 등에 위험한 사업장에서 일하지 못하도록 되어 있다.

또한 여성 노동자가 저녁 10시부터 새벽 6시까지 그리고 휴일에 일하게 하려면 당사자의 동의를 얻어야 한다. 여성 노동자에게는 월 1일 무급 생리휴가를 주어야 하며, 임신 중인 여성 노동자에게는 정해진 시간 이외 근무를 하게 해서는 안 된다.

임신한 여성 노동자는 임신 후 12주 이내 또는 36주 이후에 1일 2시간 단축하여 근무할 수 있으며, 이로 인해 임금을 줄여서는 안 된다. 임신 중에 태아의 건강을 위해 건강진단을 할 시간을 주어야 한다. 임신 중에 유산을 한 경우에도 일정한 기간 휴가를 주어야 한다.

출산 전과 출산 후를 합하여 90일(한 번에 둘 이상의 자녀를 임신한 경우에는 120일)의 출산전후휴가를 주어야 한다. 다만 이 휴가는 출산 후에 45일(둘 이상인 경우에는 60일) 이상 사용하게 하여야 한다. 출산전후

휴가 중 60일(둘 이상인 경우에는 75일)은 유급으로 제공해야 한다.

출산한 여성의 배우자도 출산 후 90일 이내에 10일의 유급휴가를 가질 수 있다. 자녀 양육을 위하여 육아휴직을 하는 경우에도 엄마나 아빠 모두 양육휴가를 낼 수 있다. 무급휴가이지만 고용보험기금에서 육아휴직급여를 지급하는데, 상한액 범위 내에서 첫 3개월은 통상임금의 80%, 그다음부터는 통상임금의 50%가 지급된다.

안전과 보건

극한 직업이 아니더라도 일을 하는 공간에는 위험이 존재하며, 그로 인해 부상을 입거나 장애를 얻게 되는 일은 누구에게나 일어날 수 있다. 자신과 가족의 생계를 위하여 일을 하는데 부상이나 장애를 입으면 어떨까? 이로 인한 어려움은 상상하기도 어렵다.

「근로기준법」에서는 업무로 인한 부상이나 질병에 대하여 노동자가 아니라 사용자가 해당 비용을 내도록 하고 있다. 또한 장애를 입은 경우에도 이에 대한 보상을 하도록 하고 있다.

「근로기준법」 이외에 「산업안전보건법」을 통해서도 노동자의 안전과 보건을 위해서 기업이나 사용자가 어떤 점에 유의하여 노동환경을 제공해야 하는지에 대한 기준을 제시하고 있다. 적정한 노동환경을 제공하지 못한 기업이나 사용자의 문제로 노동자가 다치거나 병에 걸린 경우에는 그에 대한 책임을 저야 한다.

그런데 이런 법이 있음에도 노동 과정에서 부상이나 질병을 얻게 되거나 장애를 갖게 된 경우에 이것이 작업장의 환경 문제로 인해 발생했다는 점을 노동자가 입증하기 어려워서 보상을 제대로 못 받는 사례들이 뉴스에 종종 나온다.

일하는 현장에서 손가락을 다치거나 다리를 다치는 것은 불행한 일이지만, 보상을 받는다면 행운이라고 노동자들이 말할 정도다. 그만큼 보상이 쉽지 않기 때문이다. 사고로 인한 외형적인 부상이 명확한 경우에는 인과 관계를 증명할 수가 있어서 그나마 보상을 쉽게 받는다.

반면 일을 하다가 암에 걸리거나 정신적 트라우마가 생긴 경우에는 증명하기가 어려워서 보상을 받기 어렵다. 그래서 통계적으로 산업재해를 당한 노동자의 비율이 다른 나라보다 낮게 나온다.

그러나 실제로는 산업재해가 아니라고 부인하기 힘든, 일하면서 안전사고로 목숨을 잃은 사람들이 생각보다 많다. 안전한 근로환경을 만드는 것 못지않게 산업재해 보상이 제대로 될 수 있도록 하는 것도 중요하다.

알아봅시다

근로감독관이라는 직업이 있어요

2019년 TV 드라마 〈특별근로감독관 조장풍〉이 방송되었다. 주인공은 유도선수였다가 근로감독관이 된 인물이며, 드라마는 그가 갑질하는 이들을 응징하는 이야기를 다루고 있다. 주인공의 직업인 근로감독관, 도대체 무슨 일을 하는 걸까?

근로감독관은 고용노동부 소속 국가공무원이다. 1923년에 국제노동기구(ILO)의 총회에서 "노동자를 보호하기 위해 사용자나 기업을 감독하는 기관이 필요하다"는 의견이 제시되었고 이에 나라마다 이 역할을 하는 담당부서가 생겼다. 우리나라에는 1953년부터 도입되었다.

이들은 사업주나 기업의 부당한 처우로 「근로기준법」에서 정한 근로조건을 보장받지 못하는 노동자들에게 법적·행정적 도움을 주는 일을 한다. 노동자가 억울한 사건에 대하여 고소나 고발을 할 경우 혹은 노조와 사용자 간의 다툼이 있을 때 중재자 역할을 하기도 한다.

근로감독관 중에서도 특히 산업재해를 예방하거나 지도하는 역할을 담당하는 근로감독관을 '산업안전감독관'이라고 부른다.

더 건강한 노동환경을 위하여

1953년에 만들어진 「근로기준법」은 1997년에 폐지되었고, 1997년에 새로운 「근로기준법」이 제정된 후에도 여러 차례 개정을 거쳐서 현재에 이르고 있다.

1953년에 만들어진 「근로기준법」은 일제강점기에 노동운동을 했던 당시 사회부 장관 등 많은 이들이 참여하여 만들어졌다. 그러나 당시의 어려운 경제 상황을 생각해서인지 반노동 정서가 반영되어서인지는 몰라도, 실제 시행령 등에서 많은 조항을 면제해 주면서 기업이나 사용자들은 「근로기준법」을 제대로 지키지 않아도 되었다.

그러다 보니 「근로기준법」은 존재하지만 실제 노동자들의 노동권리를 지켜주는 역할을 제대로 하지 못하는 죽은 법이나 마찬가지였다. 전태일이 목숨을 바쳐가며 요구한 것도 없는 「근로기준법」을 만들어달라는 것이 아니었다. 있는 「근로기준법」을 제대로 적용해 달라는 것이었다.

지금의 「근로기준법」을 보아도 마찬가지라는 생각이 드는 항목이 있을 것이다. 기업이나 사용자에게 노동자의 보건과 안전권 보장 의무를 부과하고 있지만 실제로 잘 지켜지지 않는다는 것을 수많은 사건을 통해 우리는 알고 있다.

가장 기본인 노동시간도 명확하게 지켜지지 않는 경우가 아직도 허다하다. 주당 40시간 근무하게 되어 있지만 이 또한 당사자와 합의하는 경우에 더 많이 일할 수 있게 되어 있다. 그래서 법의 규정과 달리 노동의 최저 기준이 잘 지켜지지 않자 새로운 조항들이 더 만들어지고 있다.

또한 앞에서 보았듯 심야노동 가산수당의 경우 노동자 5인 미만의 작업장에서는 적용되지 않는다고 한 것처럼, 노동자 수가 적은 작업장에는

「근로기준법」의 일부 규정만 적용되고 있다. 이로 인해 노동자 수가 적은 영세한 노동 현장에서 종종 노동 문제가 발생하고 있다. 조금씩 5인 미만 사업장에 적용되는 규정들을 늘려가고 있지만 아직도 갈 길이 멀다.

최근의 사회 변화와 더불어 새롭게 논의되어 규정되고 있는 노동의 최저 기준을 더 살펴보자.

더 적게 일하기: 주5일제 노동

스페인의 한 섬에 식당을 열어 손님을 맞는 프로그램인 tvN 〈윤식당〉을 보면 유럽인들이 여유롭게 식사하는 모습을 볼 수 있다. 이들이 그렇게 여유 있는 삶을 살 수 있는 이유는 무엇일까? 기본적으로 일하는 시간이 적기 때문이다.

사실 우리나라의 노동시간은 세계적으로 길기로 유명하다. 2016년 OECD 통계를 보면 우리나라의 연간 평균 노동시간은 2천 69시간이었다. 반면 당시 독일의 연간 평균 노동시간은 1천 363시간이었다. 우리나라보다 706시간이나 적다.

이를 52주로 나누면 우리나라의 노동자는 독일의 노동자에 비해 대략 한 주당 13.5시간 더 일하는 것이고, 주5일제를 적용하여 다시 5로 나누면 1일당 2~3시간 정도 더 일하는 것이다.

우리나라에서도 요즘 들어 쉼과 휴가에 대한 요구가 높아지고 있다. 그래서 2018년에 「근로기준법」을 개정하여 아무리 많아도 1주일에 52시간으로 노동시간을 제한했다. 하지만 「근로기준법」에서 정한 40시간(하루 8시간, 주당 5일)에 비해 여전히 많다. 그런데도 이 법의 적용이 사업장 규모에 따라 단계적으로 이루어지면서 2021년 7월부터 5인 이상 사업체에서도 전면 시행하게 되었다.

그렇다면 주5일 52시간 근무제 이전에는 어떠했을까? 그전에는 최대 주 68시간 근무가 가능했다. 이는 법정 근로시간 40시간에 평일 연장 12시간, 휴일근로 16시간까지 더한 것이다.

이렇게 노동을 하면 연장근무에 대한 수당으로 임금을 더 많이 받을 수 있지만 쉬지 않고 일하게 되어 노동의 질이 나빠지고 노동자의 안전이나 보건에도 문제가 생길 수 있다.

우리나라 노동제도가 주6일제에서 주5일제로 바뀐 것이 2004년이었다. 이제 주당 최대 노동시간도 주52시간으로 줄어들면서 노동시간은 점점 줄어들고 있다. 이것이 가능한 것은 긴 노동시간에 대한 사회적 인식의 변화 그리고 기계화와 자동화로 노동자가 장시간 일하지 않아도 되는 노동환경 조성 덕분이다.

앞으로 기계나 인공지능이 자율적으로 생산하게 된다면 인간 노동자가 노동하는 시간은 더 줄어들 것이다. 따라서 인공지능의 발달을 긍정적으로 보는 사람들은 주4일, 주3일 노동이 가능한 세상을 예상한다.

미래의 노동환경을 고려하면 앞으로도 노동시간을 더 줄이는 제도로 변화될 것이다. 그러나 그에 따른 긍정적인 효과가 제대로 나타나려면 단순히 노동시간만 줄이는 것이 아니라 안전한 노동을 위한 환경 조성에도 힘써야 할 것이다.

더 행복하게 일하기: 직장 내 괴롭힘 문제

최근 들어 노동시간보다 같이 일하는 동료들의 부당한 대우 때문에 힘들어하는 경우가 많다. 소속 회사나 기업으로부터 받는 부당한 대우도 가슴 아픈데, 같은 노동자 간의 부당한 대우는 심신을 더 힘들게 한다.

서울의 한 병원 간호사가 '태움 문화'로 고통받다가 안타까운 선택을 한 일이 있었다. 병원에는 환자가 24시간 있기에 다른 직업과 달리 간호사의 일은 낮에만 있는 것이 아니다. 그래서 간호사는 1일 3교대로 돌아가면서 일한다. 특히 중환자실에 근무하는 경우에는 환자의 모든 일상을 간호사가 돌봐야 하기에 업무의 강도도 매우 센 편이다.

더구나 조그마한 실수가 환자의 건강과 생명에 영향을 미칠 수 있기에 선배 간호사들은 신입 간호사를 매우 혹독하게 교육한다. 이를 '태움' 문화라고 한다. '환자를 위해서 영혼이 재가 될 때까지 태운다'는 의미를 담은 용어이다.

내가 환자라면 참 좋은 직업 태도이지만 그 일을 하는 사람 입장에서 생각해 보자. 영혼을 태우는 정도로 일해야 한다면 얼마나 고통스러운 작업 환경인지를……. 더 문제가 되는 것은 신입 간호사들이 태움의 자세를 실천하도록 준비시키는 교육 과정에서 일어난다. 간호사 간의 위계질서를 강조하고 조그마한 실수에도 욕설이나 인격모독을 하는 경우가 비일비재한 것이다.

그런 곳이라면 당장 그만두어야 한다고 생각할 것이다. 그러나 대학교에서 간호학 전공 공부를 한 그들이 일을 그만두기란 쉽지 않다. 다른 병원으로 이직하면 되지 않나 생각하겠지만 이직한 병원도 마찬가지일 확률이 높다. 한 간호사가 이러한 태움 문화로 불행한 선택을 한 사실이 언론을 통해 알려지면서 직장 내 괴롭힘 문제가 제기되었다.

사실 간호사만이 아니다. 많은 직업 현장에서 가혹한 노동을 요구하거나 인격을 모독하는 막말을 일삼고 왕따를 시키는 일이 발생한다. 이를 해결하고자 정부는 2019년 「근로기준법」을 개정할 때 직장 내 괴롭힘을 금지하는 조항을 신설했다.

「근로기준법」은 직장 내 괴롭힘을 "사용자 또는 근로자는 직장에서의 지위 또는 관계 등의 우위를 이용하여 업무상 적정범위를 넘어 다른 근로자에게 신체적·정신적 고통을 주거나 근무환경을 악화시키는 행위"라 규정하고 이러한 행위를 금지하고 있다.

법으로 직장 내 괴롭힘을 금지하고 있음에도 이 문제가 근절되지 않는 이유는 무엇일까? 많은 사람들이 괴롭히는 사람의 인성이나 도덕성을 지목한다. 모든 동료들이 피해자를 괴롭히는 것은 아니기 때문이다. 그러나 이를 개인의 인성 문제만으로 보기 어려운 점도 있다.

집단 괴롭힘이 일어나는 근본적인 이유 중 하나로 우리나라 노동 현장의 열악함도 고려해야 한다. 자신들이 힘들게 일했던 것처럼 후배도 그렇게 일하기를 기대하는 잘못된 문화가 형성된 것을 간과할 수 없다. 그래서 간호사의 직장 내 괴롭힘 문제의 원인으로 태움 '문화'를 지목하는 것이다.

괴롭힘을 가하는 개인뿐만 아니라 불합리한 노동 환경으로 인해 나타나는 불합리한 문화도 문제임을 인식해야 한다. 그러니 직장 내 괴롭힘 문제 해결은 바로 이 불합리한 직장 문화를 바꾸는 것에서 시작해야 한다.

노동인권 후진국에서 벗어나기 위하여

지금까지 보았듯이 「근로기준법」이 있고 세부 법 조항으로 노동인권을 보호하는 내용이 있음에도 노동자들을 충분히 보호하지 못한 경우가 많았다. 우리나라는 경제 생산이나 무역 등의 규모가 세계 10위 내외를 넘나들 정도로 경제적 선진국이다. 그러나 노동 현실은 여전히 가혹하여 노동인권 후진국이라는 말도 나온다.

전태일 기념관의 벽면을 장식한 글처럼 현재 선진국 대열에 들어갈 정도로 성장한 우리의 경제 규모는 수많은 사람의 노동을 발판으로 삼아 도약한 셈이다. 그들의 희생이 헛되지 않도록 선진국다운 노동환경을 만들고 노동자의 삶의 질을 고려하는 최저 기준이 지켜지는 그런 사회를 만들어야 하지 않을까.

더 나아가 산업화 시대에 만들어진 법 조항을 근간으로 하는 「근로기준법」의 세부 조항도 바꾸어야 하지 않을까? 일상에서도 제4차 산업혁명을 이야기할 정도로 산업은 달라지고 있는데, 그 일을 하는 노동자의 권리를 보장하기 위한 「근로기준법」이 다루는 내용은 크게 변하지 않았다.

무엇을 어떻게 바꾸어야 하는지, 우리의 노동 실제에서 나타나는 다양한 문제들을 본격적으로 살펴보자.

노동 인권 토론방

① 근로감독관을 검색해서 신문기사를 찾아보자. 기사에서 근로감독관이 하는 일을 조사해 보고 이들이 노동자를 위해 가져야 하는 직업정신이 무엇인지 이야기해 보자.

194

3
쉼과 일상이 가능한 노동은 불가능할까?

마트 계산대에서 일하는 사람이 있는 좁은 공간에는 작은 의자가 놓여 있다. 계산대에서 일하는 사람들은 대부분 서서 일한다. 그러다 계산을 기다리는 고객이 조금 뜸하면 그제서야 잠시 그 의자에 앉아서 쉰다.

이 의자는 언제부터 있었을까? 2008년 3월에 하루 종일 서서 일하는 노동자들에게 의자를 줘야 한다며 의자 제공 캠페인이 벌어졌다. 2008년에 노동부가 대형유통매장에 서서 일하는 노동자가 앉을 수 있도록 의자를 비치하도록 권고했다. 이때부터 일부 매장에서는 계산대 옆에 의자를 놓기 시작했다. 2010년에 관련 법이 바뀌면서 서서 일하는 노동자를 위해 의자를 갖추는 것이 당연해졌다.

그러면 실제로 이 의자에 앉아서 일하거나 쉴 수 있는 사람들이 많을까? 2018년 신문기사[44]를 보면 그렇지 않은 것 같다. 왜 그럴까? 이 노동자들은 "의자가 설치되어 있지만 앉아서 일하기가 눈치 보여요"라고 말한다. 고객들은 의자에 앉아서 계산하는 것에 대하여 문제 삼지 않음에도 회사에서 좋게 생각하지 않는다는 것이다.

그 어떤 일을 하는 노동자라도 노동하는 사이 일정한 쉼을 가져야 한다. 일하면서 쉴 공간, 쉬는 시간은 기업이나 사용자가 배려해야 하는 복지가 아니다. 노동자가 누려야 하는 당연한 권리이다.

인간다운 삶을 위해 일하며 쉬는 공간을 부탁해

어느 날 학교에 갔는데 다음과 같은 일이 생겼다면 어떤 것이 가장 최악의 상황일까?

첫째, 공부하는 교실에 책상과 의자가 사라져서 수업 내내 서 있어야 한다.

둘째, 교실이 있는 건물에 화장실이 없다. 운동장 건너편에 화장실이 딱 하나만 있다. 그것도 부족해서 이용하기가 쉽지 않다.

셋째, 체육 수업을 한 후에 땀을 너무 많이 흘렸지만 손조차 씻을 만한 시설이 전혀 없어서 그대로 남은 수업을 하고 집에 가야 한다.

넷째, 식당에서 밥 먹을 자리가 없어서 식반을 받은 후 체육용품을 잔뜩 넣어둔 창고에서 빈틈을 찾아 쭈그리고 앉아서 밥을 먹어야 한다.

다섯째, 찜통 같은 교실에서 공부해야 하는데 열 수 없는 창문만 있고 에어컨과 같은 냉방 장치는 없다.

만약에 저런 조건 속에서 학교에 다녀야 한다면 어떻게 하겠는가? 당연히 학교와 선생님께 불편해서 학교를 다닐 수 없다고 전부 개선해 달라고 할 것이다. 그러면 이유를 뭐라고 하면서 개선해 달라고 해야 할까? 아마도 인간으로서 존엄한 최소한의 삶을 위해서 필요한 것이라는 점을 강조해야 하지 않을까?

그런데 내가 취업한 곳이 저런 환경이라면 어떻게 해야 할까? 회사나 사용자에게 환경을 개선해 달라고 해야 할 것이다. 학교에서 건의하는 것과 이유는 동일하다. 인간으로서의 존엄함을 지키기 위해 최소한의 일하는 환경을 개선해 달라고 요구해야 할 것이다.

하지만 그러한 요구를 학교에 하기도 쉽지 않지만 회사나 사용자에게 요구하기란 더 어렵다. 그랬다가는 부당한 일을 당하거나 해고되지 않을까 하는 두려움 때문이다.

요구는커녕 「산업안전보건기준에 관한 규칙」에서 제시하는 다양한 휴게시설을 누리지 못하는 경우가 있다. 관련 법에서는 일하는 경우에 어떤 휴게시설을 설치하도록 규정하고 있을까?

백화점이나 면세점의 경우 매장이 있는 층에는 호텔 수준이라고 볼 수 있을 정도로 깨끗하고 화려한 화장실을 갖춘 경우가 많다. 이곳은 고객을 위한 공간이기에 직원은 사용하지 못하도록 금지하는 곳이 많다. 직원이 사용할 수 있는 화장실은 고객들의 눈에 띄지 않도록 지하층 등에 따로 설치한다.

그러다 보니 근무 장소에서 직원 화장실까지 갔다 오기엔 너무 먼 경우가 많다. 혼자 일하는 중에는 자리를 비운 사이 고객이 올까 봐 화장실을 제때 가지 못하여 방광염과 같은 직업병에 걸리기도 한다.

손님이 없어도 앉지 못하고 오랫동안 서 있으니 하지정맥류와 같은 질병에 걸릴 위험이 있다. 임신한 여자 직원의 경우에는 아이를 유산할 가능성도 있다.

2019년 8월에 국가인권위원회는 백화점과 면세점 등 유통업에서 노동하는 이들에게 휴식 시간을 제공하고 고객용 화장실을 사용할 수 있도록 하는 등 노동환경을 개선하라고 권고했다.[45] 근무하는 층마다 일하면서 갖는 휴게시간에 쉴 수 있도록 의자를 배치한 휴게실을 설치하도록 했다.

국가인권위원회의 이 권고는 쉴 권리와 건강권, 그리고 일과 생활의 균형이 가능한 노동환경을 조성할 의무가 기업이나 사용자에게 있음을 확인시켜 준 것이다.

일하는 작업 공간에서 인권을 보장받지 못하는 사례는 우리 주변에서 흔히 볼 수 있을 정도로 많다. 아파트나 학교, 회사 입구의 경비원들이 일하는 공간은 문도 제대로 열지 못할 정도로 작다. 더운 날씨를 해결할 냉방 시설이 없는 곳도 많다.

노동환경이 건강권을 침해하는 수준을 넘어 생명권을 침해하는 경우도 있다. 2021년 2월 2일 《한국일보》에는 '한국에서의 4년 9개월, 속헹 씨가 죽어간 시간'이라는 기사가 났다. 캄보디아 출신 노동자 속헹 씨가 추운 겨울에 숙소에서 사망한 사건이었다.

왜 이런 일이 벌어질까? 겨울에 농촌의 비닐하우스에서 키운 작물을 수확하는 이주노동자들은 그 지역에서 숙식을 해야 한다. 그런데 파종과 수확 시기는 정해져 있다. 정해진 몇 달 동안만 일손이 필요한 경우가 대부분이어서 농촌에서는 이주노동자들이 머물 기숙사를 따로 만들지 않는다. 「산업안전보건법」에 따라 고용주는 기숙사를 제공해야 하지만 비닐하우스를 거처로 제공하는 경우가 많다. 사고가 난 곳도 마찬가지였다.

취업을 하면 하루의 3분의 1 정도를 일하는 곳에서 시간을 보낸다. 의식을 가지고 생활하는 시간 대부분을 노동하는 공간에서 보내는 것이다.

화장실을 가고, 아픈 다리를 잠시 쉬게 하고, 잠을 자는 것. 인간으로서 꼭 필요한 이런 휴식을 위한 환경은 노동을 위한 필수조건이다. 잘 쉬어야 더 잘 일할 수 있다고 보기에 이런 시설을 법으로 짓도록 하는 것이다.

노동과 인간다운 삶을 위한 최소한의 노동환경을 조성하는 것은 불가능한 것일까?

퇴근 후에는 휴식을

최근 몇몇 교육청에서 학교 선생님들에게 업무용 전화번호를 지원하고 있다. 이는 교사의 노동인권을 보호하기 위해 이루어진 일이다.

업무용 전화번호로 전화가 오면 학교 수업 중임을 공지할 수 있다. 전화를 받을 수 없는 상황임을 알려 민원 등에 휘말리지 않게 하려는 것이다. 또한 퇴근 후에는 자동안내 멘트로 업무 시간이 끝났음을 알려 교사의 휴식시간을 보장하고 있다. SNS를 통해 교사의 사생활 관련 사진 등이 퍼져나가는 것을 막는 효과도 있다.

이런 결정은 왜 하게 되었을까? 교사들이 퇴근한 후에도 일부 학생 보호자들이 인터넷 단체 대화방이나 개인 대화방으로 교사를 초대하여 자녀의 학교생활과 관련하여 다양한 것을 문의하기 때문이다. 교사도 다른 노동자처럼 퇴근을 하면 일에서 벗어나야 하는데 대화방에 초대하여 이런저런 것을 물어보면 정신적으로 쉴 수 없는 상황이 된다.

일반 회사에서도 퇴근 이후에 인터넷 대화방을 통해 업무 지시가 내려오면 퇴근했지만 퇴근하지 못한 상태가 된다. 이는 마치 학교 수업을 마치고 친구들과 쉬고 있는데 전화로 선생님이 계속 과제를 내주는 상황과 같다. 일하는 시간과 끝나는 시간이 있으면 그때에만 일하면 되는 것, 노동의 가장 기본이다.

그림자 노동을 강요받아 쉬지 못하는 사람들

『서른의 반격』이라는 소설이 있다. 비정규직으로 일하는 30대 초반의 소설 속 주인공에게는 가상의 친구가 있다. 이 가상의 친구는 주인공이 직장 상사와 같이 밥을 먹기 싫은 날 등장한다.

직장 상사에게 맞춰 식사 장소를 정하고 같이 식사하면서 직장 업무에 대해 이야기하느라 온전히 자신만의 식사를 하지 못할 때 불러내려 만들어낸 것이다. 여러분이 학교 급식실에서 급식을 먹는데 코앞에서 선생님의 훈계를 듣는다고 생각하면 어떻겠는가? 이런 가상의 인물까지 만들어낸 주인공의 마음을 십분 이해할 수 있을 것이다.

근로계약서에 휴게시간을 작성하는 란이 있다는 점을 기억해 보자. 아침 9시부터 저녁 6시까지 일하는 경우에 보통 12시부터 1시까지 점심시간을 갖는다. 이 시간은 오로지 일하는 사이 누리는 휴게시간, 즉 쉴 수 있는 시간이다. 그런데 점심 식사가 일의 연장이라면 이는 쉴 수 있는 시간이 아니다.

점심시간에 하지 않아도 되는 일 때문에 휴식을 누리지 못하는 이들도 있다. 그 일은 바로 일을 하고도 대가를 받지 못하는 그림자 노동이다. 근로계약서에 명시하지 않은 일을 하면서 그에 따라 쉬는 시간을 빼앗기는 일이다. 예를 들어 택배 배달 노동자가 해야 할 노동은 물품을 받아서 배달 장소에 내려주는 것이다. 그러니 배달 물품을 분류하는 일은 택배 배달 노동자의 일이 아니다.

경비 노동을 하는 경우도 마찬가지이다. 오래된 아파트의 경우 주차 공간이 부족하면 주차 자리를 찾지 못한 차들이 이중으로 주차한다. 안쪽에 주차된 차가 나가려면 밖에 주차된 차를 밀어야 한다. 이런 주차 관리는 경비 노동을 하는 사람들이 해야 일이 아니다.

그런데도 입주민인 '갑'이 요구하면 경비 노동자는 어쩔 수 없이 주차 관리를 하게 된다. 이 일에 시간을 뺏겨 경비 업무를 보지 못해 항의를 받는 경우도 있다. 입주민의 택배를 받아두는 것도 경비 업무가 아니고 받아놓은 택배를 입주민의 집까지 옮기는 것 역시 경비 업무가 아니다.

이처럼 근로계약에서 정한 일이 아닌데도 요구하는 일이 바로 그림자 노동이다. 문제는 그림자 노동을 하느라 원래 해야 하는 일을 제대로 못 하거나 원래 정해진 것보다 더 많이 일하게 되어 노동자가 쉬지 못하는 경우가 발생한다는 것이다.

모든 노동에 휴식이 필요하다는 점과 그림자 노동을 요구하는 것이 노동자의 휴식을 빼앗는 일임을 기억하는 것이 이 문제를 해결하기 위한 첫걸음이다.

일을 적게 하는 대신 월급이 줄어드는 문제

아직 대부분 회사에서는 아침 9시 출근하여 저녁 6시에 퇴근한다. 그런데 이 저녁 6시 퇴근을 할 때 눈치를 보는 직장인들이 많다. 전통적으로 한국의 회사에서는 저녁 늦게까지 남아서 일하거나 회사 동료들끼리 회식 자리를 갖는 경우가 많아서이다.

이와 달리 최근에는 퇴근 시간이 다가오면 퇴근 준비 안내 방송을 내보내고 퇴근 시간이 되면 자동으로 전원을 꺼버려서 더이상 연장 근무가 불가능하도록 하는 기업들이 생겨났다. 주52시간근무제를 지키지 않으면 기업이나 사용자가 법적인 책임을 져야 하기 때문이다. 스타트업 기업 중심으로 1주당 정해진 노동시간만 지키면 출근 시간과 퇴근 시간을 노동자가 자율적으로 정할 수 있게 하는 등의 변화도 일어나고 있다.

노동시간은 지속적으로 줄어들고 있다. 그러나 이 정도의 노동시간 감축도 일정 인원 이상이 일하는 규모의 기업에서나 가능하다는 비판도 있다. 특히 생산 현장에서 일하는 경우 주52시간근무제를 하면 적정한 생활을 위한 최소한의 임금을 받기 어렵다고 한다.

그러다 보니 최저임금을 적용하여 주52시간 일을 하여 받은 임금으로는 가족 생계를 위한 비용으로 충분하지 않으니 추가 근무가 가능하게 해달라고 요청하는 경우도 있다. 이렇게 되면 노동자의 삶의 질을 위해 필요한 적정한 휴식이 불가능해지는 문제가 여전히 남게 된다.

더불어 주52시간 근무를 하더라도 삶의 질을 누리기 위해서는 여전히 적정한 임금과 질 높은 휴식이 실질적으로 가능한 상황이 보장되어야 한다. 단순히 주52시간근로제를 하는 것 그 자체로는 노동자가 제대로 된 쉼을 얻기 힘들다.

과로사회 벗어나기, 휴가는 얼마면 될까?

연평균 노동시간이 다른 나라에 비해 길다는 것은 노동자의 휴식 시간이 상대적으로 적을 가능성이 크다는 의미이다. 우리나라의 「근로기준법」은 일정 기간 근무하는 경우 유급휴가를 부여한다고 정하고 있다.

「근로기준법」에 따르면 1년 이상 근무하는 경우에 정해진 근무일의 80퍼센트 이상 출근했으면 15일의 유급휴가를 받으며, 이후 2년마다 1일씩 늘어나 최대 25일의 유급휴가를 받을 수 있다.

유급휴가는 주말에 쉬는 휴일과 별도로 노동자가 월급에 대응할 정도의 대가를 받으면서 일정 시간을 정해서 사용하는 휴가를 말한다.

그렇다면 법으로 정해진 유급휴가를 실제로 얼마나 사용하고 있을까? 외국의 한 여행 기업의 자료에 따르면 우리나라는 15일의 유급휴가 중 6일만 사용하는 것으로 나타나서 26개국 중 꼴찌를 차지했다.[46]

독일은 40일의 긴 유급휴가를 가진 국가로 나타났다. 프랑스는 30일의 유급휴가를 모두 사용하는 것으로 밝혀졌다. 우리나라는 유급휴가 기간도 짧고 그조차 다 사용하지도 못한다. 그래서 '과로사회'라는 오명을 얻었다.

한 기업이 여러 나라의 50개 대도시를 선정하여 해당 도시에 사는 사람들의 일과 삶의 균형을 알아볼 수 있는 17개 항목을 조사하여 순위를 낸 2020년 통계 자료를 보면 서울은 꼴찌이다.[47] 반면 1위는 오슬로로, 2위는 헬싱키, 3위는 코펜하겐, 4위는 함부르크, 5위는 베를린으로 나타나서 북유럽이나 서유럽에 있는 도시가 상위권을 차지했다.

이들 자료를 통해 우리 사회는 노동을 하면서 일상을 균형 있게 유지하기 힘든 사회임을 알 수 있다. 즉, 일을 하면서도 개인의 일상에서 행복을 위해 필요한 휴가를 누리고 안전과 건강한 삶을 누릴 수 있는 환경을 가지지 못한다는 것이다.

알아봅시다

「근로기준법」에서 정하는 연차 유급휴가

제60조(연차 유급휴가) ① 사용자는 1년간 80퍼센트 이상 출근한 근로자에게 15일의 유급휴가를 주어야 한다.

② 사용자는 계속하여 근로한 기간이 1년 미만인 근로자 또는 1년간 80퍼센트 미만 출근한 근로자에게 1개월 개근 시 1일의 유급휴가를 주어야 한다.

④ 사용자는 3년 이상 계속하여 근로한 근로자에게는 제1항에 따른 휴가에 최초 1년을 초과하는 계속 근로 연수 매 2년에 대하여 1일을 가산한 유급휴가를 주어야 한다. 이 경우 가산휴가를 포함한 총 휴가 일수는 25일을 한도로 한다.

⑤ 사용자는 제1항부터 제4항까지의 규정에 따른 휴가를 근로자가 청구한 시기에 주어야 하고, 그 기간에 대하여는 취업규칙 등에서 정하는 통상임금 또는 평균임금을 지급하여야 한다. 다만, 근로자가 청구한 시기에 휴가를 주는 것이 사업 운영에 막대한 지장이 있는 경우에는 그 시기를 변경할 수 있다.

일과 일상의 균형을 위하여

최근 청년들에게는 N포 세대라는 별칭이 붙었다. 경제적인 어려운 상황으로 인해 생애 발달 과정에서 과거 자신의 부모들이 누리던 여러 가지를 포기해야 하는 세대라는 것이다. 포기할 'N'에 속한 것은 취업, 연애, 결혼, 출산 등 다양하다. 기본적으로 취업하기가 어려운 데다가 취업을 해도 벌어들인 돈으로 가족을 이루며 생활하기가 어려운 탓이다.

우리가 취업을 하고 노동을 하는 이유는 임금을 받아서 생계를 비롯한 일상을 누리기 위해서이다. 월급날 누군가는 축구화를 사서 그걸 신고 운동장에서 뛰는 모습을 기대한다. 누군가는 태어난 지 얼마 안 된 아이의 옷을 사서 같이 외출하는 모습을 기대한다.

이런 기대는 여가시간에 실현된다. 노동자가 돈을 벌어야 쉬면서 필요한 물품이나 서비스를 많이 소비할 수 있다. 그래야 기업은 더 많은 이윤을 남길 수 있고 그것으로 노동자에게 임금을 더 줄 수 있다.

이렇게 되면 청년 세대를 포함하여 모든 사람이 포기할 N이 줄어들게 되고, 모두가 일상을 풍요롭게 누릴 수 있다. 노동과 휴식의 선순환이다.

요즘 노동과 관련하여 빈번하게 언급되는 표현이 바로 '워라밸'이다. 'work and life balance'를 줄인 말로 일과 일상생활의 균형을 뜻한다. 초기엔 일과 가정의 양립을 표현하는 의미였다. 일하는 여성이 출산휴가와 육아휴직을 하더라도 안정적으로 복직하도록 하는 것과 임신 중에 노동시간을 단축하여 건강한 임신을 유지할 수 있도록 하자는 것이었다.

그러다가 육아휴직은 여성만 쓰는 것이 아니며 육아가 가정 일상의 전부가 아니라는 의견이 나왔다. 모든 노동자가 일과 일상의 조화를 이루는 삶을 위한 환경을 만드는 것의 중요성이 대두되면서 워라밸은 일과 일상생활의 조화라는 의미로 굳어졌다.

진정한 워라밸을 위해서는 우리 사회가 일하면서 일상을 즐겁게 사는 것이 가능해야 한다. 노동을 하는 이유는 바로 일상을 위한 것이다. 쉴 권리와 놀 권리를 충분히 누리게 되는 사회가 되는 그날은 언제일까?

노 동
인 권 토론방

① 주 52시간제가 시행되면서 야근 등 초과 근무 수당이 없으면 생활이 어렵다는 이들이 생기고 있다. 이런 경우를 고려하여 이전처럼 초과 근무를 제한하지 않는 것이 맞을까? 이에 대하여 토론해 보자.

4
임금, 존엄한 삶을 위해 어느 정도가 적정할까?

"아이가 취업해서 첫 월급을 받더니 생각보다 적다며 회사를 그만두고 싶다고 하네." 자녀가 어렵게 취업했다며 좋아하던 친구가 한 이야기이다. 부모가 볼 때 그 정도면 그 또래의 평균은 된다고 생각하는데 자녀는 그렇게 생각하지 않는 것 같다며 걱정을 한다.

"그 정도 받으면서 일하느니 차라리 일을 안 하는 것이 낫겠어요"라며 직장을 그만두겠다는 자녀에게 "시간이 지나면서 월급이 올라간다"라고 말했지만 아이가 직장을 정말로 그만둘까 걱정스럽다고 말하는 친구. "다 그 정도 받고 직장생활 하면서 살아간다. 젊어서 고생은 고생도 아니다"라고 말했지만 꼰대 부모라고 여길까 걱정이라고 한다.

청년들은 "혼자 살 집, 밥값, 교통비, 핸드폰비, 옷값 등 최소한으로 필요한 것만 충당하는 데도 한 달에 1백만 원이 넘게 들어요. 그런데 그 정도 월급밖에 못 받는다는 게 충격이죠"라고 말한다. 최소한의 일상을 누리기 위한 금액에 비해 월급이 적다는 것이다.

예전에는 일하면서 월급이 얼마인지 따지는 것에 대해서 속물이라고 여기는 사회적 분위기가 만연했다. 그러나 먹고사는 것과 관련하여 월급은 중요한 문제이다. 일하고 받는 소득에 대하여 현실적으로 알아보자.

내가 어른이 되면 얼마를 벌게 될까?

우리나라의 중산층 조건 중 하나가 '월평균 소득 5백만 원'이다. 이것을 1년 단위로 환산하면 1년에 6천만 원을 벌 수 있어야 한다. 그렇다면 실제 우리나라 가구의 소득과 비교하면 어떻게 될까? 일반적으로 가구의 소득은 하나의 가구를 이루어 사는 가족 중 일하는 사람이 벌어들인 것을 모두 합한 값이다.

예를 들어 우리 가족이 다섯 명인데 그중에 두 명이 일하는 경우를 보자. 한 명의 월평균 소득이 220만 원이고, 다른 한 명의 월평균 소득이 280만 원이라면 우리 가족의 월평균 소득은 5백만 원이다. 그리고 또 다른 집은 혼자 사는데 한 명이 일하고 번 돈이 월평균 3백만 원이라면 그것이 그 가구의 월평균 소득이다. 이러한 여러 가구의 소득을 모두 더해서 해당 가구의 수로 나눈 값이 우리나라의 가구당 월평균 소득이다.

통계청 자료를 보자.[48] 2019년 우리나라의 가구당 평균 소득은 5천 924만 원이다. 이 중에서 노동을 제공하고 받은 소득은 3천 791만 원이고, 나머지는 사업을 하거나 예금이나 주식을 하는 등의 다른 방법으로 벌어들인 소득이다. 이 값은 평균값이다. 어떤 가구는 노동을 제공하고 벌어들인 소득의 비율이 더 높은 경우도 있고, 어떤 가구는 직접 사업을

208

하여 벌어들인 소득의 비율이 더 높은 경우도 있을 것이다.

일단 가구당 평균 소득에 주목해 보자. 위에서 말한 중산층의 조건 중 하나인 월평균 소득 5백만 원을 1년으로 환산하면 2019년의 가구당 평균 소득과 거의 일치함을 알 수 있다. 다만, 이는 평균이기에 가구당 평균 소득이 이보다 낮은 경우가 꽤 많다는 점을 고려해야 한다.

가구당 평균소득은 노동자 개인이 아니라 한 집에서 일하는 모든 사람의 소득을 다 합한 것이다. 그렇다면 가구당 소득 말고 비교할 방법이 있을까? 내가 노동자로 일하면서 버는 소득만을 생각해 보는 방법이다. 이는 노동자 평균 소득으로, 노동자 개인의 노동에 따른 소득을 말한다.

통계청이 2020년 초에 발표한 자료를 보자.[49] 2018년에 노동자가 임금으로 받는 월평균 소득은 297만 원이다. 연령별로 보면 20대는 206만 원 정도, 30대는 322만 원 정도, 40대는 365만 원 정도, 50대는 341만 원 정도, 60세 이상은 202만 원 정도를 버는 것으로 나타났다. 이를 성별로 세분화한 것이 다음의 표다.

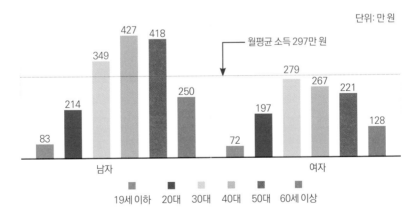

2018년도 성별·연령대별 노동자 월평균 소득

40대에 가장 많이 벌고 20대와 60세 이후에 적게 번다. 그러나 연령뿐만 아니라 성별, 근무하는 기업의 규모, 직종에 따라서 차이가 난다는 점도 고려해야 한다.

노동자의 월평균 소득은 한 해 전인 2017년에 비해 10만 원 정도 증가했다. 최저임금이 올라가면서 노동자의 소득도 올라간 것이다. 아마도 이 정도로 계속 증가한다면 2022년 현재 17세인 청소년이 10년 후인 2032년 27세가 되어 취업을 한다면 그때 20대 후반인 노동자가 받을 월평균 소득은 3백만 원 정도일 것이다.

그러나 최저임금이 증가하는 비율은 매년 다르다. 당시의 물가 등을 고려하여 조정된다. 이는 일을 하고 번 돈으로 생계를 해결해야 하는 것이 우리의 일상이기에, 임금 수준도 물가와 같이 고려되기 때문이다.

📋 알아봅시다

로또 당첨자의 비극과 노동의 일상성

로또에 당첨되어 한꺼번에 20억 원 정도가 생긴다면 일 그만두고 놀면서 지내겠다는 이들을 주변에서 볼 수 있다. 그런데 2014년 4월 16일 《일요신문》에는 '로또 당첨자들 '그후' 갖가지 사연 입체취재'라는 제목의 기사가 났다. 로또의 행운이 저주 혹은 행복으로 이어진 경우를 보여주는 내용이다.

어떤 사람은 14억을 당첨금으로 받고도 8개월 만에 탕진하고 예전 버릇대로 도둑질을 하다 수배됐다. 어떤 이는 당첨금 18억 원으로 사업과 주식 투자를 시작했으나 실패하여 빚을 지고 자살했다. 이들의 이야기는 그야말로 '로또의 저주'이다.

반면 로또 당첨금으로 선행부터 베풀고 남은 200억 원을 여전히 보유하고 있는 이도 있었다. 이 당첨자는 중소기업을 운영하며 투자로 자산을 관리하고 있으며 매년 3천여 만 원을 무기명으로 기부한다고도 했다.

사람들은 돈만 많으면 일을 그만두고 싶다고 말하지만 로또 당첨자의 삶을 보면 돈이 아니라 지속적으로 일하는 일상을 유지하는 것이 중요하다는 것을 알 수 있다.

월급에서 제하는 것들은 무엇이 있을까?

첫 직장에서 첫 월급을 받게 되면 생각보다 적은 금액을 받게 되어 놀라게 될 것이다. 자신이 알고 있는 연봉을 12로 나눈 금액보다 적어서인데, 누구나 겪게 되는 일이다. 월급이 우리 손에 쥐어지기 전에 생각보다 많은 돈이 빠져나간다.

구체적으로 어떤 돈이 빠져나가는 것일까? 근로계약서를 작성할 때 4대 사회보험에 가입하는지를 확인해야 한다고 했던 것을 기억해 보자. 노동자가 가입해야 하는 4대 사회보험은 국민연금, 건강보험, 고용보험, 산재보험 네 가지이다. 이들 보험료는 해당 대상이 되면 의무적으로 내는 것이어서 내 손에 월급이 들어오기 전에 미리 제하게 된다.

① 국민연금

국민연금은 더 이상 일할 수 없어서 은퇴를 한 상황이 되었을 때를 대비하는 것이다. 일을 하지 않으면 임금을 받지 못하기에 생계에 문제가 생긴다. 그러니 임금을 받는 동안에 돈을 미리 부었다가 질병이나 장애, 또는 퇴직으로 소득이 없는 경우에 매달 연금 형태로 돌려받아 생활에 보탬을 주기 위해서 만든 제도이다.

국민연금은 노동자만이 아니라 자영업 등 일하여 소득이 있는 18세 이상 60세 미만 사람들이 가입하는 것이다. 일하여 소득을 갖지 않는 사람도 원하는 경우에 가입 가능하다. 공무원의 경우에는 따로 내는 공무원 연금 제도가 있어서 가입 대상이 아니다.

② 건강보험

아프거나 다쳐서 병원에서 치료를 받아야 할 때 비용이 너무 비싸면 치료를 받기 어렵기에 노동자들이 매달 월급에서 일정 부분을 보험료로 내고 아플 때 병원비를 적게 내기 위한 것이다. 이 또한 노동자에게만 해당하는 것은 아니다.

기본적으로 소득이나 자산이 있는 국민 대부분이 가입해야 한다. 청소년 대부분은 자신의 보호자가 건강보험을 내는 경우에 그 혜택을 보기 때문에 따로 가입하지 않는다. 그러나 취업을 하여 정기적으로 소득이 발생하면 건강보험에 의무가입하게 되어 월급에서 보험료를 미리 공제하게 된다.

③ 고용보험

고용보험은 일을 하는 중에 갑작스럽게 실직하는 경우를 대비하여 다시 일을 구하기 전까지 생활을 위해 필요한 돈을 지원하고 취업을 지원하는 일을 하기 위해 임금을 받는 기간 동안 가입하도록 만든 것이다. 기본적으로 노동자를 위한 제도이지만 자영업자로 자기 사업을 하는 사람도 가입이 가능하다. 이 또한 매달 월급에서 공제한다.

④ 산재보험

산재보험은 일을 하는 중에 안전사고 등의 재해가 발생할 경우에 필요한 보상을 대비한 것이다. 앞에서 보았듯이 18세 미만 청소년 아르바이트생이나 현장실습을 가는 고등학생도 가입하게 되어 있다. 산재보험은 취업한 곳의 사업주가 내도록 되어 있다.

노동자는 이외에 소득세를 비롯하여 많은 세금을 내야 한다. 소득에 따라 세금을 내는 비율에 차이가 있어서 소득이 많을수록 세금을 내는 비율이 더 크다. 대부분 사용자나 기업이 노동자의 월급에서 매달 세금을 떼서 국세청 등에 내기에 세금도 월급에서 사전에 공제하게 된다.

내가 일을 하고 받는 월급에서 사전에 공제하는 것들의 공통점은 무엇일까? 대부분 일을 하는 중에 다치거나 아프거나 하는 등의 위기가 생기거나 일을 그만두게 되는 상황에서도 소득이 필요하기 때문에 그것을 위해 돈을 버는 시기에 일정 부분을 모아두는 것이다.

이런저런 보험료와 세금 등을 사전에 공제하고 내 통장에 들어오는 것이 실제로 내가 사용 가능한 소득이다. 그러니 2031년에 27세인 노동자가 월 3백만 원 정도를 임금으로 받는다고 하더라도 실제로는 3백만 원보다 적은 금액이 통장에 들어올 것이다. 그것으로 한 달을 살면서 예금 등 미래를 위한 개인적 준비도 해야 한다.

월급에 영향을 미치는 기준: 최저임금 vs. 생활임금

2019년에 20대 노동자의 평균 소득은 221만 원이었다. 이 중에서 이런 저런 것을 사전 공제하고 받는 금액이 195만 원 정도라고 하고 이를 임금 관련한 여러 자료와 비교해 보자.

우선 2019년 최저임금과 비교해 보자. 우리나라의 2019년 최저임금은 시급으로 8,350원이었다. 「근로기준법」에 주어진 근로시간을 고려하여 최대 월 209시간 노동을 하는데, 여기에 2019년 최저임금을 적용하면 최저로 받을 수 있는 월급은 1,745,150원이다. 그러니 2019년에 20대가 받는 평균 월급인 221만 원은 이보다 46만 원 정도 더 받는 셈이 된다.

이것을 2019년의 1인 가구 최저생계비와 비교해 보자. 2019년에 1인 가구가 살아가기 위해서 필요한 최저생계비는 얼마일까? 최저생계비는 보건복지부 장관이 국민의 소득과 지출 수준, 물가 수준 등을 고려하여 매해 발표하는 것으로 생활이 어렵거나 소득이 낮은 사람들에게 국가가 사회복지제도로 최저생활을 보장하기 위한 기준을 마련하기 위해 정하는 것이다.

그러니까 최저생계비는 우리 사회에서 인간으로 최소한의 존엄성을 유지하기 위한 복지 비용을 지불하거나 일상에서 소비해야 하는 것의 최저 기준을 고려하여 정한다.

2019년 당시 최저생계비는 1인 가구의 경우에는 월 1,024,205원, 2인

가구의 경우에는 1,743,917원, 3인 가구의 경우에는 2,256,020원이다. 여기에 20대가 세금 등을 제하고 받는 195만 원을 적용해 보자.

1인 가구인 경우에는 최저생계비를 제하고 90만 원 정도 남아서 저축할 수 있다. 그러나 2인 가구에서 혼자 일하는 경우에는 저축 등을 할 여유가 거의 없는 상태이고, 3인 가구로 혼자 일하는 경우에는 최저생계 수준을 위해 필요한 것보다 적게 버는 것이다. 그러니 월급이 인상되더라도 2인 이상 가구에서 혼자서 일하고 돈을 번다면 중산층 이상의 삶을 꿈꾸기가 쉽지 않다.

기본적으로 우리나라 노동자들의 임금 산정 기준은 이 최저임금이다. 그런데 최근에는 노동자의 월급 기준을 최저임금이 아니라 최저생계비 수준보다 조금 더 여유로운 삶을 살 수 있도록 고려한 임금인 '생활임금'을 기준으로 하자는 주장이 나오고 있다.

생활임금은 미국의 한 도시에서 시작되었고, 우리나라에서도 다수의 지방자치단체에서 적용하고 있다. 최저임금과 달리 생활임금이 지역 단위로 도입되는 이유는 지역별로 생활에 필요한 것을 사는 데 들어가는 물가 등이 다르기 때문이다. 2019년 서울시의 생활임금은 시급 1만 148원이었으니 당시 최저임금인 시급 8,350원보다 1,800원 정도 높다.

그렇다면 생활임금은 어떻게 결정할까? 지방자치단체에서 위원회와 같은 회의를 통해 생활물가와 관련한 내용을 조사하여 결정한다. 2021년 현재 우리나라 일부 지역에서 적용하는 '조례로 정해진 생활임금'은 주로 시청이나 군청에서 일하는 기간제 노동자에게만 적용하고 있다.

최저임금은 편의점 등 모든 기업과 사업장에서 한 명의 노동자라도 채용하는 경우에 의무로 적용하도록 하는데 생활임금은 공공기관에서만 적용하는 이유는 무엇일까? 기본적으로 우리나라 「근로기준법」에서 노동자의 임금을 최저임금으로 주도록 하고 있기 때문이다.

다른 이유도 있다. 생활임금보다 낮은 최저임금 수준으로 노동자의 월급을 계산하더라도 일부 자영업자나 기업 중에서 그만큼 임금을 부담할 정도로 이윤을 내지 못하는 경우가 있다는 점도 고려한 것이다.

노동자의 입장에서는 일하는 사람들의 여유로운 삶을 고려하여 생활임금을 월급의 기준으로 삼자고 주장하겠지만 영세한 자영업자들은 최저임금마저도 인상률을 낮추어야 한다고 주장한다. 2021년 최저임금을 1만 원으로 올리자는 노동자의 주장에 대해 편의점 등을 운영하는 사용자는 말도 안 되는 주장이라고 말한다.

편의점의 경우 24시간 일하는 사람이 있어야 하기에 주인 외에도 노동자가 있어야 한다. 이런 상황의 편의점에서 아르바이트하는 노동자에게 시급으로 1만 원을 주면 이윤이 남지 않는다는 것이다.

편의점주 중 몇몇 이들은 아르바이트생보다 더 많이 일하고도 이윤은 아르바이트생보다 더 적은 경우가 생긴다고도 말한다. 그래서 최저임금을 올리게 되면 가게 문을 닫을 수밖에 없다고 주장한다.

최저임금을 올리거나 생활임금을 적용하자는 주장에 대해 중소기업이나 대기업도 반대한다. 최저 기준이 되는 임금이 오르면 그에 따라 노동자의 월급도 올려주어야 하기 때문이다. 노동자의 월급이 올라가면 기업이나 사용자의 이윤은 상대적으로 줄어든다.

다음은 최저임금을 누가 결정하고 어떻게 결정할 것인지에 대한 상반된 관점이다. 여러분은 어느 관점을 지지하는가?

관점 ① 최저임금은 그래도 경제 관점으로 접근해야 한다

임금은 결국 노동에 대한 대가이기에 노동생산성을 고려하여 결정되어야 한다는 점에서 경제적 논리가 반영되어야 한다.

기업은 이익을 보기 위해 상품을 생산하는 곳이지 복지제도를 지원하는 곳이 아니다. 그래서 최저임금을 인정하더라도 기업이나 사용자가 적정 이윤을 고려하여 감당할 수 있는 수준에서 결정해야 한다.

최저임금이 너무 높게 책정되면 기업이나 사용자는 인간 노동력을 대체할 방안이나 다른 나라로 이전하는 방안을 모색할 것이다. 기업이나 사용자가 감당할 수 있는 정도를 고려하지 않는다면, 즉 임금으로 나가는 비용이 너무 증가하면 결국 사용자나 기업이 생산 자체를 포기하게 될 수도 있다. 그 결과 노동자 자체가 필요 없는 상태가 되거나 노동자가 실직할 수 있다는 점에서 경제적 논리로 접근하는 것이 적정하다.

관점 ② 최저임금은 그래도 인권 관점으로 접근해야 한다

최저임금은 말 그대로 노동자가 인간으로서 최소한의 삶을 누릴 수 있도록 하기 위한 것이기에 인권 측면을 고려해야 한다.

최저임금을 경제적 논리로 보면 노동자의 삶은 물건을 생산하는 한 수단에 지나지 않으며 이렇게 되면 인간소외의 문제가 생긴다. 그래서 최저임금을 결정할 때는 노동자들이 인간으로서 삶을 위해 어느 정도가 적정한지를 우선하여 살펴보고 결정해야 한다.

최저임금을 너무 낮게 책정하면 노동자는 일해도 가난한 상태가 되고 이런 현상은 결국 노동자의 소비를 어렵게 하고 노동의 질도 떨어뜨릴 것이다. 반면 노동자가 돈을 많이 벌어서 소비하면 기업에도 활력을 준다.

기업의 생산이 어려워지는 것은 임금 부담이 아니라 사실은 사회 변화에 적절하게 대처하지 못하는 운영의 문제이다. 따라서 최저임금을 문제삼으면서 인간으로서 필요한 최소한의 조건을 부인해서는 안 된다.

이처럼 노동자의 월급 기준을 어떻게 정해야 하는지는 각자 처한 상황에 따라 다 다를 것이다. 그럼에도 노동자의 개념 정의가 누군가에 고용되어 일한 대가로 생계에 필요한 소득을 버는 사람이라는 점에서 그 월급을 어떻게 정하는 것이 적정한지에 대해서는 여전히 다양한 사회적 논의가 필요하다.

인 권 토론방

① 모든 점에서 만족스러운데 월급이 적은 직장과 월급은 많은데 전혀 만족감을 얻지 못하는 직장 중에서 선택한다면 어느 곳에서 일하고 싶은가?

② 일하는 사람의 삶의 질을 위해서 사회적으로 부담이 되더라도 최저임금이 아니라 생활임금으로 노동자의 월급을 계산하는 것은 공정한가 그렇지 않은가? 자신의 의견을 바탕으로 토론해 보자.

5
안전하게 노동한다는 것은?

담배를 전혀 피우지 않는 여성들이 폐암에 걸리는 경우가 있는데 밝혀진 바에 의하면 이는 음식을 고온조리할 때 발생하는 유해물질을 많이 흡입하기 때문이라고 한다. 2021년에는 12년간 튀김과 볶음 조리를 해온 학교 급식 노동자가 폐암으로 사망한 경우를 산업재해라고 인정했다.[50]

그뿐만이 아니다. 2020년 한 과학고등학교에서 3D 프린터를 자주 사용하던 교사 두 명이 희귀암에 걸렸다. 다른 학교에서도 3D 프린터를 자주 사용하던 교사가 같은 암에 걸렸다.[51]

2019년의 한 보고서에 따르면 3D 프린터에 암을 일으키는 물질이 발견되었는데 이로부터 보호받기 위해서는 보호구를 착용해야 한다고 한다. 그런데 교사들은 그런 상황을 몰랐던 것이다.

3D 프린터는 학생에게 더 나은 수업을 제공하기 위해 사용한 것이었

는데 이런 결과를 초래하고 말았다. 해당 교사들의 희귀암이 3D 프린터 때문인지는 조사 중이다. 문제는 학생들도 이를 사용했다는 점이다.

노동하는 과정에서는 알게 모르게 병이 발생하거나, 안전사고 등의 어려움을 당하는 산업재해가 생긴다. 어떻게 해야 안전하게 일할 수 있을까?

산업재해 안전은 언제부터 보장하기 시작했나?

산업재해는 말 그대로 산업 분야에서 불시에 일어나는 재난과 그로 인해 발생하는 피해를 말한다. 「산업안전보건법」 제2조에서는 산업재해를 "노무를 제공하는 사람이 업무에 관계되는 건설물·설비·원재료·가스·증기·분진 등에 의하거나 작업 또는 그 밖의 업무로 인하여 사망 또는 부상하거나 질병에 걸리는 것을 말한다"고 설명한다.

여기서 말하는 노무란 소득을 얻기 위해 노동하는 것을 말한다. 이 점에서 산업재해는 노동자들이 노동 중에 또는 노동으로 인하여 발생하는 위험을 당하는 것이다. 여기서 '노동 중'은 단순히 일하는 그 순간만이 아니라 일하기 위해 출퇴근하는 것까지 포함한다.

산업재해는 산업혁명 이후에 노동자의 노동이 시작된 이후 생긴 개념이다. 인간이 기계와 함께 일하면서 노동에 자율성을 갖지 못하고 정해진 기계의 움직임에 따라 일하면서 산업재해가 발생하게 된 것이다.

그런데 앞에서 산업혁명 당시의 노동을 설명하면서 노동 중에 다치면 노동자의 책임으로 돌리는 경향이 있었다고 했다. 그래서 산업혁명 초기의 노동자들은 산업재해를 당해도 제대로 된 보상을 받지 못했다. 그뿐만 아니라 그러한 위험이 발생하지 않도록 해야 할 책임을 기업이나 사용자에게 부과하지도 않았다.

산업재해를 노동자 개인의 문제가 아니라고 인식하고 이에 대하여 기업이 책임을 지도록 정부가 정책을 마련한 최초의 나라는 독일이다. 독일은 영국이나 프랑스에 비하여 산업혁명이 늦었지만 풍부한 자원과 빠른 기술 발전 덕에 산업이 중화학 공업 위주로 빠르게 재편되었다.

다른 어떤 나라보다 짧은 시간에 많은 노동자가 중공업에 종사하면서 노동자의 역할이 중요했고 노동조합에 참여한 노동자가 많아지면서 이들의 정치적 목소리가 미치는 영향력도 컸다.

1861년 독일, 당시 프로이센의 총리로 취임하였던 비스마르크는 산업재해에 대해 국가가 대응할 필요를 느끼고 1871년에 「고용주보상책임법」을 제정한 후 1884년에 산업재해보험과 관련한 제도를 마련했다. 이 제도로 산업재해를 입은 노동자의 과실이나 책임을 문제 삼지 않고 재해의 책임을 기업과 사용자에게 부과하게 되었다. 이러한 제도는 향후 다른 나라에도 전해졌고 제2차 세계대전 이후에는 대부분의 나라로 전해졌다.

우리나라의 경우 1953년의 「근로기준법」에 산업재해와 관련한 규정 몇 가지를 넣었다. 사용자가 작업상 위험 또는 보건상 유해한 시설에 대해 안전조치를 하도록 하였고 업무 과정에서 부상이나 질병이 발생한 노동자에게 요양 등에 필요한 비용을 대도록 하고 있다.

이후 우리나라의 「근로기준법」에서는 산업재해의 책임이 노동자 개인이 아닌 사용자와 기업에 있다고 규정한다. 그러면 우리나라에서는 기업이나 사용자가 산업재해와 관련한 책임을 잘 수행하고 있을까?

지금도 여전한 산업재해 피해

산업혁명 초기에 기계가 도입되면서 공장에서는 비숙련 노동자를 사용하게 되었는데, 비숙련 노동자였던 여성과 아동 다수는 폐 질환 등의 질병을 앓았다. 기계가 돌아가는 공장의 조명이나 환기에 문제가 있었기 때문이다. 당시 공장의 탁한 공기에 신경을 쓰는 사람들은 없었다. 일하다가 추락이나 끼임 등의 사고로 다치거나 목숨을 잃어 영영 집으로 돌아가지 못하는 노동자들도 있었다.

이처럼 산업재해는 열악한 작업 공간 자체의 문제로 발생하는 경우도 있고 작업 중의 안전사고 때문에 일어나는 경우도 있다. 과학과 기술이 발달한 오늘날의 상황을 보자.

작업 공간 그 자체가 산업재해의 원인인 노동환경

요즘 사람들이 많이 관광하는 곳 중 하나로 동굴이 있다. 자연적으로 만들어진 동굴에서는 자연의 신비를 알 수 있고 인간이 만든 동굴에서는 인간의 위대함이 느껴지기 때문이다.

그런데 인간이 만든 동굴의 상당 부분은 광산이었던 곳이 많다. 석탄이나 금, 옥 등 생활에 필요한 자원이나 장신구로 활용되는 자원을 캐기 위해 땅을 뚫고 작업하면서 생긴 동굴을 복원해 관광자원으로 활용하는 것이다.

오늘날의 최신 기술로 안전장치를 만든 곳에 들어가면서도 위험하지 않을까 걱정이 되는데, 당시에 그곳에서 하루 10여 시간 이상의 노동을 한 이들의 고통은 어땠을까?

이런 동굴에서 광물을 캐던 노동자들에게 오랜 기간 분진이 폐에 쌓

알아봅시다

삼성전자 반도체 공장과
반올림의 백혈병 분쟁이 11년 만에 해결된 사연

2018년 한 아버지가 말했다. "딸과의 약속을 지켰다."[52]

딸이 2003년 삼성전자 반도체 공장에 취업했을 때는 생각지도 못한 일이 발생한 것은 4년 뒤인 2007년. 건강했던 딸이 백혈병으로 숨진 것이다. 아버지는 자신의 딸만이 아니라 같은 일을 하던 다른 이들도 백혈병으로 젊은 나이에 사망했다는 것을 알았다.

아버지는 딸의 사망 원인이 일하는 회사의 환경 문제라고 생각했다. 회사는 이 주장을 받아들이지 않았다. 백혈병은 반도체 공장과 연관성이 없으며 그러니 딸의 사망은 회사가 책임져야 할 사항이 아니라는 것이다.

「산업안전보건법」에 안전한 근로환경을 보장해야 한다고 되어 있어도, 정부가 나서서 근로감독이나 관련 조사도 제대로 하지 않는 현실이 아버지는 너무나 가슴 아팠다. 그래서 딸과 같이 반도체 공장에서 일하다가 발병한 51명이나 되는 반도체 노동자의 건강 문제 해결과 인권지킴이 활동을 위해 '반올림'이라는 시민단체를 만들어서 지속적으로 문제 제기를 했다.

이 시민단체는 반도체 공장 앞에서 하루도 쉬지 않고 시위를 했다. 문제의식을 공유한 많은 사람들이 연대했다. 누군가는 후원하기도 하고 누군가는 시위에 참여하고 누군가는 관련 영화를 만들어 세상에 알렸다. 학자들은 관련 연구 결과를 발표하면서 지지했다.

아버지의 염원 덕택일까? 2014년에 반도체 공장 노동자의 백혈병 및 희귀질환 발병 문제 해결을 위한 조정위원회가 만들어졌다. 그리고 딸이 죽은 지 11년이 지난 2018년에 이에 대한 책임을 회사가 지기로 하고 피해를 보상하기로 한 것이다.

영화 〈또 하나의 약속〉에서 바로 이 문제를 다루고 있으므로 더 궁금한 사람은 찾아보자.

여 폐섬유화가 일어나는 진폐증이 생겼다. 그런데 진폐증은 일을 그만둔 이후에 발견되는 경우가 많다. 노동하는 당시에 그런 위험이 있으리라고 예측하지도 못했던 작업환경이 시간이 지나면서 문제가 되는 것이다.

현대에도 이런 경우가 발생한다. 오늘날의 새로운 문제는 발암물질을 배출하는 공장 환경이다. 대표적으로 '현대의 금광'이라 불리는 첨단산업 현장인 반도체 공장을 비롯하여 다양한 공장에서 화학물질을 사용하여 상품을 생산하는데 이 과정에서 건강에 치명적인 화학물질에 접촉하여 재해를 입는 경우가 많다.

심야에 노동하는 교대 근무

가끔 사람들에게 새벽형 인간인지 야간형 인간인지를 묻곤 한다. 이런 질문을 들으면 많은 고등학생들은 새벽보다는 심야에 무엇인가를 더 하고 싶다고 할 것이다. 특히 고등학교 3학년이 되어 야간 자율학습을 하는 경우에는 보통 밤 10시까지 학교에 있다가 오기에 씻기만 하고 자더라도 12시를 넘기는 경우가 많기 때문이다.

새벽형보다 심야형 생활을 원하는 학생들이 많은데도 학원 마감 시간을 밤 10시 이전으로 정하고, 청소년의 인터넷 게임 접속 마감 시간을 심야 12시로 결정한 이유는 무엇일까? 12시 이후의 심야 활동으로 인한 수면 부족 등 건강상의 위험 요소 때문이다.

밤 늦게까지 무엇을 하더라도 당장 건강에 아무런 문제가 없다고 생각할 수 있다. 그러나 그러한 위험은 바로 생기는 것이 아니라 쌓였다가 나중에 발생한다. 청소년이라 해도 밤에 무엇인가를 하면 수면 부족 현상이 발생한다. 이는 정서적 안정감에 문제를 일으키며, 낮시간의 수업 등에 집중도를 떨어뜨리는 문제를 일으킨다고 한다.[53]

그런데 야간에 일해야 하는 직업이 있다. 대표적으로 교대 근무를 해야 하는 경우이다. 우리 주변에 24시간 일하는 곳을 생각해 보자. 일단 야식 배달업, 편의점, 택시, 병원, 택배업 등 다양하다. 24시간 일을 하는 곳에는 당연히 낮에 일하는 사람 말고도 심야에 일하는 사람이 있다.

밤 12시부터 새벽 6시까지 일하는 것에 대해 이렇게 생각할 수 있을 것이다. 낮에 충분히 휴식할 수만 있다면 밤에 일하고 돈을 버는 것이 뭐가 문제가 되느냐고. 시간을 효율적으로 사용할 수 있어서 좋지 않느냐고. 이렇게 단순히 긍정적으로 생각해서 안 되는 이유는 모든 사람이 밤에 활동하는 것에서 오는 위험을 겪기 때문이다.

사람 몸에는 인류의 오랜 삶에 의해 축적된 생체시계가 있다. 낮에 활동하고 밤에 자면서 휴식하도록 되어 있는데 밤에 노동하는 것은 생체시계와 달리 움직이게 되는 것이다. 그래서 밤에 일하고 활동하면 호르몬 등에서 이상 반응이 발생한다. 특히 밤에 밝은 빛 아래에서 일하는 경우에는 다양한 암이 발생할 확률이 높다고 한다.

그래서 세계보건기구 산하 국제암연구소는 2007년에 '교대근무'라는 노동조건을 발암 유발 환경으로 규정했다.[54] 그러니 밤샘이나 야간근무는 그 자체로 산업재해 요인이다.

이외에도 현대 사회의 노동 현장에는 우리가 알지 못하는 다양한 위험들이 여전히 존재할 것이다. 독일의 사회학자 울리히 벡은 현대 사회에서 살아가는 인간의 삶에 대해 '문명의 화산 위에서 살아가기'라고 비유하면서 현대 사회를 '위험사회'라고 규정했다. 그는 현대 사회에서 인간이 통제하기 어려운 위험들이 존재한다고 하였는데, 지금까지 밝혀진 것 외의 새로운 위험들도 존재할 것이다.

스트레스나 과로로 인한 산업재해

　전통적으로 산업재해는 일하는 중에 다치거나 부상을 입는 것이라고 생각했다. 그러나 현대 사회에 들어서는 정신적인 스트레스와 그로 인한 병의 발생, 그리고 과로로 인한 발병 등도 산업재해라고 본다.

　「산업재해보상보험법 시행령」에 따르면 '업무와 관련하여 정신적 충격을 유발할 수 있는 사건에 의해 발생한 외상후스트레스장애*나 업무와 관련하여 고객 등으로부터 받는 폭력 또는 폭언 등 정신적 충격을 유발할 수 있는 사건 또는 이와 직접 관련된 스트레스로 인한 적응장애 또는 '우울병에피소드' 등의 질병도 산업재해 대상이다.

　2013년에 한 콜센터에서 월요일에 일하던 한 노동자가 뇌출혈로 쓰러진 일이 있었다. 당사자는 이를 산업재해로 인정해 달라며 소송을 했다. 법원은 사고 당일인 월요일은 콜센터 이용객이 다른 요일에 비해 40퍼센트 정도 증가하여 업무가 스트레스에 영향을 미쳤고 이로 인해 뇌졸중이 온 것으로 보고 산업재해라고 최종 인정했다.[55]

　과로도 산업재해의 원인이라고 본다. 2020년 10월에 한 택배회사의 물류센터에서 일하던 20대 청년이 자신의 집 욕조에서 사망한 채로 발견되었다. 사망 원인은 급성심근경색이었지만 관련 기관에서 조사한 결과 과로가 근본 원인이라고 밝혀졌다.

외상후스트레스장애
신체나 생명을 위협하는 정도의 매우 극심한 정신적 스트레스로 발생하는 심리적인 고통등의 반응.

야간근무를 하면서 하루 5만 보 정도를 이동하고 상품 분류 작업을 한 그는 16개월간 10킬로그램가량 몸무게가 빠질 정도였다고 한다.[56] 정해진 법적 근로시간을 지켰더라도 이처럼 과도하게 노동에 혹사당해 생긴 과로가 그의 죽음의 원인이라고 본 것이다.

과로는 육체노동을 하는 직종에서만 나타나지 않는다. 최근에 알려진 한 방송 PD의 죽음, 응급과 의사의 죽음 등을 보면 우리 사회에서 전문직이라고 불리는 이들도 과로라는 위험에 노출되어 있다. 이렇듯 산업재해는 특정한 직업이나 노동 현장에서만 발생하는 것은 아니다.

우리나라의 산업재해 현실

한 신문사가 2019년 11월 21일에 신문 1면을 특집으로 꾸몄다. 다른 기사를 게시하지 않고 산업재해로 사망한 노동자 1천 2백 명의 이름을 적은 것이다.[57] 놀랍게도 1천 2백 명의 산업재해 사망자는 2018년 1월 1일부터 2019년 9월까지 사망한 이들의 명단이었다.

대한민국 정부가 생긴 이후, 아니 최소한 「근로기준법」에서 산업재해 조항이 있던 시절부터 셈하면 얼마나 많은 이들이 산업재해로 사망했을지 짐작조차 되지 않는다. 실제로 고용노동부의 산업재해와 관련한 통계를 보면 2010년 이후 사망사고가 연도별 1천 명 내외이다.

통계청 자료를 보면 2017년의 OECD 회원국 평균 산업재해 사망자는 10만 명당 1.95명이었다. 같은 해 우리나라는 산업재해 사망자가 10만 명당 5.2명으로 나타나 OECD 평균의 2배를 훌쩍 넘었다.

최근 산업재해 사망자는 10만 명당 4.6명까지 줄었지만 여전히 많다.[58] 그런데 이 수치는 모든 산업재해 사망자의 수가 아니다. 관련 기관에서 산업재해 사망자라고 인정받은 경우에 해당하는 것이니 실제로는 이보다 더 많을 것이다. 여기에 한 가지 더 고려할 사항이 있다. 바로 실제 일어난 산업재해 건수를 보여주는 산업재해율은 상당히 낮다는 점이다.

그 이유는 무엇일까? 삼성전자 반도체 공장의 경우를 보자. 산업재해 판정을 받기 위해서는 반도체 공장의 작업 환경으로 인해 백혈병에 걸렸음을 증명해야 했다. 문제는 '우리 회사에서 일하다가 병에 걸린 것이 아니다'라는 것을 회사가 증명하도록 하는 것이 아니라 '내가 그 회사에서 일하다가 병에 걸렸다'라는 것을 노동자가 증명해야 한다는 점이다.

회사에 대한 정보가 많지 않은 노동자는 이를 증명하기가 어렵다. 그나마 활용할 수 있는 방법은 같은 공간에서 같은 일을 하는 사람들이 특정 병에 걸리는 비율이 일반인보다 높다는 통계로 증명하는 것이다.

회사 대다수는 입사하는 사람에게 건강검진을 요구하고 건강한 상태인 경우에만 채용한다. 그러니 회사에서 일하는 노동자는 일반인 평균보다 건강한 상태이다. 특정 회사에서 일하는 사람 중 백혈병에 걸린 사람의 비율이 일반인의 발병 비율과 비교하여 많다면 그 회사의 작업 환경이 백혈병을 일으키는 요인이라고 할 수 있지 않을까?

그러나 이런 엄격한 통계 조사를 하는 경우도 그렇게 많지 않고, 그것을 의미 있는 통계로 보고 산업재해라고 인정하는 경우도 드물다. 여전히 '내가 그 회사에서 일하다가 병에 걸렸다'를 증명하는 것은 쉽지 않다. 바로 이러한 상황이 우리나라의 산업재해 발병률 통계를 낮춘다.

또한 우리나라는 산업재해 발생 비율이 다른 나라에 비해 낮은 편인데, 산업재해 사망률은 높다는 특징이 있다.[59] 어쩌면 우리나라가 산업재해가 덜 발생하는 것이 아니라 다른 나라와 비교하여 아주 위험한 경우가 아니면 아예 산업재해 신고를 하지 않아서 발생한 결과일 수 있다.

명백한 산업재해일지라도 많은 노동자들이 산업재해 신청을 하면 회사로부터 불이익을 당할 것을 우려한다.[60] 회사가 노동자에게 산업재해라고 하지 말고 잠시 쉬면서 치료하면 치료비를 주겠다고 제안하는 경우도 있다. 산업재해 기록이 많으면 회사가 불이익을 받기 때문이다.

따라서 회사가 치료비를 준다고 제안해도 이를 승낙해서는 안 된다. 시간이 지나서야 발병하거나 부작용이 생기는 경우 회사가 모른 척하면 노동자는 대처하기가 힘들기 때문이다. 그러므로 산업재해라고 인정받으면 산업재해보상보험으로 처리해야 한다.

산업재해는 어떤 직업이나 어떤 노동 현장에서나 발생할 수 있다. 그렇지만 실제로 산업재해가 더 많이 발생하는 경우가 분명히 있다.[61] 산업재해에서 사고 사망이 가장 많이 발생하는 경우는 건설업이고, 질병 사망이 가장 많이 발생하는 경우는 광업이다. 제조업은 사고 사망과 질병 사망 모두에서 2위이다. 기계 등에 의한 안전사고나 생산 과정에서 취급하는 유해 물질로 인해 질병이 일어나기 쉬운 환경이기 때문이다.

우리나라에서 발생하는 산업재해의 또 다른 특징이 있다. 대체로 노동자 수가 적은 곳이거나, 이주 노동자들이 많이 일하는 3D 업무 현장이거나, '위험의 외주화'를 통해 해당 기업에 소속된 노동자가 직접 일하기보다는 파견직이나 비정규직이 일하는 곳이 많다는 것이다. 그리고 이들은 기존의 법으로 보호받기 어려운 취약한 노동자들인 경우가 많다.

🔍 알아봅시다

위험의 외주화

외주화는 어떤 일이나 작업 등을 직접 하지 않고 외부의 집단에 의뢰하는 것을 말한다. 제조업 등의 경우 매우 위험한 일, 안전사고가 날 일 등에 대하여 회사가 직접 고용한 정규직에게 시키지 않고 하청 회사 등이 하도록 외주화한다. 이러한 현상을 '위험의 외주화'라고 한다. 외주를 받은 회사의 노동자가 산업재해를 당하더라도 외주를 준 기업은 그 책임을 면할 수 있다는 점을 악용한다는 것이 문제이다.

2021년에 도입된 「중대재해처벌법」

2018년 12월에 한 발전소 노동자가 숨졌다. 1994년 12월생 24살 청년 김용균. 혼자 일하던 중 안전사고로 사망한 그는 일하던 발전소의 정규직 노동자가 아니라 하청 업체에서 파견된 계약직이었다. 그래서 당시의 「산업안전보건법」에 따른 산업재해 보호 대상자가 아니었다.

그의 죽음 이후 2018년 12월에 '김용균 법'이라는 이름을 달고 「산업안전보건법」에서 이 부분을 개정했다. 법 개정으로 김용균과 같이 하청업체 파견 노동자나 특수고용 노동자도 산업재해 보호 대상이 되었다.

노동자의 사망사고 등 안전사고가 줄지 않는 가장 큰 이유는 안전사고로 노동자가 사망할지라도 처벌이 미미하기 때문이다. 해당 기업이 받는 처벌은 5백만 원 정도의 벌금에 불과한 탓에 안전사고를 막을 대책을 제대로 세우지 않는다는 비판이 일었다.

이에 노동자를 죽음에 이르게 하는 등의 중대재해가 발생한 기업을 엄격하게 처벌하는 법을 만들어야 한다는 의견이 반영되어 2021년 1월에 「중대재해처벌법」이 제정됐다. 이 법은 사업주나 경영책임자에게 위험방

📖 **알아봅시다**

직장 생활에서 노동인권을 누리기 위해 확인할 것들

1. 취업 시 확인 사항
- 근로계약서는 직접 내용을 확인하고 작성할 것
- 취업규칙 유무, 취업규칙의 세부 내용 및 근로계약서와 내용이 다른 부분
- 노동조합 유무(→ 노동조합 가입 여부 결정)
- 월급의 세부 항목 및 금액, 공제 항목 및 금액, 입금일
- 월급이 최저임금 이상인지 여부
- 출퇴근 시간 및 탄력근무 가능 여부
- 연차휴가 일수, 그리고 입사 첫해 사용 가능 일수
- 휴게 시간과 휴게 장소
- 안전 및 산업재해 관련 사항
- 산업재해와 안전 기본 교육 일시
- 직장 내 성희롱 교육 일시, 해당 사안 처리 부서
- 임신, 출산, 육아 지원 제도

2. 퇴사 시 확인 사항
- 해고를 당했을 경우 부당해고 여부 등
- 해고 절차와 부당해고 관련 처리 사항
- 실직 시 고용보험을 통해 보장받을 수 있는 것들
- 퇴직 시 받을 퇴직 급여
- 노동위원회 등 도움받을 관련 기관
- 산업재해 시 산업재해 신청하는 법

지 의무를 부과하고 있으며, 이들이 의무를 위반하여 안전사고가 발생한 경우에는 이들을 형사 처벌할 수 있도록 했다.

그러나 여전히 처벌 규정이 약하고 중대재해가 더욱 많이 발생하는 소규모 사업장의 경우에는 아예 적용이 안 되거나 법 시행일을 늦추는 등의 규정이 있어서 노동자를 위험으로부터 충분히 보호한다는 목적이 제대로 달성되지 못했다는 비판을 받고 있다.

일하는 '인간'의 소중함을 생각한다면

산업혁명 초기에 산업재해의 많은 희생자는 가장 열악한 위치에 있던 아동이나 여성이었다. 지금도 이러한 상황은 크게 변하지 않은 것 같다. 가장 힘든 곳에서 가장 위험한 노동을 가장 불안정한 지위에서 하는 이들에게 산업재해는 더 가까이 있는 것 같다.

아들 김용균을 잃은 어머니는 한 방송에서 "나보고 그런다. 넌 자식이 죽었는데 울지를 않냐고. 공부를 더 많이 시켰으면 그 죽음을 피하지 않았을까? 부모가 더 잘났으면 애한테 그런 안 좋은 회사를 들어가지 않게 해줄 수 있었을 텐데. 자책이나 원망이 있으니까 울기가 싫다. 뭘 잘했다고, 우리가 울 자격이 있나"라고 했다.[62]

이 어머니가 울 수 있게 하려면 어떻게 해야 하나? 그가 어떤 일을 하든, 그의 지위가 무엇이든, 그의 고용 상태가 어떠하든 상관없이 모든 일하는 이들이 안전하게 일하도록 사회적 환경을 만들어야 한다.

인권을 이야기할 때 그 무엇과도 바꿀 수 없는 가장 중요한 권리 목록으로 생명을 유지하도록 존중받아야 하는 생명권을 든다. 생명권을 위해서는 일하는 곳에서 안전 그리고 모두의 생명 존중이라는 어쩌면 당연한 것들이 보호받아야 한다. 그래서 더이상 한 노동자의 죽음에 그 가족이 울지도 못하는 일이 일어나지 않게, 아니 아무도 그러한 이유로 울지 않아도 되는 날이 와야 한다.

노 동
인 권 토론방

① 일하다가 병을 얻었음을 노동자가 증명하는 것과 노동환경이나 작업 내용이 병의 원인이 아님을 회사가 증명하는 것 중 어느 것이 옳을까? 「근로기준법」에서는 둘 중 어떤 관점에서 법조문을 만들어야 할까?

② 「중대재해처벌법」을 국회에서 발의하자 일부 신문에서는 "법이 통과되면 공장 대부분이 해외로 옮겨 가서 국가 경제가 위험해진다"는 주장을 했다. 이 주장이 맞는지, 또한 이런 점을 고려하여 이 법을 만들지 말아야 하는지에 대하여 토론해 보자.

〈나는 나를 해고하지 않는다〉

• **영화 정보**

2020년에 만들어진 한국 영화이다. 12세 이상 관람가로 111분 동안 상영된다.

• **생각할 거리**

1. 영화에 등장하는 '원청' '하청'의 의미를 조사해 보자. 어떤 관계인가? 송전탑에서 일하는 것과 같이 위험하거나 힘든 일은 왜 원청에서 하지 않고 하청을 통해서 일을 시킬까?

2. 영화의 배경인 송전탑은 외줄에 매달려 일하는 공간이다. 각 노동자의 '외줄'과 '외줄'로 연결된 이 공간이 비유하는 노동의 의미에 대하여 생각해 보자.

3. 주인공 은정과 막내의 관계는 어떻게 변화하는지 살펴보자. 그런 관계 안에서 '연대한다'는 의미는 무엇인가?

4. 은정과 막내가 안전하고 휴식이 있는 노동을 하기 위해서는 무엇이 필요한지 생각해 보자.

5. 내가 근로감독관이라면 은정과 막내를 위해서 어떤 일을 해야 할지와 이 업체에 대한 보고서를 어떻게 작성할지 생각해 보자.

6. 송전탑을 오르며 노동하는 이들은 각자 누군가를 생각한다. 공부를 하면서, 하루하루를 살아가면서 나는 누구를 생각하면서 일상을 살아가는지 생각해 보자.

더 나은 노동을 위한 생각 더하기

1. 사회적 약자로 일컬어지는 직업을 하나 선택하여 다음과 같이 활동해 보자. 먼저 주변에 해당 노동을 하는 사람을 직접 만나서 그들의 어려움을 들어보자. 이어서 신문 기사 등에서 해당 노동에 종사하는 사람의 이야기를 스크랩해 보자. 이를 바탕으로 그들의 노동인권 보호를 위해 어떤 점이 개선되어야 할지 의견을 제시해 보자.

2. 내가 다니는 학교에서 일하는 다양한 노동자들의 노동권리를 위해 학교가 어떻게 바뀌어야 하는지 조사를 하고, 그에 따른 의견서를 만들어보자.

3. 만약에 「근로기준법」을 개정해야 한다면 새롭게 꼭 넣어야 하는 조항을 제안해 보자. 그 이유도 같이 제시해 보자.

4. 내년 최저임금은 얼마가 적절할지 제안해 보자. 이와 관련하여 고려할 조건은 무엇인가? 그리고 지역별, 연령별, 산업별로 최저임금을 달리 적용해야 하는지, 동일하게 적용해야 하는지도 생각해 보자.

5. 인간다운 삶을 위해서 1주당 몇 시간 노동이 가장 적절한지, 그렇게 생각하는 이유가 무엇인지 주장하는 3분 스피치를 해보자.

6. 우리 학교 환경 중에서 일하는 분의 안전과 쉼을 위해 마련한 장치들을 살펴보고, 안전을 위해 더 필요한 장치가 무엇이 있는지 제안해 보자.

7. 가족 중에 집안일을 가장 많이 하는 분이 쉴 수 있도록 하는 방안을 가족 회의를 통해서 마련해 보자.

4장

행복한 노동을 위한 연대

—

일하고 꿈꾸고 저항하다

'청년 유니온' 소개 중

—

1

우리: 노동에 대한 편견을
어떻게 해결해야 할까?

"할머니는 어릴 때 공부 열심히 안 했어요?" 2012년 실시한 제19대 국회의원 선거와 제18대 대통령 선거에 모두 출마했던 한 청소노동자에게 초등학생이 한 질문이다.[63]

"공부를 잘했으면 배달이나 하고 있겠냐?" 2021년 서울의 한 학원 직원이 음식 배달을 온 배달 라이더를 비하한 말이다.[64] 사건은 이러하다. 학원 직원이 음식을 주문하면서 주소를 잘못 적은 탓에 배달 라이더는 두 번 배달하게 되었다. 배달 라이더는 주문자의 실수로 한 번 더 배달했으니 추가 배달료를 달라고 요구했다. 그로서는 당연한 요구였다.

그러자 학원 직원은 지금 현금이 없으니 계좌이체를 하겠다며 추운 날에 배달 라이더를 밖에서 기다리게 했다. 그리고는 배달 대행 업체에 전화해서 추가 요금을 달라고 한 것에 항의하면서 "공부를 잘했으면 배달이나 하고 있겠냐?"고 말한 것이다.

tvN의 한 방송에 출연한 어느 소방관은 화재 진압 후 컵라면 먹는 사진을 올리는 대중매체에 대한 이야기를 하며 "장비도 많고 복지도 잘돼 있어요. 저희는 불쌍한 사람이 아니에요. 그냥 저희가 (힘들게 일하고 있는) 현실을 알아만 주시길 바라는 마음이에요"라는 속내를 털어놓았다.[65]

사회는 어떻게 편견을 만들어내는가

입시 면접 때 면접용 가운을 준비하거나 교복 착용을 금지하는 대학교가 늘고 있다. 블라인드 면접으로 입시의 공정성을 높이기 위해서이다. 회사 입사 시험에서도 면접 대상자의 정보를 가리는 블라인드 면접을 실시한다.

그런데 아무리 면접 대상자의 정보를 가려도 면접 시험을 보는 사람의 주관적 가치가 편견으로 드러날 가능성이 있다는 비판도 있다. 그러면서 앞으로 인공지능(AI) 기술이 발전하면 인간 대신 인공지능을 활용하여 면접하는 것이 공정할 것이라고 말한다. 인공지능 기술을 적용하면 매우 객관적으로 판단할 것이라고 기대하기 때문이다.

하지만 최근 연구를 보면 인공지능 기술을 활용했을 때 정말로 편견이나 고정관념 없이 객관적으로 판단할 수 있을지 의문이 든다. 2021년 1월에 《원 제로(One Zero)》라는 매체가 미국의 한 대학에서 진행한 연구 결과를 소개했다.[66] 인공지능이 학습을 통해 이미지나 사물을 어떻게 인식하는지를 밝힌 연구였다.

연구진은 인공지능 기계에게 남성과 여성의 얼굴에 대한 이미지를 학습시켰다. 그 후 그 이미지를 어떻게 재현하는지를 살펴보면서 딥러닝 과정을 분석했다. 그런데 연구자가 주목한 인공지능의 딥러닝 과정보다는 인공지능이 학습한 결과가 사회적 관심을 받았다.

인공지능이 학습하여 완성한 이미지를 보니 남성은 정장 차림의 직장인 이미지였고, 여성은 비키니 차림의 이미지였던 것이다. 이런 연구 결과가 나타난 이유는 무엇일까?

바로 인공지능이 학습 내용으로 삼은 인터넷상의 다양한 이미지에 이미 사회적 편견과 고정관념이 반영되어 있기 때문이다. 이 연구의 인공지능으로 학습한 성별이나 민족별 이미지에도 사회가 만들어낸 다양한 편견이 반영되어 나타났다.

우리 사회에서 이런 실험을 하면 어떤 결과가 나올까? 우리가 가진 다양한 편견이 드러날 것이다. 편견은 어떤 집단이나 대상에 대해서 한쪽으로 치우친 잘못된 생각을 말한다. 그것은 개인적인 경험에 의해서도 형성되지만 대부분 한 사회에서 이전 세대가 다음 세대로 사회화하면서 공고해진다.

우리 사회가 가진 노동과 직업에 대한 편견도 마찬가지이다. "할머니는 어릴 때 공부 열심히 안 했어요?"라는 초등학생의 말은 그 부모의 생각을 이어받은 말이고 그들 부모가 가진 편견이다. 그리고 그 말은 그 초등학생의 미래 자녀의 말이 될 수 있고 그 자녀의 편견이 될 수 있다.

학벌과 학력으로 평가하는 사회

요즘 우리 사회의 많은 청소년이 연예인이 되고 싶어 한다. 방송에 나오는 인기 연예인들의 생활 모습이나 그들의 소득에 관한 이야기를 보면 경제적으로 성공한 모습이기 때문이다. 그런데 어떤 연예인이 일명 좋은 대학 출신으로 학력★이 좋다고 알려지면 그에 대한 평가는 더 높아진다. 연예인이 학벌★까지 좋다고 말이다.

사실 우리 사회는 1990년대까지는 연예인을 '딴따라'라고 부르며 낮추어 보는 인식이 있었다. 지금은 연예기획사의 대표로 이름을 날리는 연예인 박진영 씨는 연세대학교 출신으로, 2020년 한 방송에 나와서 이러한 인식과 관련한 자신의 경험담을 이야기한 적이 있다.[67] 그가 〈딴따라〉라는 노래를 만들어 부르게 된 계기에 관한 이야기였다.

그가 최고 인기를 누리던 시절 방송국은 특이한 복장을 한 연예인의 방송 출연을 금지하는 정책을 내놓았다. 이에 저항하여 그는 속옷이 비치는 비닐로 만든 옷을 입고 생방송 출연을 했다.

그러자 방송사 임원이 부르더니 "너는 좋은 학교를 나와서, 다른 딴따라와 다르지 않니?"라고 말했다고 한다. 그는 연예인이라는 직업을 학력·학벌 편견이 깃든 시선으로 바라보는 이 말을 연예인에 대한 모욕이라고 생각했다. 이후 자신이 진정한 딴따라가 되어야겠다고 결심했다고 한다.

우리 사회는 누군가의 일을 평가할 때 '그가 하는 일이 그가 원했던 직업인가? 적성이나 흥미에 맞아서 행복해하는가? 그가 하는 일에 불편함은 없는가?' 등에는 관심을 갖지 않는 경우가 많다.

반면에 '그 직업을 가지려면 어느 정도의 성적을 요구하는 학교를 졸업해야 하는가?' 생각하고 '학벌에 비례한 그의 높은 소득은 당연하고 그 직업을 가졌다는 것은 존중받아야 한다'는 이상한 평가를 한다.

이런 이상한 평가는 왜곡된 사회 현상을 만들어

학력
학교 교육을 통해 학습받은 정도를 말한다. 일반적으로 초졸, 중졸, 고졸, 대졸로 표현한다.

학벌
특정 학교 출신자를 이르는 표현이다. 예를 들어 "누구는 어디 어디 나와서 학벌이 좋잖아" 등으로 사용한다.

낸다. 일단 사회에 이런 생각이 만연하면 개인은 자신의 적성이나 흥미와 무관하게 학력이나 학벌로 직업을 선택하는 경우가 많아진다. 그러면 직업에 대한 소명 의식이 떨어지게 마련이다.

또한 소득이 높은 곳에 취업하는 것이 성공한 것이라고 여기게 되어 사회적으로 매우 필요하고 중요하지만 다른 직업에 비해 월급이 적으면 취업하지 않으려는 현상이 생긴다.

이렇게 되면 사회 구성원 다수가 자신의 적성이나 흥미와 상관없이 소득이 높은 직업을 가지려고 할 것이다. 그리고 이를 위해 더 많은 사람들이 학력이나 학벌 경쟁을 해야 하는 악순환이 계속된다. 그렇게 직업에 대한 편견과 차별은 더 공고해진다.

적성과 흥미보다 소득이 중요한 사회

한 방송 프로그램에 출연한 대학생이 과학고등학교를 졸업하고 여섯 개 대학교의 의대에 입학원서를 내어 모두 합격한 사실이 알려져서 사회적으로 논쟁이 되었다.

의대 입학 성적 커트라인이 높은 우리나라에서 그의 성취는 칭찬받을 만하다. 그러나 그가 다닌 과학고는 국가가 학자금을 부담하여 과학 계열 인재를 키워내기 위한 목적으로 세운 학교여서 과학이나 공학기술 계열 전공학과 대학으로 진학하는 것이 학교 운영 방침이다. 사회적으로 보면 그 학생은 과학고의 방침에 어긋나는 일을 한 것이다. 그런 그의 개인적 성취를 방송에서 높이 평가한 것은 사회적으로 문제라는 비판이 일어난 것이다.

이 사건을 조금 달리 보자. 우리 사회에서 고등학교 학업 성적과 수능 점수가 매우 높은 사람 대부분은 왜 과학자보다는 의사가 되고 싶어 할까? '개인적으로 과학자보다는 의사가 적성에 맞아서' 그런 선택을 했을 수 있다. 하지만 의사로 살아가는 것이 사회적으로 유리하다는 점이 작용했을 수도 있다.

만약 개인적으로 과학자보다 의사가 적성에 맞는다고 생각했다면 그는 의대에 진학해서는 안 된다고 미리 선언한 과학고가 아니라 일반고를 갔어야 한다. 그러니 과학고를 졸업하고 과학이나 공학기술 계열보다 의대로 진학해 의사로 살아가는 것이 사회적으로 유리하다는 인식에서 선택한 결과일 가능성이 높다.

학교에서는 직업 선택의 중요한 요건으로 흥미나 적성을 먼저 고려하라고 가르친다. 그러나 실제로는 대부분 '돈을 얼마나 버는가' '사회적으로 위세가 있는가?' '힘들지 않은 일인가?' 등에 따라 사회적으로 좋은 직업과 그렇지 않은 직업을 서열화하고, 그중에서 선택하는 경우가 많다.

이에 따라 상대방의 직업으로 그의 경제적 수준과 학력, 학벌을 짐작하기도 한다. 어떤 사람을 평가할 때 그가 어떤 사람인지를 전인격적으로 평가하지 않고 '그가 얼마나 돈을 많이 버는 직업을 가졌는가?'를 기준으로 그 사람을 평가하는 경우도 있다. 그런데 정말로 누군가의 직업과 그의 소득으로 그 사람을 평가할 수 있을까?

직업별 소득을 결정하는 방법에 관한 사회적 논쟁

세계 어느 나라에서나 의사의 일, 목수의 일은 비슷하다. 일을 배우는

244

과정도 큰 차이는 없을 것이다. 그러나 나라별 의사와 목수의 소득 차이는 다르다. 여러분은 의사와 목수 중 누가 돈을 더 많이 벌어야 한다고 보는가?

이에 대한 답은 여러 측면에서 생각할 수 있다. 경제적인 측면에서는 그 직업을 준비하는 과정에 들어간 비용, 사회적인 측면에서는 그 직업의 사회적 중요성과 필요성을 고려할 수 있다.

이런 질문도 가능하다. 누가 해당 직업의 교육 과정과 자격증 제도를 결정하는가? 누가 해당 직업의 사회적 중요성을 결정하는가? 직업을 통해 버는 소득의 차이가 많이 나는 사회와 적게 나는 사회 중 어디가 더 공평한가? 이에 대한 답은 크게 두 가지로 나뉜다.

관점 ① 직업별로 소득 차이가 크게 나는 것이 당연하다

직업별로 사회적 기여도가 다르고 해당 직업을 갖기 위해 교육이나 훈련을 받기 위해 드는 비용도 다르다. 분명히 사회에서는 직업에 따른 위계가 존재하기에 직업별로 소득 차이가 나는 것이 당연하다.

기업 CEO가 해당 기업의 말단 직원에 비해 수백 배나 높은 월급을 받는 것은 그들의 욕심이 아니라 그들의 기여도 때문이다. 따라서 직업별로 그 중요성 등에 의해 소득 차이가 나는 것은 당연하고 공평하다.

관점 ② 직업별로 소득 차이가 크게 나는 것은 당연하지 않다

직업별로 사회적 기여도가 다르고 교육이나 훈련 과정에 비용이 더 들어가는 것은 사회적으로 권력을 가진 이들이 만든 제도 때문이다. 사회적으로 중요한 의사결정을 하는 이들이 차지하는 직업을 전문직이라고 이름 붙여 다른 사람이 쉽게 해당 직업에 접근하지 못하도록 교육 기간을 늘리고 교육 비용을 높게 만든다는 것이다.

모든 직업의 사회적 기여도는 비슷하다. 다만 전문가나 고위직에 있는 사람들이 자신들의 직업이 사회적 기여도가 높다고 주장하고 이를 사회가 받아들여서 사람들이 그렇게 인식할 뿐이다.

따라서 회사의 직위에 따라, 직업의 종류에 따라 소득 차이를 심하게 두는 것은 불평등한 것이며 공평하지 않다.

여러분은 어떤 주장이 더 맞는다고 생각하는가? 개인만이 아니라 나라별로도 이 주장 중 어느 것을 선택하느냐에 따라 직업에 대한 인식과 직업별 소득 차이가 달라진다.

대표적으로 독일 등 많은 유럽 국가에서는 대부분의 직업별 사회적 기여도는 큰 차이 없이 비슷하다고 본다. 그래서 더 많은 교육을 받아야 하는 직업을 갖기 위해 대학을 다니는 비용도 정부가 거의 부담한다. 특정

직업을 준비하기 위해 개인이 부담해야 하는 비용 차이가 나지 않도록 하기 위해서이다. 그래서 직업별로 소득의 차이가 크게 나지 않는 편이다.

반면 미국에서는 직업별 사회적 기여도가 다르고 그 차이도 크다고 본다. 해당 직업을 갖기 위한 교육 비용도 거의 대부분 개인이 부담한다. 더 많은 교육을 받아야 하는 직업을 차지하기 위해 사람들이 경쟁하고, 경쟁에서 이겨서 그 직업을 가진 사람들이 더 많은 소득을 얻는 것이 당연하다고 여긴다. 그래서 직업별로 소득 차이가 크게 나는 편이다.

우리나라는 미국과 비슷한 인식을 가지고 있다. 게다가 직업을 학력이나 학벌과 연관시키는 것에서 나아가 해당 노동의 중요성과 가치를 그 직업을 가진 사람에 대한 평가로까지 연관시키기에 문제가 된다.

즉, 소득에 따라 직업을 서열화하고 직업에 따라 노동하는 사람도 서열화하는 것이다. 그러고는 낮은 서열에 해당한다고 생각하는 직업을 가진 사람을 사회적으로 무시하거나 차별한다.

이런 현상의 이면에는 더 큰 문제가 담겨 있다. 바로 사회적으로 낮은 서열의 직업은 개인적으로 능력이 없거나 학업 성취가 떨어지는 사람이 하는 일이라고 인식하는 것이다.

학력이 개인의 능력으로 결정된다고 보는 사회에서는?

"학력이나 학벌은 오로지 개인이 노력하여 얻은 개인적 성취의 결과이다. 개인적으로 능력이 있거나 학벌이 좋은 사람은 열심히 공부하여 경쟁에서 이긴 것이기에 중요한 직업을 갖는 것은 당연하다. 사회적으로 중요한 일을 하는 사람이 돈을 많이 버는 것이 당연하다. 그리고 돈을 많이 벌지 못하는 직업을 가진 사람은 열심히 공부하지 않은 결과이다." 이런 인식은 어떤 사회 문제를 가져올까?

첫째, 학업 성적과 같이 개인의 능력에 따른 기회의 평등만 보장하면 공평하고 정의로운 사회이고, 직업별로 소득 불평등이나 직업에 대한 존중 정도에 차이가 나는 것을 사회적 문제로 보지 않는 것이다. 이는 공부와 관련하여 개인이 어찌할 수 없는 부분을 전혀 고려하지 않고, 오로지 개인의 능력 자체만으로 직업이 결정된다고 보기 때문에 생기는 문제이다.

"공부해서 다른 사람을 위해 사용하려고요" "왜 그렇게 하려고 하나요?" "저희 어머니가 그러셨어요. 지금 제가 가진 공부를 잘하는 재능은 다른 사람들에게 고르게 가야 할 재능이 제대로 나뉘지 않고 제게로 다 온 거니, 제 것이 아니라고요. 하늘이 공평하지 못해서 제게로 온 것이고 제가 노력하여 갖게 된 것이 아니니 제 것이 아니라고요. 그러니 제게 공부 잘하는 재능을 다 보내준 사람들을 위해서 나누어야 한다고 하셨어요." MBC 드라마 〈동이〉에 나온 대사를 각색한 것이다.

공부를 잘하는 것도 하나의 재능이라면 그 재능 역시 환경의 영향을 받은 것인 경우가 많다. 그렇기에 개인이 공부를 잘한다는 것은 오로지 그 사람 한 명의 노력이라고만 보기 어렵다.

대학에서 수업을 하다 보면 학기 중에 갑자기 성적이 떨어지는 대학생이 종종 있다. 개인적으로 그 학생들을 불러 상담을 해보면 집안 형편이 갑자기 어려워져서 저녁 늦게까지 아르바이트를 하느라 공부할 수가 없어서 그랬다는 경우가 있다.

이런 경우는 초·중·고등학교에도 있다. 부유한 집안에서 과외까지 받으면서 공부한 학생과 집안 경제가 어려워 집안일을 하면서 공부해야 하는 학생의 성적이 차이가 난다면 이것을 단지 개인의 능력이나 노력의 차이라고 해야 할까?

조금 다른 생각도 해보자. 우리나라의 대학 입학 시험인 수능 시험에서는 국어, 영어, 수학을 잘하는 것이 유리하다. 그러나 이 과목은 못하지만 다른 과목을 매우 잘하는 학생의 수능 시험 점수가 낮다고 그 개인의 능력이 낮다고 평가하는 것은 옳은 일일까? 또한 살아가면서 어떤 충격적인 사건으로 시험 불안 성향을 가지게 되었다면 그가 시험에서 얻는 점수는 그의 능력을 그대로 보여주는 것일까?

한 개인이 받는 학업 성적은 누군가에게 유리하게 평가하도록 결정된 시험 제도, 좋은 성적을 낼 수밖에 없는 가정 배경, 태어날 때부터 자연적으로 결정된 개인의 특징, 성장 과정에서 개인의 경험 등 다양한 요인의 결과이다.

이런 점을 무시하고 시험은 개인의 능력을 공정하게 평가한 것이고 그것에 따라 직업을 달리 갖는 것이 정의로운 것이라고 하면, 자연적으로나 사회적으로 불리한 상황에 놓인 사람들은 자신이 어찌할 수 없는 것으로 인해 불평등 상황에 계속 놓이게 된다.

둘째, 개인의 능력과 그에 따른 업적으로 사람을 평가하는 것이 당연하다고 인식하여 좋은 학업 성적을 내는 사람은 사회적 승자로, 그렇지 않는 사람은 사회적 패자로 보는 인식이 생긴다.[68] 특히 돈을 많이 버는 직업을 가진 사람은 능력이 있고 돈을 많이 벌지 못하는 사람은 능력이 없다고 평가하는 경우에 특정 직업에 대하여 차별하거나 혐오하는 문제까지 나타나게 된다.

이러한 차별을 받게 되면 사회적 패자로 인식된 사람들은 사회적으로 더 위축되고 이로 인해 사회적 성공의 기회를 잡기가 더 어려워진다.

결국 능력을 갖추지 못하거나 탁월한 업적을 내지 못하는 사람의 성공 여부를 개인적인 능력의 문제로만 판단한다면 그 사회에서 하찮다고 여기는 노동을 하는 사람에 대한 비난, 모욕, 사회적 편견을 당연하게 여기는 문제가 발생한다.

일과 관련한 또 다른 편견과 차별

오랜만에 만나 서로의 안부를 물을 때 질문해서 안 되는 몇 가지 금기가 있다. '대학 합격, 취업, 결혼 여부' 등이다. 특히 젊은 사람에게 취업은 했는지, 취업한 회사는 어떤 곳인지, 월급은 어느 정도나 되는지 등에 대해 묻지 않는 풍토가 조성되고 있다.

직업이나 직장에 따라 사람을 평가하는 면이 있는 우리 사회에서는 누군가의 취업 상황이 그를 평가하는 잣대가 될 수 있기 때문이다. 이러한 평가에는 학력이나 학벌 외에 우리 사회의 노동이나 직업 선택과 관련한 다양한 편견이나 차별이 영향을 미친다. 자세히 살펴보자.

첫째, 성별에 따른 편견과 차별이 존재한다. 우리 사회에서 여성에게 추천하는 직업과 남성에게 추천하는 직업을 생각해 보자. 여성에게 추천하는 직업은 과거에 주로 가정에서 했던 양육이나 돌봄, 교육 등을 수행하는 직업이 많을 것이다. 반면에 전통적으로 남성에게 주로 추천하는 직업은 힘을 많이 쓰거나 사회적으로 영향력을 미치는 결정을 하는 직업이 많다.

그 직업에 종사하는 사람의 70퍼센트 정도가 특정 성별이 차지하는 경우에 따라 여성 지배 직종이나 남성 지배 직종으로 구분하는데, 성별에 따른 지배 직종은 현실적으로 많다. 이는 사회에서 남성과 여성의 일과 노동을 구분하고 그에 따라 성별로 직업에 종사할 사람을 결정하는 사회적 체계가 작동하기 때문이다.

둘째, 연령에 따른 편견과 차별이 존재한다. 청소년 아르바이트 이야기를 다룰 때 살펴본 것처럼, 청소년의 일은 임시적인 일이며 어떤 경우에는 문제가 있는 사람들이 소비를 위해 일하는 것으로 오해받기도 한다.

셰프가 되려는 학생이 있었다. 그는 대학에 입학하지 않고 그 분야 전문가가 되기 위해 식당에 취업해 일을 배우며 셰프가 되는 길을 준비했다. 그러나 그 부모의 주변 친구들이 대학을 가지 않고 일하는 그를 '공부 못하는 아이'나 '문제아'로 여겨서 힘들었다고 부모가 토로한 적이 있다.

국회의원과 대통령 후보로 출마했던 이가 나이 들어 청소 노동자로 일한다는 이유로 "할머니는 어렸을 때 공부 열심히 안 했어요?"라는 질문을 받은 이유는 무엇일까? 나이 들어 일하는 사람은 가난하고, 그들이 공부를 못해서 좋은 직업을 가지지 못했으며, 부자가 아닐 거라는 편견 때문이다.

이런 편견은 더 일하고 싶은 노인이 일하지 못하게 만드는 원인이 된다. 하지만 〈인턴〉과 같은 영화를 보면 이런 편견이 얼마나 쓸데없는 것인지 알 수 있다.

셋째, 신체나 외모에 따른 편견과 차별이 존재한다. 좋은 외모를 가진 사람이 일을 잘하는 것이 아님에도 직무 능력을 외모로 평가하는 것이다. 그러다 보니 과거에는 회사 면접에서 신체적 조건을 중요하게 고려했다. 이러한 편견과 차별은 특히 서비스 관련직에 아직까지 남아 있다.

노동이나 일 자체에 대한 편견과 차별도 존재한다. 이는 일의 특성이나 일하는 곳을 서열화하는 평가와 관련이 있다.

첫째, 실외에서 하는 일과 실내에서 하는 일에 대한 편견과 차별이다.

흔히 하는 말 중 "공부 안 하면 더울 때 더운 데서 일하고 추울 때 추운 데서 일한다"라는 말이 있다. 이는 실외에서 하는 일은 힘든 것이라는 말에 누구나 공감한다는 방증이며, 우리 사회가 가진 편견을 그대로 드러내 주는 말이기도 하다.

둘째, 대기업과 중소기업에 대한 편견과 차별이다. 우리 사회는 작은 회사에 취업한 사람에 대해서 편견과 차별을 보인다. 현실적으로 대기업이 복지나 임금 수준이 좋아서 선호하는 것은 어쩔 수 없다. 그런데 누군가가 취업한 회사를 보고 그 사람을 평가하는 것은 문제가 된다. 이러한 사회적 인식은 작은 기업에 취업하는 것을 더 꺼리게 만든다는 점에서도 더 심각하다.

편견과 차별에 대해, 그것이 문제라고 말해야 한다

이 부분을 쓰면서 나는 개인적으로 심각한 내면적 갈등을 경험했다. 우리 사회에 직업에 대한 편견과 차별이 존재한다는 사실은 그 자체로 현실인데, 이를 책에 씀으로써 기존에 있던 편견과 차별을 더 강화하는 것이 아닐까라는 생각 때문이다.

우리 사회의 편견과 차별이 이 책을 읽은 청소년의 진로 선택에 부정적인 영향을 주지 않을까 하는 걱정도 있었다. 직업에 대한 편견과 차별을 너무 상세하게 알게 되어 차별받는 직업을 갖지 않으려는 생각을 강화시키는 것은 아닐까 걱정을 한 것이다.

그럼에도 이 내용을 구성한 것은 이 책을 읽는 여러분의 인권 감수성과 우리 사회의 건강한 인식을 믿기 때문이다. 또한 직업과 관련한 우리 사회의 편견과 차별을 여러분이 바꿀 거라는 믿음이 있다.

그 과정에서 중요한 것은 우리 사회에 존재하는 편견과 차별에 지속적으로 문제를 제기하고 이를 수정해 나가는 것이다. 이제 우리 사회에서 일, 노동, 직업에 대한 편견과 차별에서 한 발씩 멀어지기 위해 그것이 문제라고 말하기 시작하자.

노동
인 권 토론방

① 직업별로 소득의 차이가 크게 나는 것이 당연하고 공평하다고 생각하는가? 그 이유에 대하여 생각하면서 토론해 보자.

2
사회: 노동3권을 보장하는
사회가 되려면?

"여기서는 그래도 되니까. 여기서는 법을 어겨도 처벌 안 받고 욕하는 사람도 없고, 오히려 이득을 보는데 어느 성인군자가 굳이 안 지켜도 될 법을 지켜가며 손해를 보겠소?" 웹툰 『송곳』에 나오는 대사이다. 노동자들이 노동조합을 만들고자 하는데 기업이 왜 허락하지 않는지를 묻자 노무사가 내놓은 답이다.[69]

이렇게 답한 노무사는 독일이나 프랑스 같은 대부분의 유럽 국가에서는 학교에서 학생에게 노동권리 교육을 한다고 설명한다. 그러자 노동조합을 만들고자 하는 이들이 되묻는다. "우리 회사는 프랑스 회사이고 점장도 프랑스인인데 왜 노동조합을 거부합니까?"라고. 이 질문에 대한 노무사의 대답이 바로 "여기서는 그래도 되니까"이다.

『송곳』과 비슷한 내용을 다룬 영화로는 〈카트〉가 있다. 두 작품은 같은 대형마트에서 일어난 각각 다른 사건이다. 시간순으로 보면 『송곳』이 먼저이고, 〈카트〉는 그다음에 일어난 사건을 다룬다.

프랑스의 어떤 기업이 우리나라에 세운 대형마트가 작품의 배경이다. 작품은 이 기업이 한국에서 철수하면서 해당 마트를 다른 회사가 인수하는 과정에서 있었던 노동 문제를 다루었다.

이런 배경을 알면 "여기서는 그래도 되니까"라는 표현을 이해할 수 있다. 그래도 된다는 것은 무엇을 말할까? 그래도 안 되는 사회는 어떻게 만들어야 할까?

한반도에서 최초로 뭉친 노동자들

길드 조직을 바탕으로 유럽의 노동자들은 공제조합을 만들었다. 이것이 나중에 노동조합으로 이어져서 노동자들은 자본가나 사용자에게 단체로 자신들의 권리를 주장할 수 있었다.

공제조합이나 노동조합 같은 성격의 단체가 우리나라에서는 언제 만들어졌을까? 일단 노동조합이 나오기 위해서는 자본주의적 생산 방식과 노동자가 있어야 하니 우리나라에서 노동자가 탄생한 시기부터 보자.

우리나라에서 이 시기는 대략 19세기 후반으로 본다. 1876년 강화도 조약 이후, 당시 조선에 들어와 있던 일본인은 우리나라에서 쌀을 싼값에 사서 일본으로 가져갔다. 이를 위해 항구도시 군산 등에서 벼의 껍질을 벗겨내어 쌀로 만드는 정미소를 공장 형태로 만들었다.

정미 과정에 인간의 힘이 아닌 기계의 동력을 이용하도록 공장을 가동한 것이다. 유럽에서 면직물을 생산하기 위해 공장을 만든 것처럼 말이다. 일제강점기에는 정미 공장 이외에도 일본의 자본을 업은 공장들이 생겨났다. 술을 빚거나 철을 만드는 공장도 생겼다.

1919년 3·1 독립만세운동 이후 일본의 공장은 급격하게 증가했다. 한반도에 일제의 공장이 늘어났다는 것은 그곳에서 일하는 한국인 노동자 수도 많아졌다는 것을 의미한다. 수가 늘어난 한국 노동자들은 조직적인 모임을 만들려고 노력했다.

3·1 독립만세운동을 통해서 독립을 쟁취하지 못한 한국인들은 절망하지 않고 각계각층에서 다양한 단체를 조직하여 새로운 운동 방식을 전개했음을 알 수 있다. 노동자들의 모임도 그중 하나였다.

1920년에 노동자들은 조선노동공제회★를 결성하면서 창립대회를 열었다. "노동이 신성하고 노동자가 존귀하다는 것은 신의 거룩한 소리이다. 명예도 노동자에게, 황금도 노동자에게, 안락도 노동자에게 주라"는 내용을 담은 취지문을 내기도 했다. 작업장별로, 지역별로 하위 노동조합을 결성하기도 했다.

이들은 산업화 초기에 다양한 노동운동을 전개했던 유럽의 노동자들처럼 활발하게 투쟁했다. 다만 자본가들이 일본인이었기에 이들의 노동운동은 자신들의 노동권리를 확보하는 운동이면서 동시에 독립운동이었다는 점이 달랐다. 그래서 일본 자본가의 민족 차별에 맞서는 운동도 하면서 노동조건 개선과 임금 인상도 요구했다.

식민지였던 그 시기 한국인 노동자의 주장에 대해 일본은 "여기서는 그래도 되니까"라는 말처럼 응수했다. 공장을 가진 일본인 자본가들은 한국인 노동자들의 요구를 제대로 수용하지 않았고 노동조건을 개선하려 하지도 않았다.

1940년대 일본이 태평양 전쟁을 일으켰던 당시에 한국인 노동자는 강제 노동과 강제 성매매에 동원

조선노동공제회
1920년에 서울에서 만들어진 우리나라 최초의 노동운동단체.

돼 일본 등 해외 각지로 강제 이주를 당하기도 했다. 돌아오지 못한 이들도 있고 제대로 임금을 받지 못한 이들도 있다. 그리고 강제징용당한 이들은 당시 일본 기업에 보상을 요구하는 재판에서 승소했으나 판결 후 수년이 지난 지금까지도 별다른 보상을 받지 못하고 있다.

제헌헌법부터 보장한 노동3권

일제강점기를 벗어나서 1948년 7월 17일 제헌헌법이 공포·시행되었다. 현재 우리가 제헌절, 즉 헌법을 만든 날로 기념하는 그날이다. 이후 여러 차례 바뀐 우리 헌법의 내용 중 상당 부분이 제헌헌법을 기반으로 하였기에 당시 제헌헌법에서 노동권을 어떻게 다루는지는 중요하다.

헌법에서 노동권리를 다루는 의미

나라의 최고법이 헌법이다. 헌법은 인간 존엄성과 이를 위해 국민이 인간으로서 어떤 권리를 누려야 하는지, 그리고 이런 권리를 보장하기 위해 국가가 무엇을 어떻게 해야 하는지를 담고 있다. 헌법에서 담아낸 내용을 바탕으로 만든 법률은 국민의 자유와 권리 보장을 위한 구체적 내용을 제시한다.

그런데 헌법에서는 사회적 약자들의 권리 보호를 국가의 중요한 과업 중 하나로 여긴다. 현실 사회에서 나타나는 사회적 불평등을 국가가 완화해 줌으로써 모든 인간이 자유와 권리를 평등하게 누릴 수 있도록 하기 위해서이다.

산업사회 이후 불평등한 노동자의 지위와 그로 인해 경험하는 불평등 문제를 해결하기 위해서는 헌법에서 노동과 관련한 사항을 권리로 보장하는 것이 필수이다. 더구나 노동의 과정과 결과가 개인의 행복만이 아니라 국가 경제와 직결된다는 점에서 노동의 의무도 헌법에서 제시한다.

노동3권은 무엇일까?

제헌헌법에서는 현재의 헌법과 마찬가지로 제2장에서 국민의 권리와 의무에 관한 내용을 제8조부터 제30조까지 제시하고 있다. 이 중에서 노동3권을 다루는 것은 제18조이다.

제18조 근로자의 단결, 단체교섭과 단체행동의 자유는 법률의 범위 내에서 보장된다.
영리를 목적으로 하는 사기업에 있어서는 근로자는 법률의 정하는 바에 의하여 이익의 분배에 균점할 권리가 있다.

노동3권은 노동자들이 자본가나 사용자에 대응하여 사회적 약자로서 자신의 권리를 지킬 수 있도록 하기 위해 마땅히 보장받는 기본적 권리이다. 현재 우리 헌법에는 제33조 제1항에서 "근로자는 근로조건의 향상을 위하여 자주적인 단결권, 단체교섭권 및 단체행동권을 가진다"라고 노동3권을 규정하고 있다.

노동3권은 노동자들이 노동조건 개선을 요구하며 계약할 수 있도록 해주는 기본적인 장치이다. 이를 자세히 알아보자.

① 단결권

옛이야기에 보면 세 명의 자녀를 둔 부모 이야기가 나온다. 죽음을 앞둔 부모가 사이가 좋지 않은 자녀들에게 나무젓가락을 가져오게 했다. 먼저 젓가락을 하나를 주고 잘라보라고 하니 젓가락은 쉽게 두 동강을 냈다. 그러자 젓가락 두 개를 주고 잘라보라고 했다. 조금 힘들었지만 이 또한 반토막을 냈다.

이번에는 젓가락 세 개를 주고 잘라보라고 했는데 아무리 힘을 주어도 잘리지 않았다. 이에 부모는 "젓가락 하나는 외부 힘에 의해 쉽게 부서지지만 여러 개를 하나로 묶으면 아무리 외부에서 큰 힘을 가해도 부수지 못한다. 그러니 너희도 힘을 합하여 서로 사이좋게 지내라"는 유언을 남겼다. 비단 가족만이 아니라 누구든 단체를 이루면 큰 힘을 가질 수 있다.

단결권은 노동자가 노동조합과 같은 단체를 만들 수 있는 권리이다. 노동자 한 명은 힘이 약하지만 단체가 갖는 힘은 크다. 헌법에서는 노동자 개인이 노동조합에 가입할 수 있는 단결권뿐만 아니라 노동조합 간의 단결권도 인정한다.

세계적으로 유명한 우리나라의 기업 중 하나는 오랫동안 '노조' 설립을 인정하지 않기로 유명했다.[70] 이 기업에도 기업의 편을 드는 노동자들이 만든 노조('회사노조' 또는 '어용노조'라고 불린다)는 있었다. 다만 실제로 노동자의 권리를 위해 노동자가 자율적으로 만든 노동조합이 없었던 것이다.

과거에는 한 기업에 하나의 노조만 설립할 수 있었다. 그래서 기업 편을 드는 노동자들이 미리 노동조합을 만들면 노동자의 권리를 위한 진정한 노동조합을 만들지 못했다. 이는 노동자 개인이 노동조합을 통해 단결할 수 있는 헌법상의 권리를 막은 것이어서 문제가 되었다.

최근에 이 기업은 노동조합 설립을 방해했다는 이유로 임직원이 처벌을 받았고 실제로 노동자의 권리를 강조하는 노동조합이 만들어졌다. 기업이 노동조합 설립을 방해하는 것은 헌법을 어긴 매우 큰 범죄 행위이다. 또한 어떤 기업에 입사하는 노동자에게 입사 후에 노동조합 활동을 하지 않겠다는 약속을 요구하는 것도 불법이다.

노동조합 설립을 방해한 혐의로 해당 기업이 처벌을 받자 우리나라의 여러 노동조합을 묶어서 대표하는 기구인 한국노동조합총연맹에서는 그 기업이 무노조경영 방침을 없애고 실제적인 노조 활동을 인정하는 계기가 되길 바란다고 논평을 냈다. '한국노총'이라고 불리는 이 단체는 단결권에서 말하는 노동조합 간의 단결권 인정에 따라 생긴 단체이다.

노동조합 간의 단결은 어떻게 이루어질까? 산업 유형별로 노동조합을 결성할 수 있다. 예를 들어 신문사나 방송사 등의 언론계 일을 하는 기업에서 일하는 기자, PD, 방송작가, 아나운서, 사진작가, 방송 스태프 등의 노동자는 자신이 일하는 회사에서 각기 노동조합을 만들 수 있다. 그런 후에 각각의 방송회사나 신문사 등 언론계 기업에서 만드는 노동조합이 서로 뭉쳐서 언론노조를 만들 수 있다.

자동차나 조선 등의 관련 업체 노동조합이 뭉친 금속노조 등은 산업의 특성을 반영하여 만들어진 노동조합이다. 이처럼 산업 특성별로 뭉친 노동조합을 산별 노조라고 한다. 이들 개별 기업이나 회사의 노동조합, 산별 노동조합 등이 모두 모여 한국노총과 같은 더 큰 조직을 만든다.

이렇게 노동조합이 더 큰 조직을 만드는 이유는 무엇일까? 바로 노동자의 권리에 대응하는 이들이 기업의 자본가나 사용자 등 사회적으로 매우 큰 권력을 가진 이들이기 때문이다. 모든 사람은 평등하다고 하지만 실제 생활에서는 노동자보다 기업, 자본가, 사용자가 더 큰 권력을 가지고 있다.

앞에서 노동의 역사가 변해온 과정에서 보았듯이 노동자의 유일한 힘은 단체를 이루어 단결하는 것에서 나온다. 힘을 키우기 위해서는 더 많은 사람이 단체를 이루는 것이 필요하다. 그런 까닭에 우리 헌법의 단결권에서는 다양한 형태의 노동조합이 뭉쳐서 더 큰 집단으로 노동조합을 결성하는 것을 인정하는 것이다.

② 단체교섭권

최근 대학에서도 비교과 활동을 많이 하도록 학교 규정을 정하고 있다. 내가 근무하는 대학의 경우 도서관에서 책을 빌려서 읽어야 할 독서 권수, 지역사회에서 초등학생 등을 대상으로 의무적으로 해야 하는 멘토링 시간, 지역사회 자원봉사 시간, 영어시험 인정 자격 등 의무로 채워야 하는 자격 등을 비교과 영역으로 정하고 있다. 그리고 이를 완수해야 졸업이 가능하도록 하고 있다.

대학생들은 의무적으로 정해진 비교과 영역을 다 수행하려면 방학 동안에 제대로 된 국내 여행조차 하기 힘들다고 이야기한다. 그러자 학생단체 대표가 대학 총장에게 면담을 요구하여 개선 방안을 제시하고 해결해 달라고 했다.

이에 대학은 비교과 영역 활동 사항을 확인하고 학생의 요구를 반영하여 제도를 수정했다. 학생 혼자서 이야기할 때는 푸념처럼 느꼈지만 단체로 건의하는 순간 문제를 인식하고 해당 내용을 바꾼 것이다.

노동자도 마찬가지이다. 노동조합을 만드는 이유는 노동조건을 개선하고 노동자의 권리를 보장받기 위해서이다. 노동조건을 개선해야 하는 쪽은 기업이거나 사용자이기에 노동자가 이들에게 무엇을 어떻게 개선해 달라고 이야기할 수 있어야 한다. 그런데 노동자 개인이 이야기하기보다는 단체로 요구하는 것이 효과적이다. 이를 보장하기 위한 권리가 단체교섭권이다.

단체교섭권은 노동조건이나 노동자의 지위와 관련하여 사용자와 교섭하는 권리를 말하는데, 그 주체가 노동조합이 된다는 것이다. 교섭은 어떤 일을 합의하기 위해 서로 의논하여 절충하거나 협상하는 것을 말한다.

우리나라 관련 법에 따르면 단체교섭을 노조가 요구할 때 사용자가 이를 거부해서는 안 된다. 그리고 단체교섭에 따라 정해진 계약 내용은 '단체협약'이 되어 계약서와 같은 역할을 하기에 상호 간에 이를 함부로 어겨서는 안 된다.

③ 단체행동권

지금은 중고생의 머리 모양이나 길이 등에 제한을 두지 않지만 십 년 전만 해도 중학교에서 '귀 밑 7센티미터' 등으로 머리 길이를 규정했다. 자신의 얼굴 형태나 두상과 상관없이 동일한 머리를 해야 했기에 당시 학생들은 외모를 꾸밀 수 있는 자기 결정권을 인정받지 못했다.

2012년 한 중학교에서는 단발은 귀 밑 7센티미터, 긴 머리는 귀 밑 20센티미터로 머리 길이를 제한했는데, 한 학생이 서울시교육청 인권상담센터에 학교를 신고했으나 교육청의 시정 요구에도 불구하고 학교는 규정을 바꾸지 않았다.[71]

그 학생은 여러 학생을 모아 연판장을 돌리고 공청회를 열자는 활동을 했다. 그러자 학교는 단발은 2센티미터, 묶은 머리는 5센티미터로 규정을 완화했다. 개인이 아닌 단체가 같이 행동함으로써 일궈낸 변화다.

노동조합에서 노동조건 개선을 요구하였는데 사용자가 이것을 받아들이지 않으면 노동자의 권리는 본질적으로 보장받지 못한다. 이런 경우에는 어떻게 해야 할까? 일반적으로 힘이 약한 사람들이 강한 사람과 싸울 때에는 '죽을 힘을 다한다'고 했다. 노동자들이 죽을 힘을 다하는 방법은 바로 자신의 주장이 얼마나 중요한지를 행동으로 보여주는 것이다. 바로 단체행동권이다.

이 권리에 따라 노동조합에서는 노동조건을 개선하기 위해서 단체로 파업이나 태업 또는 시위와 같은 행동을 할 수 있다. 파업은 노동 작업 자체를 단체로 한꺼번에 중지하여 일하지 않는 것이다. 태업은 일하기는 하지만 게으르고 느리게 일하는 것을 말한다.

왜 이런 것이 노동자의 권리를 위한 행동이 될까? 파업이나 태업을 하면 생산량이 줄어들게 되고 그 결과 기업이나 사용자는 이윤이 줄어 손해를 보게 된다. 이렇게 되면 해당 손해를 견디지 못한 사용자가 교섭에 나서서 노동자의 권리를 보장하게 되기 때문이다.

종종 도심 한가운데서 노동조건 보장을 요구하는 머리띠를 두르고 구호를 외치는 등의 단체행동을 하는 장면을 보았을 것이다. 이를 '시위'라고 한다. 시위는 도심 한가운데서만 아니라 노동자들이 일하는 공장이나 회사에서도 이루어진다.

앞에서 본 것처럼 처음 노동조합이 생겼을 때 노동자들은 단체로 시위를 하면서 정치권에 자신의 의사를 전달하여 권리를 확보할 수 있었다. 현대의 노동자들이 시위를 하는 이유도 그때와 다르지 않다. 다른 시민들과 정치가들에게 자신들의 권리를 주장하여 이를 보장해 달라고 요구하는 것이다. 다만 이를 위해서는 사전 신고를 하고 합법적으로 시위해야 한다.

"여긴 그래도 되니까"를 바꾸어야 하는 이유

앞에서 언급한 『송곳』의 대사 "여기서는 그래도 되니까"는 노동3권을 지키지 않아도 기업이나 사용자가 처벌을 받지 않고 이에 대하여 사회나 정부가 문제 삼지 않는 한국의 현실을 지적하고 있다.

과거 유럽에서도 러다이트 운동 이후 노동자들이 노동권리를 보장받기 위해서 단체로 행동했을 때 이를 주도한 이들은 최악의 경우에 사형에 처해지기도 했다. 그때는 단체를 만드는 것이 불법이었기 때문이다. 일제강점기 한반도에서도 노동권리를 주장하여 단체행동을 했던 이들은 폭도로 몰렸고 목숨의 위협을 받았다.

『송곳』에 나오는 대형마트의 노동자들은 힘들게 노동조합을 만들었지만 기업은 마트를 팔고 한국을 떠나버린다. 이를 인수한 다국적 기업은 고용 승계 문제로 노조와 충돌한다. 이 과정을 그린 영화 〈카트〉는 노조 활동 지도자 몇몇이 복직하지 않는 조건으로 다른 노동자의 고용을 그대로 유지하기로 하면서 끝난다.

헌법에 보장된 권리임에도 요구 조건의 타결을 위해 노동조합 지도자가 복직을 포기해야 하는 것을 보면 실제로는 노동3권을 제대로 보장받는 것이 매우 어려운 일임을 알 수 있다. 왜 그럴까?

노동3권 중 하나인 단체행동권을 적용하여 합법적으로 파업을 하면 '무노동무임금의 원칙'에 따라 노동자는 임금을 받지 못한다. 그러니 파업으로 인해 노동자는 임금을 못 받아서 손해이고 기업이나 사용자는 생산 활동을 통한 이윤을 남기지 못해 손해이다.

동일하게 손해를 보지만 장기적으로 보면 노동자의 손해는 생계와 관련한 것이기에 더 힘들다. 파업 기간에 타협이 안 되면 노동자가 치러야 하는 고통은 크다. 그래서 기업이나 사용자는 파업에 대해 교섭을 통해 문제를 해결하기보다는 시간이 지나길 기다리는 경우가 많다. 파업을 포기하는 노동자들이 생겨 노조가 분열되기 때문이다.

노조 분열이 극에 달할 때 교섭을 하게 되면 영화 〈카트〉에서처럼 최종적으로 노조의 요구보다는 기업이나 사용자의 요구가 더 반영된다.

아예 자신의 사업장을 폐쇄해 버리고 다른 기업에 팔거나 사업장의 이름을 바꾸어 다시 등록하는 방법을 사용하는 기업도 있다. 이렇게 되면 단체행동권은 아무 의미가 없어지게 된다.

노동3권 존중의 첫걸음, 반노동 정서에서 벗어나기

"정부는 노조의 불법 파업에 엄정하게 대처하겠다고 하였습니다"라는 앵커의 멘트는 노조의 시위 뉴스에 단골로 나오는 멘트이다. 그러면서 노조의 과격한 시위와 파업으로 인해 기업이 입은 피해, 해당 상품 생산이 안 되어 국민이 경험하는 어려움, 그로 인해 수출이 어려워서 생기는 국민 경제의 문제, 더불어 이런 노조의 문제로 인해 다국적 기업이 한국에 투자하려 하지 않는다는 점 등을 덧붙인다. 이러한 멘트는 과격한 시위 장면과 함께 제시된다.

그러면 경찰 등의 공권력을 통해서 노조의 시위를 막아야 한다는 여론이 형성된다. 노동자인 사람들조차 그런 여론을 수긍하게 된다. 그리고 정부는 공권력을 이용하여 노동조합을 해산하는 일을 실제로 한다.

이런 과정에서 나타나는 것이 바로 '반노동 정서'이다. 이것은 노동조합의 파업 등 단체 활동을 국가나 기업을 생각하지 않는 이기적인 선택이라고 보는 편견이 깃든 인식이다.

프랑스를 비롯한 많은 나라의 학교에서 노동조합 활동을 교육하는 이유는 학생 대다수가 노동자로 살아갈 것이기 때문이다. 이는 우리나라의 현실이기도 하다.

2018년 통계청 자료로 보면 취업자는 2천 7백만 명 정도이고, 이중에서 자영업이나 고용주 등을 제외하고 노동자로 취업한 이들이 1천 8백만 명 정도이다. 전체 취업자 중 노동자는 67퍼센트 정도이다. 자영업자 중에도 사실 노동자와 비슷한 조건으로 일하는 이들도 많다. 따라서 학생 다수가 노동자로 살아간다는 것은 틀린 말이 아니다.

노동3권을 존중하기 위한 첫걸음은 반노동 정서의 문제점을 인식하고 이것에서 벗어나는 것이다. '국가 경제의 발전을 위해서 노동자의 노동권리쯤은 희생할 수 있지 않는가? 국가가 잘되어야 노동자도 잘살지'라는 이 생각에는 이미 반노동 정서가 들어 있다. 그래서 "여기서는 그래도 되니까"라는 이유가 받아들여졌던 것이다. 그로 인해 노동인권을 보장받지 못한 시간이 너무 길었다.

"이 행복한 나라에서는 가장 미천한 사람(노동자)도 왕국 최고 명사들이 받는 수준의 법적 대우를 똑같이 보호받는데, 따라서 노동조합을 결성하는 것은 결코 있을 수 없는 일이다. 상식적인 예의만 있더라도 우리는 100명 내지 130명의 노동자를 고용한 잭슨 씨(자본가)와 같은 사람을 사회의 은인으로 존경해야 할 것이다."[72]

이 말은 지금으로부터 2백 년보다 더 전인 1816년에 영국의 모자 공장에서 노동조합을 결성하려던 이들에 대한 재판에서 판사가 한 말이다. 어쩌면 우리의 반노동 정서는 2백 년 전 이 판사의 인식과 비슷한 것이 아닌지 성찰해 보아야 한다. 또한 기업이나 사용자도 노동자가 요구하는 환경 개선을 위한 요구를 진정성 있게 고려해야 한다.

앞에서 제시한 제헌헌법 제18조에서 노동3권을 보장하는 내용과 더불어 다른 항목이 하나 더 제시되었던 것을 기억할 것이다. 바로 "영리를 목적으로 하는 사기업에 있어서는 근로자는 법률의 정하는 바에 의하여 이익의 분배에 균점할 권리가 있다"였다.

이처럼 기계나 원자재보다 못한 존재가 아니라, 이익을 균등하게 공유하는 사람으로 노동자를 이해하는 인식이 있다면 노동자가 요구하는 내용을 조금 달리 바라볼 수 있을 것이다.

더불어 반노동 정서를 없애기 위해서는 노동조합도 노동권리를 주장할 때 폭력적인 시위나 다른 사람의 권리를 침해하는 불법 행위를 하지 않아야 한다. 아무리 정당한 권리 요구일지라도 폭력적이거나 불법적인 행위를 하는 경우에는 사회 전반의 공감을 얻기 어렵기 때문이다.

그런데 우리나라 노동조합의 파업 행위가 불법이나 폭력적 시위로 비추어지는 이유에 대해서는 조금 더 깊이 생각해 보아야 한다. 우리나라의 경우 노동조합이 노동3권을 실제로 실행하는 과정에서 업무방해죄라는 불법 행위로 처벌받는 경우가 많다.

왜 그럴까? 헌법에 따라 노동3권 중 하나로 정당하게 보장받는 파업이 「형법」 제314조에 따르면 기업의 업무를 방해하는 업무방해죄에 해당하는 범죄 행위가 될 수 있기 때문이다.

이 조항은 일제강점기 때 일본이 만든 법 조항을 그대로 적용한 것이다. 현재 일본 법에도 아직 업무방해죄가 남아 있기는 하지만 노동3권에 관한 경우에는 이 조항을 적용하지 않는다. 사실 업무방해죄를 노동3권에 적용하여 처벌하는 나라는 우리나라가 거의 유일한 셈이며[73] 이로 인해 많은 파업이 불법으로 비치는 것이다.

노동3권과 관련한 재판을 하는 법원의 판단에도 반노동 정서가 반영되는 경우가 많다. "기업의 근로자들의 노동3권이 제한되는 것은 사실이나 이는 과도기적 현상이고, 기업이 경쟁력을 회복하고 투자가 일어나면 더 많은 고용이 창출되고 근로자의 지위가 향상될 수 있으므로 거시적으로 보면 이러한 해석이 오히려 전체 근로자에게 이익이 되고 국가 경제를 발전시키는 길이 된다."[74]

이것은 기업의 노동자 해고와 관련한 사안에 대하여 2003년에 이루어진 대법원 최종 판결문의 일부이다. 앞에서 설명한 반노동 정서가 그대로 반영되어 있다.

그러니 노동3권이 헌법에서만 서술되어 있는 권리가 아니라 실제적으로 노동을 보호하기 위해서는 정부나 법원 등 국가 기관에서도 세밀한 법 적용을 통해 노동3권이 잘 보장되도록 해야 한다.

인 권 토론방

① 하나의 노동조합만 있으면 기업이 자신들 편인 사람들을 모아서 노동조합 설립 신고를 해 다른 노동조합을 만들지 못하게 되기에 문제가 된다. 이러한 문제를 인식해 우리나라에서는 요즘 하나의 기업이나 회사에도 여러 개의 노동조합을 만들 수 있도록 했다.

그러나 여러 개의 노동조합 중에서 기업의 입장을 대변하는 노동조합이 만들어지는 경우에 노동조합 간에 다툼이 생길 수 있다. 또한 여러 개의 노동조합이 주장하는 내용이 다르면 실제로 노동자의 권리를 제대로 주장하기가 어려운 문제도 있다.

다양한 노동조합을 만들 수 있도록 하는 것이 좋을까, 아니면 하나의 노동조합만 만들도록 하는 것이 좋을까?

3
기업: 노동하기 좋은 환경은
어떻게 만들어야 할까?

'미래에 사라지기 쉬운 직업은 번역가, 캐셔, 경리, 공장 근로자, 비서 등이고 살아남을 것으로 보이는 직업은 연예인, 작가, 영화감독, 운동선수, 화가와 조각가이다.' 이 자료는 2018년에 우리나라 취업 관련 기업에서 직장인과 취업준비생 4천 147명에게 미래에 사라질 직업과 살아남을 직업에 대하여 조사한 결과이다.[75]

요즘 일이나 직업에 대하여 이야기하면 대부분 자신의 직업이 오래 남을 것인지 염려하는 경우가 많다. 반면에 어떤 곳에서 일하고 싶은가에 대해서는 깊게 생각하지 않는 경향이 있다. 그러나 행복한 노동을 위해서는 내가 어떤 일을 할 것인가와 더불어 어떤 곳에서 어떤 사람들과 일하고 싶은가도 중요하다.

한 인간으로서 생애 동안 일을 하는 시기는 인생의 중반기이다. 이를 위해 준비하고 그 결과로 인생의 마지막을 보낸다는 측면에서도 내가 어떤 곳에서 어떤 사람들과 어떻게 일할 것인가는 중요한 문제이다. 따라서 직업을 고를 때는 노동인권이 존중되는가 아닌가를 가장 먼저 고려해야 할 것이다.

기업은 이윤만 추구하는 곳일까?

국어사전에서 '기업'을 찾아보면 이윤 추구를 목적으로 하는 경제 활동 단위 또는 조직이라고 풀이한다. 그러니까 기업의 중요한 목적은 무엇을 생산하고 그 대가로 이윤을 많이 남기는 것이다. 기업 평가에서도 이윤과 그에 따라 주식시장에서 평가되는 주가 등의 요소가 중요하다.

그렇다면 기업은 사회적 구성원으로서 사회적 책임이나 역할을 하지 않아도 되는 것일까? 이 질문에 대하여 기업은 자신들이 기업을 운영하여 이윤을 많이 내는 것 그 자체로 사회적 역할과 책임을 충분히 한다고 말한다. 더불어 기업을 운영하여 얻은 이윤으로 세금을 많이 내므로 사회적 역할을 충분히 한다고 주장한다. 틀린 말은 아니다.

과거에는 이 정도의 공헌만으로 기업이 사회적 역할을 다한다고 생각했다. 하지만 최근 들어서는 기업의 사회적 책임에 대한 생각이 조금씩 달라지고 있다. 기업이 이윤을 많이 내는 것 이외에도 사회 구성원으로서 책임 의식을 가지고 사회가 지향하는 가치를 반영하는 경영을 해야 한다는 주장이 나오고 있다.

일하기 좋은 회사의 기준

미국에 기반을 둔 온라인 쇼핑 기업인 '아마존닷컴'에서 물건 하나 정도는 사본 사람들이 많다. 1994년에 미국의 시애틀에서 인터넷 서점으로 시작한 이 기업은 세계화 및 정보화 사회로의 변화 과정에서 세계적 기업으로 성장했다.

2009년에 미국의 경제경영 잡지인 《포춘》은 빠르게 성장하면서 직원들이 일하기 좋은 회사로 평가한 기업으로 1위에 구글, 2위에 아마존, 3위에 애플을 선정했다.[76] 아마 대부분 사람이 이 세 곳은 꿈의 직장이라는 데 동의할 것이다.

그런데 2017년 미국의 취업 정보 사이트 '글래스도어(Glassdoor)'가 발표한 '직원이 선정한 가장 일하기 좋은 기업(Best Place to Work)' 100개를 보면 상황이 달라졌음을 알 수 있다.[77] 구글은 5위, 애플은 84위인데, 아마존은 순위 안에 들지도 못했다. 1위를 차지한 기업은 페이스북(메타)이었다.

8년 정도의 시간이 지나기도 했지만 평가 기준이 달랐던 점도 결과에 영향을 미쳤다. 글래스도어는 오로지 직원이 일하기 좋은 기업에 초점을 두어 평가하였고, 《포춘》은 기업의 성장세도 고려하여 평가했다.

그렇다면 이 두 가지가 좋은 기업의 선택 기준일까? 문제는 글래스도어가 선정한 '직원이 선정한 가장 일하기 좋은 기업' 100순위 안에는 인종차별과 부정행위 등으로 문제가 된 기업이 있다는 점이다. 또한 아마존은 고객 중심을 강조하면서 직원을 존중하지 않아서 100순위 밖으로 밀렸다고 한다.

그렇다고 《포춘》의 '직원이 선정한 일하기 좋은 기업'의 기준도 동일한

건 아니다. 회사마다 직원이 고려한 평가 기준이 다르기 때문이다. 1위를 한 페이스북의 경우에는 '일과 일상생활의 양립 가능성, 그리고 다양성 가치에 대한 인정' 등이 높은 평가를 얻어내는 데 기여했다고 한다.

이렇게 보면 경제적 조건 이외에 좋은 회사를 선정하는 기준은 다양하다. 우선 노동하는 직원의 기준을 보자. '자신이 추구하는 가치를 반영하는 기업인가? 일을 위한 적정한 노동시간과 노동의 양을 준수하여 노동자의 건강을 돌보는가? 일하는 과정에서 위험한 요소를 충분히 알려주고 위험으로부터 안전장치를 충분히 해주는가? 자신이 일하는 과정에서 적정한 휴식시간을 주어 일과 일상생활의 양립이 가능한가? 일하는 과정에서 모욕이나 차별 등을 당하지 않는가? 앞으로도 지속적으로 일할 수 있을 정도로 성장하는 곳인가? 일을 하고 받는 소득은 얼마인가?' 등이 해당할 것이다.

일하는 노동자 입장에서 보면 자신의 노동 가치를 인정해 주는 회사가 좋은 기업이다. 방탄소년단을 키워낸 엔터테인먼트 회사가 주식 시장에 상장되어 주식으로 이익을 남기게 되자 해당 주식의 상당 부분을 방탄소년단 구성원들에게 나누어 주어 화제가 된 적이 있다.

기업과 계약을 통해 그 기업에 소속된 아티스트라는 관계로만 보면 아티스트인 방탄소년단도 그곳에서 노동을 하는 사람일 뿐이다. 그러니 이 일을 단순하게 보면 해당 기업의 이윤을 같이 일하는 사람들과 나눈 것이라고 볼 수 있다. 이처럼 그곳에서 일하는 사람들과 기업의 이윤을 나눌 수 있는 회사도 노동자의 입장에서 일하기 좋은 회사일 것이다.

또 하나는 소비자의 입장에서 고려할 수 있다. 가습기 살균제의 위험성을 알고도 제조하여 판매한 회사를 생각해 보면 소비자 입장에서 좋은 회사의 조건을 알 수 있을 것이다. '소비자의 삶에 필요한 안전한 상품을 만드는가? 사회적으로 불편을 겪는 사람들이 필요로 하는 상품이나 서비스를 제공하는가?' 등이 조건에 해당할 것이다.

이런 측면도 고려할 수 있다. 그 기업이 일하면서 연결된 다른 기업 또는 노동자의 입장에서도 일하기 좋은 회사인가를 판단할 수 있다. 예를 들어 어떤 회사가 해외에 있는 다른 기업에 일을 맡기면서 그 회사에 적정한 이윤을 보장해 주고 그곳의 노동자들이 제대로 된 노동환경에서 일하도록 지원하는가를 고려할 수 있다. 또한 그 회사가 자연 생태계를 훼손하는 것은 아닌가에 대해서도 고려할 수 있다.

따라서 일하기 좋은 회사를 하나의 기준으로 정할 수는 없다. 하지만 지금까지 내용을 종합하면 회사를 운영하는 과정에서 동료 직원, 소비자, 파트너 기업, 연결된 노동자, 자연 생태계 등에 대해 인권 관점에서 경영하는가를 살펴보면 될 것 같다. 바로 이런 맥락에서 최근에 인권경영이라는 새로운 경영 방식이 논의되고 있다.

📖 알아봅시다

모든 기업이 이윤 추구만을 목적으로 할까?

이윤 추구를 중요한 목적으로 하지 않는 기업이 있다. '사회적 기업(social enterprise)'이다. 사회적 기업은 사회의 취약 계층에게 일자리를 제공하려는 목적으로 설립됐거나 사회에 필요하지만 이윤이 남지 않아서 다른 기업이 생산하려고 하지 않는 상품 또는 서비스를 생산하는 기업을 말한다.

사회적 기업이 이윤 추구를 아예 하지 않는 것은 아니다. 그렇지만 그보다는 사회적 책임을 고려한 생산 활동과 존중받아야 하는 노동조건을 제공하는 것을 중요한 목적으로 삼는다.

사회적 기업의 활동을 보면 기업이 생산 활동과 노동 활동을 통해 사회적 책임을 지는 과정이라는 역할을 충분히 할 수 있음을 알 수 있다.

인권경영이란 무엇일까?

우리는 영화를 보면서 화면에 나오는 배우들만 기억한다. 그러나 영화의 엔딩 크레딧(ending credit)을 보면 두 시간여의 영화를 만들기 위해 화면에 등장한 배우들 외에 얼마나 많은 사람이 함께 일했는지 알 수 있다. 그래서 영화제에서는 감독과 배우 외에 다양한 영역의 스태프에게 상을 주어 그들의 노고를 기억하고 포상한다.

〈기생충〉이라는 영화는 두 가족을 대비하면서 사회 불평등 및 계층 이동이 어려운 현실, 그리고 하층민이 경험하는 사회적 차별과 혐오 등을 다양한 은유를 통해 표현한 작품이다. 그런데 이 작품은 인권경영 관점에서 촬영하고 제작한 작품으로도 유명하다.

〈기생충〉은 영화를 만드는 데 참여하여 노동하는 모든 사람과 표준계약서를 맺고 정해진 일정에 적정한 노동시간, 그리고 최소임금 이상의 임금을 지급하면서 촬영했다. 이는 한국 영화 최초의 사례이다. 이 영화는 작품에서 지향하고 추구하는 가치를 그대로 지키면서 생산 활동을 했다. 그 과정에서 생산 활동에 참여한 수많은 영화 산업 노동자의 노동인권이 존중받았다.

이처럼 상품이나 서비스를 제작 또는 제공하는 기업이 생산하고 판매하고 서비스하는 과정에서 중요한 결정을 할 때 인간 존엄성을 중요한 기준으로 놓고 경영하는 것을 인권경영이라고 한다.

인권경영이라는 표현은 '기업의 인권적 책임(Business and Human Rights)'을 강조하는 것이다. 2018년 유엔에서 행한 '기업과 인권 포럼'에서는 인권경영과 관련하여 '책임 있는 공급망 관리, 산업안전, 소비자 권리, 환경보호, 노동권에 대한 논의'와 더불어 'AI 산업과 IT 산업에서의 인간 존엄성 가치 존중'을 강조했다. 이에 따라 인권경영은 기업의 경영에서 보편적으로 인권 가치를 존중하자는 의미를 갖는다.

많은 기업이나 기관에서 인권경영 방안을 내놓고 있다. 인권친화적 가치와 규범을 지키며 노동자의 노동3권을 보장하는 것, 노동자의 채용이나 승진 등에서 개인의 정체성을 바탕으로 차별이나 편견을 갖지 않는 것, 강제노동 금지 및 노동자의 적정 휴식 시간 보장, 안전한 노동을 위한 환경 제공, 반인권적 가치를 지향하는 곳과의 거래 및 협력 지양, 기업 활동 과정에서 발생하는 인권 문제에 대하여 적극적인 구제 방안을 모색하고 실천하는 것 등이다.

인권경영 기업은 어떻게 만들어지는가?

최근 우리나라의 한 식품회사는 새로운 기업 이미지 광고를 내놓았다. 장애인 등 사회적 약자들이 자신들의 회사에서 일하는 이미지, 우리 밀을 생산하는 농민들과 이익을 나누는 이미지를 광고 자료로 사용한 것이다. 기업이 어디에 기부하는지를 강조했던 이전과 비교하면 큰 변화이다. 이러한 변화는 왜 생겼을까?

과거 존경받는 기업은 이윤 중 일부를 사회적 약자의 복지를 위해 기부하는 방식으로 사회공헌(Coporate Social Responsibility: CSR) 활동을 하는 기업이었다. 예를 들어 담배를 판매하는 한 다국적 기업은 매년 일정 금액을 기부하여 청소년 흡연 예방 활동을 하고 경제적으로 어려운 청소년에게 장학금을 지급했으며 이를 홍보했다.

그런데 인권경영이 대두되면서 새로운 활동이 나타났다. 미국 하버드대

학교 경영대학원의 마이클 포터 교수가 주장한 '공유가치창출(Creating Shared Value: CSV) 이론'을 적용한 활동이다. 이는 기업이 사회적 약자인 노동자나 소비자를 존중하는 생산 활동을 하면서 이윤을 추구하여 인권이라는 사회적 가치를 공유하고 창출하는 것을 말한다.

예를 들어 한 다국적 제약회사는 자신들이 만든 약이 가난한 나라의 어린이들에게 꼭 필요한 경우에 약값을 낮게 책정하여 판매하는 결정을 한다. 장애를 가진 사람이 팔이나 다리에 부착하는 보조 용구가 매우 비싸다는 것을 알고 3D 프린터를 통해 싸게 제작하는 방법을 개발한 회사도 있다.

기업이 인권과 같이 사회적으로 긍정적인 가치를 창출하면서 생산 활동을 하는 것은 기업의 경쟁력에 도움을 준다. 오늘날 비슷비슷한 상품이나 서비스를 생산하여 제공하는 기업은 많다. 예전처럼 단순히 상품이 좋다고 기업이 경쟁력을 갖는 것이 아니다. 인터넷의 발달이나 세계화 등으로 소비자가 기업과 관련한 정보를 손쉽게 파악할 수 있게 되었기 때문이다.

즉, 이제 소비자는 단순히 기업의 상품만이 아니라 기업이 추구하는 사회적 가치까지 판단한다. 이렇게 소비자가 상품이나 서비스를 고를 때 인권경영을 하는 기업의 상품과 서비스를 구매하는 것이 인권경영을 강조하는 기업을 만드는 역할을 한다.

앞에서 우리는 소비자 연대로 불매운동을 하여 해당 상품을 생산하는 기업의 노동환경과 노동조건을 바꿀 수 있음을 보았다. 물건을 사는 소비자의 입장에서 불매운동과 적극적 구매운동의 기준으로 노동인권을 강조하는 기업인지를 고려하는 것, 내가 노동하는 곳에서 노동인권이 지켜지는지 아닌지를 사람들에게 적극적으로 알리는 것, 이런 활동들이 인권경영을 추구하는 기업을 만들 수 있다. 결국 노동자 혹은 소비자로서 우리가 연대하여 같이 무엇인가를 행할 때, 노동에서 인권 존중은 가능하다.

노 동
인 권 토론방

① 내가 사회적 기업을 만든다면 회사가 추구하는 이념을 무엇이라고 적을지 생각해 보자.

② 내가 일하고 싶은 기업은 어떤 측면에서 인권을 강조하는 곳이어야 할까? 노동자, 소비자, 환경 등 다양한 측면을 고려할 수 있다. 이에 대하여 토론해 보자.

4
정부: 노동인권을 위해
국가는 무엇을 해야 할까?

정부는 여름 휴가철 끝 무렵인 2020년 8월 14일을 '택배 없는 날'로 정했다. 다음 날인 8월 15일이 광복절이고 다음 날이 일요일이어서 택배 배달 기사들이 3일을 연달아 휴가를 가질 수 있기 때문이다. 택배 배달 기사는 전담하는 지역이 정해져 있어서 대체할 인력이 없는 경우가 많아 2일 이상의 휴가를 갖기가 어렵다.

특히 2020년 코로나19로 업무량이 증가하여 노동의 어려움을 호소하면서도 쉬지 못하는 택배 배달 기사가 짧은 기간이라도 휴가를 누리도록 하기 위한 것이 '택배 없는 날' 지정이었다.

꼭 필요한 물품을 당일에 받지 못하는 사람도 있고 배달하지 못한 물량으로 인해 다음 주에 배달할 물량이 증가해 근본적인 문제 해결이 되는 것은 아니지만 대부분 택배 없는 날을 반겼다.

택배 없는 날은 2020년에만 시행되는 게 아니라 앞으로도 계속될 예정이다. 고용노동부가 전국택배노조의 노동조건 개선 요구를 수용하여 매년 8월 14일을 '택배 없는 날'로 지정하여 택배 배송 업무의 휴무를 선언하는 '택배 종사자의 휴식 보장을 위한 공동선언'을 발표했기 때문이다.

일의 특성상 휴가를 갖지 못하였던 택배 배달 기사가 노동시간과 임금만큼이나 중요한 노동의 조건인 휴식을 위한 시간을 처음 가짐으로써 최소한의 노동인권을 누리게 된 셈이다. 이 일을 통해 택배 배달 노동자의 노고에 대한 고마움과 더불어 국가가 노동인권을 위해 무엇을 해야 하는가에 대해서도 생각해 보길 권한다.

정부의 조정자 역할이란?

노동계약은 노동을 제공하는 사람과 노동을 제공받는 사람들의 사적인 계약이니 정부가 개입하지 않아야 한다고 주장하는 사람들이 있다. 그러나 노동자의 탄생과 노동의 역사를 고려하면 노동자가 기업이나 사용자와 대응하는 사회적 약자라는 점에서 정부가 개입하여 그 권리를 보호해 줄 필요가 있다.

그런데 국가가 나서서 노동인권을 위한 제도와 법을 만든다고 할지라도 사적인 계약이어서 개입하기 어려운 부분도 있고, 노동이나 노동자의 법적인 개념의 제한으로 인해 제대로 된 제도와 법을 시급하게 마련하여 보장하기 어려운 경우도 있다. 그런 경우에는 정부가 나서서 조정자 역할을 하여 문제를 해결하려고 한다. 그 방법을 살펴보자.

소비자와 노동자 간 갈등 중재하기

2018년 입주를 시작한 아파트 단지의 택배 배달에 문제가 생겼다. 이 아파트는 어린이 등 보행자의 안전을 위해 지상에 주차가 불가능하도록 설계·건축되었다. 그래서 이로 인해 택배 기사들이 단지 외부에 주차하고 배달 물품을 내린 후 걸어서 배달해야 하는 어려움에 처한 것이다. 다른 단지에 비해 배달 시간이 오래 걸렸다. 배달 물품 1건당 수당을 받는 경우가 많은 택배 기사에게 시간은 곧 임금이다.

해당 아파트 단지에서는 택배 기사에게 지하주차장 이용을 권했다. 그러나 지하주차장 출입구의 높이가 낮아서 기존 택배 차량으로는 출입이 불가능했던 탓에 문제 해결이 되지 않았다. 지하주차장 출입구 높이에 맞추어 택배 차량의 높이를 낮추는 건 택배 기사에게 경제적 부담이 될 뿐만 아니라 물품을 내리는 작업에 어려움도 커져서 현실적으로 어려움이 있었다.

이에 입주민과 택배기사 측 대표 그리고 정부 관련 부처 관계자가 모여 합의안을 마련했다. 아파트 근처 도로를 공사하여 택배 차량이 정차하는 공간을 마련하고 그 옆의 아파트 공간을 공사하여 택배 물품을 모아놓는 공간을 조성한다는 것이다. 그리고 지역사회에 사는 노인 중에서 택배 배달 의사가 있는 사람을 모집하여 이들에게 적은 비용을 주고 집까지 택배를 배달하게 하는 방안으로 최종 합의되었다.

이는 노동하는 이들, 일자리가 필요한 이들, 택배 배달 서비스가 필요하지만 지상에 차 없는 생활도 필요한 이들의 요구를 모두 고려하여 조정한 것이다. 그리고 정부는 2018년에 지하주차장 높이를 정하는 관련 법 규정을 개정하여 이 이후부터 짓기 시작한 아파트 등 공공주택은 지하 주차장 입구를 높이도록 했다.

이처럼 소비자와 노동자 간의 갈등에 발생했을 경우에 정부가 중재하는 과정을 통해 서로 얼굴 붉히지 않고 해결 방안을 모색할 수 있다. 더불어 더 나은 제도와 법안을 만드는 방안도 찾을 수 있을 것이다.

노동자, 사용자, 사회전문가가 참여하여 조정하기

우리나라의 최저임금은 그전 해에 최저임금위원회에서 결정한다. 그러니까 2023년의 최저임금은 2022년에 결정하는 것이다. 최저임금위원회는 어떤 곳일까? 2022년 현재 전체 30명이 참여하는데 이들은 네 그룹으로 구성되어 있다.

우선 정부 부처에서 나온 3명의 특별 위원 그룹이 있다. 이들은 최저임금과 관련이 있는 정부 부처인 기획재정부, 고용노동부, 중소벤처기업부의 정책 담당자이다. 이들을 빼고 나면 27명이 남는데 9명씩 세 그룹으로 구분된다. 세 그룹 중에서 두 그룹은 임금 문제의 실제적인 당사자인 근로자 위원과 사용자 위원으로 구성되는데 이는 대체로 사용자 관련 단체나 노동조합 등의 관계자로 구성된다. 그리고 나머지 한 그룹은 공익 위원인데 이들은 주로 노동이나 경제 관련 연구자나 교수 등 전문가로 구성된다.

여러 차례에 걸쳐 위원 전원이 모여서 회의하여 6월 말에 다음 해의 최저임금을 결정한다. 회의에는 과반수 출석과 과반수 찬성이라는 다수결제를 적용한다. 다만 어느 한 그룹 위원에 의해 일방적으로 결정되는 것을 방지하기 위해서 근로자 위원과 사용자 위원 그룹에서 각각 3분의 1이상이 출석한 상태에서 의결해야 한다.

이처럼 노동자와 사용자 간의 계약에서 계약 당사자의 갈등으로 해결하기 어려운 경우에 정부는 전문가까지 포함한 협의체를 만들어 노동 문

최저임금위원회

제를 해결하려고 한다. 최근 들어서는 다양한 노동 문제에 대하여 이러한 협의체를 구성하고 있다.

사실 이러한 사회적 대화 합의체에서는 정부의 노동 관련 부처가 직접 대화 과정에 개입하지는 않는다. 그렇지만 조직의 구성과 합의 과정에 지속적으로 참여하여 조정안이나 협약이 만들어지도록 지원하는 역할을 한다. 그래야 기업 측과 노동자 측의 의견에서 어떤 점을 고려하여 정부 정책과 입법에 반영할지 논의할 수 있기 때문이다.

정부의 역할은 중재하고 조정하는 것뿐일까? 그렇지 않다. 노동자의 권리를 보호하기 위한 다양한 정책과 법률을 통한 제도 개선도 매우 중요하다.

정부의 정책은 어떤 역할을 할까?

〈빌리 엘리어트〉라는 영화가 있다. 영국의 광산촌에서 태어난 빌리라는 남자아이가 주인공이다. 빌리가 사는 동네에서 남자는 대부분 부모의 뒤를 이어 광부가 된다. 초등학교에 다니는 빌리는 그 동네 남자아이가 대부분 그렇듯이 권투를 배운다.

우연히 여자아이들의 발레 수업을 본 빌리는 발레에 빠져서 비밀리에 발레를 배우게 되고 자신에게 탁월한 재능이 있음을 알게 된다. 광부인 아버지는 빌리가 권투가 아니라 발레를 배운다는 것을 알게 되자 처음에는 강력하게 그만두라고 한다. 그러나 빌리의 재능을 알게 되면서 빌리가 발레를 전문적으로 배울 수 있도록 발레학교에 보내기로 결심한다. 그러려면 돈이 필요했다.

그런데 그 시기에 빌리의 아버지가 다니던 탄광회사에서는 노동조합이 파업을 하고 있었고, 노동조합을 이끄는 이는 빌리의 형이었다. 우리나라와 마찬가지로 영국에서도 노동조합 파업 시에 파업에 참여하는 노동자에게는 임금을 지급하지 않는다.

빌리 아버지는 고민한다. 평소 자신이 파업에 참여하지 않는 다른 노동자를 배신자라고 욕하였기 때문이다. 더구나 큰아들이 노동조합의 대표가 아닌가. 그러나 큰아들의 호소에도 그는 발레학교 학비를 벌기 위해서 파업에 동참하지 않고 고통스러워하면서 탄광으로 돌아간다.

2000년 작품인 〈빌리 엘리어트〉는 1980년대의 영국 상황을 녹여냈다. 이 당시는 노동조합의 파업에 관한 법이 일부 개정되었던 시기이다. 산업혁명 초기 영국에서 파업과 같은 노동자의 단체행동은 불법으로 형사처벌 대상이었다. 1875년에 처벌 조항이 폐지되었고, 1906년 이후에는 노동조합 파업에 참여한 경우에 임금을 받지는 못하지만 파업으로 인한 회사의 손해에 대해서는 노동자에게 어떠한 법적 책임도 묻지 않게 되었다.[78]

1982년에 영국 정부에서는 노동3권과 관련한 법을 바꾸었는데, 그중 하나가 사전 신고하지 않은 불법 파업인 경우에는 회사가 노동조합 간부에 대하여 손해배상을 요청할 수 있도록 한 것이다.

다만 파업 등 단체행동이 불법이어도 그에 참여한 노동자 개인에게는 손해배상을 할 수 없도록 했다. 그러자 법이 정한 대로 노동조합 간부에게 회사가 배상을 요청해도 그 돈을 받을 수 없었기에 실제로 손해배상 청구는 일어나지 않았다.

다시 1992년에 법을 개정하여 불법 파업과 관련하여 노동조합 간부가 부담해야 하는 손해배상의 상한액을 구체적으로 정했다. 노동조합 가입자 수가 5천 명 미만인 곳에서는 최대 1만 파운드(우리나라 돈으로 약 1

천 5백만 원), 10만 명 이상인 경우에는 최대 25만 파운드(약 3천 8백만 원)였다. 이 또한 노동자 개인이 아니라 노동조합에 대해서만 손해배상을 청구하도록 했다.

그러나 1992년 이후에도 회사가 불법 파업을 이유로 노동조합에 손해배상을 실제로 청구한 경우는 전혀 없다. 왜냐하면 기본적으로 최대액으로 정한 금액이 낮아서 실제로 기업이 소송을 통해 받아봤자 이익이 되지 않기 때문이다. 또한 파업이 끝난 후 노동자가 복귀했을 때 노사 간의 화합에도 좋지 않은 영향을 미친다고 보기 때문이다.

〈빌리 엘리어트〉의 시대적 배경이 되는 영국의 1980년대는 노동조합의 불법 파업에 대하여 손해배상을 청구할 수 있도록 해 노동3권을 제한하려는 움직임이 있었던 시기이다. 그러니 노동조합의 파업 시기에 일하러 가는 빌리 아버지의 선택은 더 배신으로 여겨지기 쉬웠다.

영국에서 1982년에 이전보다 노동자에게 불리하게 노동3권 관련 규정이 바뀐 이유는 무엇일까? 의원내각제인 영국은 대체로 자본가나 기업가의 이익을 강조하는 보수당과 노동자의 이익을 강조하는 노동당 두 개의 당이 정권을 잡는다. 그런데 오랫동안 집권했던 노동당이 1979년 선거에서 보수당에 자리를 내주면서 노동 관련 정부 정책이 변했기 때문이다.

당시 보수당 수상이었던 대처는 오랫동안 이어진 경제 불황을 타개하고자 했다. 그가 내세운 정책 슬로건은 '요람부터 무덤까지'였는데, 이는 전 생애에 걸쳐 지원하는 복지 정책과 다양한 기업의 국유화 정책 개혁을 핵심으로 했다. 결국 이는 민간 중심의 경제 활동을 강조하는 정치였다. 이 정책은 그의 이름을 따 '대처리즘'으로 불린다.

그는 이 대처리즘에 따라 복지 비용과 세금을 줄이고 국영기업을 민영화했으며 노동조합의 활동을 규제하고 금융시장을 활성화하는 등의 정책을 대대적으로 시행했다. 당시 영국 정부는 노동인권보다는 경제성장을 더 중요하게 여겼다.

특히 영국에서 1982년에 만들어진 노동3권 관련 법을 노동조합의 파업이 불법일 때 손해배상액을 청구하도록 개정한 것은 노동조합의 활동을 규제하기 위한 것이었다.

대처리즘으로 인해 경기는 회복되었다. 그러나 그의 정책은 이후에 심각한 실업 문제와 이로 인한 가족 갈등 증가의 원인이 되었다는 평가를 받기도 했다. 〈빌리 엘리어트〉는 바로 이 시기를 다룬 영화이다.

이로써 정부가 노동에 대하여 갖는 관점이 사회 전체의 노동권리의 방향을 정하는 데 영향을 준다는 것을 알 수 있다. 그렇다면 우리나라의 경우는 어떨까?

노동조합 파업에 대처하는 우리나라 정부의 정책

2019년 5월에 우리나라의 한 기업이 노동자의 노동환경에 영향을 미칠 수 있는 기업 지위의 변화를 승인하는 임시주주 총회를 열자 노동조합은 한 달여 동안 파업을 하면서 총회 장소를 불법으로 점거했다. 그러자 해당 기업은 노동조합과 조합 간부 10명에게 파업과 불법 점거로 인해 생긴 기업의 손해액 92억 원을 배상하라고 소송을 제기했다.

영국과 달리 매우 높은 금액이다. 이는 이미 배웠듯 우리나라는 합법 파업일지라도 업무방해죄를 적용한 소송이 가능하기 때문이다.

소송이 이루어지면 노동조합 간부의 개인 집이나 저축 등이 가압류★를 당하게 된다. 이렇게 되면 노동조합 간부 개인만이 아니라 그 가족도 재산권 행사를 자유롭게 할 수 없어서 경제적인 위기에 빠지게 된다. 무일푼 상태가 되는 것이다. 더구나 실제 재판에서 질 경우에는 10명이 92억 원의 손해액을 나누어 부담해야 한다.

일반적으로 이런 일이 생기면 기업은 노조 간부에게 노동조합에서 빠지거나 회사에 사표를 내면 손해액 소송을 중간에 그만두겠다는 제안을 한다. 경제적 부담을 힘들어하는 노조 간부는 결국 이를 받아들이고 실직하게 되는 경우가 많다.

최악의 경우에는 기업의 손해배상 소송 중에 받은 스트레스로 인해, 소송 후에는 최종 판결로 결정된 수십억 원에서 수백억 원의 손해배상액을 감당하지 못할 상황에 처해 죽음을 선택하는 노동조합 관계자들도 종종 있었다.

문제는 우리나라의 법에서 불법 파업으로 규정하고 있는 상황이 영국 등 다른 나라에 비해 더 많고, 손해배상 한도액이 없다는 것이다. 그러다 보니 노동자의 권리를 위해서 합당해 보이는 경우에도 일단 불법 파업으로 판결이 나면 노동조합이나 노조의 간부들은 손해배상 청구로 인해 경제적 위기를 맞게 된다.

더불어 우리나라는 수십억 원에 달하는 손해배상 소송을 기업이 실제로 하고 있다. 기업의 이러한 소송은 대부분 실제로 손해배상액을 받으려는 것이 아니라 노동조합 활동에 부담을 주려는 것으로 노동조합을 탄압하는 합법적인 도구라는 평을 듣는다.

2020년에 파업에 따른 손해배상 소송을 가능하게 하는 현행법을 개정해야 한다는 주장이 나왔다. '노동권과 손배가압류의 현주소, 법개정의 필요성'이라는 주제의 토론회였다.[79) 10년 전에도 이와 관련한 토론이 이루어졌으나 변화가 없었는데 앞으로는 달라질 수 있을까?

노동인권을 위한 우리 정부의 정책과 법, 어디쯤 왔나?

사실 나라마다 노동과 기업이 발전해 온 역사가 다르기에 노동에 대한 보호를 강조하는 국가도 있고 기업의 성장과 발전을 강조하는 국가도 있다. 우리나라는 어떨까? 아직까지 우리나라의 노조나 노동자의 노동인권 관련 법을 보면 노동에 대한 보호보다는 기업의 성장과 발전을 더 우선한다는 느낌이 든다.

정치인들은 선거 기간에 노동 친화적인 입법과 법 개정이 필요하다고 이야기한다. 하지만 선거가 끝나고 정부가 바뀌거나 국회 집권당이 달라지더라도 노동인권 관련 정책이나 법은 크게 바뀌지 않는다.

노동권리를 다루는 법의 집행도 기업친화적이라는 이야기를 듣는다. 노동조합의 잘못은 엄격하게 처벌하면서 기업의 잘못은 느슨하게 처벌하고 처벌 후에도 집행유예나 사면 등이 빈번히 일어나기 때문이다.

〈빌리 엘리어트〉의 영화 내용과 영국의 노동3권 관련 법에서 보았듯이, 사실 노동인권이 존중받는 사회를 위해서는 소비자나 노동자, 그리고 사용자로서 개인들의 인식을 바꾸는 것보다 더 중요한 것이 있다. 바로 국가와 정부의 노동 친화적인 정책과 법이다. 그리고 법원의 판단이다.

우리나라의 경우 노동 친화적인 정책이나 입법은 어느 정도라고 판단할 수 있을까? 세계은행이 선정한 '기업하기 좋은 나라(2020년)'에서 우리나라는 190개국 중 4위를 했다.

반면 국제노총의 '글로벌 노동권지수(2020년)'에서는 144개국 중 5등급(법이나 제도에서 노동권이 아예 존재하지 않는 나라들이 속한 등급)이었다. 우리나라와 함께 5등급에 속한 중국, 아프가니스탄, 브라질, 캄보디아, 짐바브웨 등은 노동 환경이 열악한 나라들이다.

일하는 사람의 권리를 위해 우리가 해야 할 일

우리나라는 노동자의 권리를 보장하기 위한 기구인 국제노동기구(ILO)가 정한 기본 협약 8개를 모아둔 'ILO 기본협약' 8개 중 2020년까지 4개만 비준했다. 국제노동기구는 189개 협약 중에서 노동인권과 관련한 8개 협약을 기본협약이라고 하여 강조한다. 8개 협약은 아동 노동을 금지하는 협약 2개, 노동에 대한 차별을 금지하는 균등 대우 협약 2개, 노동조합 활동을 보장하는 협약 2개, 강제노동을 금지하는 협약 2개이다.

1991년에 국제노동기구에 가입한 우리나라는 8개의 기본협약 가운데 아동 노동과 노동 차별을 금지하는 4개의 협약에 대해서는 국내법과 동일하게 적용하도록 하였지만, 노동조합 활동 보장과 강제노동을 금지하는 협약 등 4개는 비준하지 않은 상태였다.

그러다 드디어 2021년에 남은 4개 중에서 우리의 법 체계에서 아예 다루지 않는 것(정치적 견해 표명에 따른 강제노동 부과 금지)을 제외하고 '강제 또는 의무 노동에 관한 협약, 결사의 자유 및 단결권 보호에 관한 협약, 단결권 및 단체교섭권 원칙의 적용에 관한 협약'이 국회에서 비준되었다.

이렇게 되면 앞으로 노동조합 활동 관련 법들이 조금 더 노동 친화적으로 바뀔 수 있지 않을까? 그리고 지금까지 이야기한 우리나라의 노동인권 문제, 그리고 정치적이라는 비판을 들을까 봐 다루지 못한 문제, 앞으로 사회 변화로 인해 새롭게 나타나는 노동인권 문제가 달라질까?

정부가 노동인권을 제대로 보호하도록 하려면 우리 사회, 즉 개개인이 노동과 노동자를 인권 관점에서 바라보아야 한다. 그러면 정부의 노동 관련 정책과 제도도 자연스럽게 변할 것이기 때문이다.

노**동**
인 권 토론방

① 가끔 최저임금위원회의 위원들이 불참하여 결정에 난항을 겪고 있다는 소식을 들은 적이 있을 것이다. 현재는 최저임금을 결정하려면 과반수 출석과 과반수 찬성이라는 다수결 조건을 충족해야 하기 때문이다.

이에 결정 방식을 변경하자는 주장이 나오고 있다. 이 방식은 다음과 같다. 우선 사용자와 노동자 위원은 빠지고 새로운 전문가 그룹이 '구간설정위원회'로 모여 다음 해 최저임금의 상한선과 하한선을 결정하는 것이다. 예를 들면, 전문가 위원들만 논의하여 내년의 최저임금을 '시급 9,500원에서 10,500원' 구간으로 결정한다. 그 후에 현재와 비슷하게 공익 위원과 근로자 위원, 사용자 위원으로 구성된 결정위원회가 정해진 구간 안에서 투표해 최종 결정을 한다.

현재의 결정 방식과 새로운 방식 중 어느 것이 적절한지 토론해 보자.

5
다시, 청소년: 미래 세대를 위한 지속 가능한 노동 의제들

인도를 여행했을 때 다른 도시로 이동하기 위해 단체 버스를 이용하게 되었다. 버스는 과거 우리나라의 1970년대 버스와 비슷해서 에어컨도 없었고 유리창도 수동으로 작동했다. 차에 오르고 내릴 때 받침대를 수동으로 설치해 주는 보조 기사도 한 명 타고 있었다.

일행 중 누군가가 가이드에게 질문했다. "관광객을 태우는 버스 중 고급 버스는 없나요?" "있기는 하지만 대부분의 관광버스가 이런 모양이에요." "인도같이 과학기술력이 우수한 나라가 가난하다고 해도 이런 버스로 관광객을 태우는 것은 나라 망신일 것 같은데 왜 그렇게 합니까?"

그 답이 놀라웠다. "인도에 인구가 많다 보니 너무 빨리 과학기술을 도입하여 발전시키면 수많은 실업자가 생깁니다. 이 버스도 자동화하는 대신 받침대를 수동으로 설치하는 사람을 한 명 두면 그만큼 고용이 늘어서 이 사람 가족이 먹고살 수 있게 되는 거죠. 여기서는 이런 것을 지속 가능한 사회를 위한 정책이라고 합니다."

무엇이든지 빨리 기술을 도입하여 노동 인력을 대체하는 우리나라 사람들이 수긍하기 어려운 답이었다. 그러나 노동인권과 관련하여 그 말을 곱씹어 보면 사회 발전과 더불어 살아가는 모든 사람의 지속 가능한 삶을 함께 고려하자는 관점이 담겨 있다.

우리는 '일만 하고, 돈만 벌려고' 이 지구에 태어난 것이 아니다. 나의 세계관을 가지며 다른 사람과 함께 행복한 삶을 살기 위해 태어났다. 그러기 위해서 일하는 것이다. 이를 위해 현재 같이 살아가는 사람들의 노동인권 존중과 미래 세대와의 공존을 생각하면서 지속 가능한 삶도 같이 생각해 보자.

달라지는 노동의 일상과 지속 가능성

지금까지는 우리 사회의 노동 현실과 문제를 위주로 이야기했다. 그러나 우리는 과거의 노동 문제와 더불어 새로운 변화에도 직면해 있다. 그러니 과거 노동 문제를 해결하면서 개선해 나가는 것과 더불어 새로운 변화를 맞아 다가올 노동 문제도 고민해야 한다.

새로운 변화란 제4차 산업혁명으로 인해 달라질 산업과 노동의 변화를 말한다. 인공지능으로 대표되는 지식정보가 중요해지는 세상이니 이와 관련하여 일자리 양상과 노동조건이 다 달라질 것이다.

인공지능의 딥러닝과 인터넷 초연결로 대표되는 제4차 산업혁명과 관련하여 노동 분야에서 가장 많이 이야기되는 것은 다음과 같은 것이다.

첫째, 인간의 힘든 육체노동을 인공지능 탑재 로봇이 상당 부분 대체할 것이다. 농업 등의 노동도 대부분 인공지능 기술로 대체될 것이다.

둘째, 인간의 전문적 지식을 뛰어넘는 인공지능으로 인해 미래의 직업 중 인간 간의 대면적 혹은 정서적 관계를 강조하거나 심미적 가치를 창조해 내는 직업만을 인간이 선택할 수 있을 것이다.

셋째, 둘째에서 이야기한 직업을 가진 사람은 더 부유해지고 나머지 대부분은 취업하지 못할 것이다.

넷째, 지금 태어난 아이가 가질 직업은 현재 존재하는 직업이 아니라 대부분 새롭게 만들어진 직업일 것이다.

다섯째, 인공지능의 발달로 인한 빈부격차는 더 심각할 것이다.

여섯째, 과거 어느 시기의 변화보다 인간의 삶에 미치는 영향이 부정적이라는 전문가의 의견이 많지만 그래도 지금까지 인류가 해왔던 것처럼 인간은 이 문제를 해결하고 장밋빛 미래를 만들 수 있다.

그런데 인공지능 기술만이 아니라 요즘에는 기후변화로 인한 위기 문제도 미래의 삶에 큰 영향을 미칠 것이라고 한다. 농업 작물 생산에 변화가 일어나고 코로나19같이 세계적으로 영향을 미치는 감염병은 언제나 발생할 가능성이 높다.

또한 노동의 세계화도 노동의 미래에 영향을 준다. 제조업 공장은 더 값싼 노동력이 있는 나라로 옮겨갈 것이며 콜센터처럼 비대면으로 업무 처리가 가능한 경우는 인공지능이나 값싼 노동력으로 대체된다고 한다. 그러면 선진국의 일자리도 많이 줄어들 것이다. 어쩌면 선진국에서도 대면 업무가 필요한 초등학교 교사 등을 제외한 상당 부분의 일자리가 사라질 것이다.

이러한 미래의 큰 변화와 관련하여 달라질 산업과 노동 분야에서의 세부적인 변화에 대응할 준비를 미래 세대가, 그리고 정부가 해야 한다. 특히 노동 분야의 경우 어쩌면 현재의 「근로기준법」으로 해결 안 되는 새로운 노동 문제도 많이 발생할 것이기에 미리 준비해야 한다.

최근에 다양한 연령의 사람들이 모여서 무엇인가를 논의하면 누군가 최종적으로 이런 말을 한다. "그래도 그 제도가 도입되면 가장 직접적으로 오래 영향을 받을 젊은 세대가 결정하도록 해야 할 것 같은데 젊은 세대들의 생각은 어떤가요?" 미래 노동 문제와 관련한 사안에서 지속 가능한 측면을 고려하는 데도 마찬가지로 청소년의 생각이 중요할 것이다.

일반적으로 지속 가능성이라는 것은 지속 가능한 발전에서 온 것이다. '현재 세대의 필요를 위해 발전을 논의할 때 미래 세대의 필요에 대해서도 같이 고려해야 한다'는 의미를 담고 있다. 지속 가능성 논의에서는 현재 세대만이 아니라 미래 세대까지 공존할 방안을 찾는 것이 중요하다.

그러니 미래 세대인 청소년이 미래를 대비하여 현재 우리 사회에서 논의 중인 노동인권 의제, 그리고 제4차 산업혁명으로 달라지는 사회 변화를 고려한 노동인권 의제에 대해 의견을 내어보자.

의제 1 제4차 산업혁명을 고려하여 노동과 노동자 개념을 다시 보자

2021년 현재 「근로기준법」에 따르면 배달 라이더와 같은 수많은 플랫폼 노동자는 여전히 노동자가 아니다. 인터넷 등의 발달로 새롭게 생긴 직업으로 기존과 다른 방식으로 노동을 하기 때문이다. 아마 인공지능이 발달하면 또 다른 방식으로 일하는 새로운 노동과 노동자가 더 많이 증가할 것이다.

수많은 유튜버, 감염병 상황에서 일어나는 새로운 가게들과 노동 방식

등을 고려하면 비대면 노동의 영역도 증가할 것이다. 이렇게 되면 전통적인 노동과 그 노동을 하는 노동자를 위한 현재의 「근로기준법」으로 보호받지 못하는 새로운 노동자들이 많아질 것이다.

지금도 플랫폼 노동을 하는 경우, 근로계약을 통한 고용 조건이나 4대 사회보험 등에 대한 논의가 힘들다. 이들의 노동 과정에서 안전을 위한 조건으로 무엇을 갖추어야 하는지를 확정하기도 어렵다.

그러나 플랫폼을 기반으로 하는 노동 과정에서 나타나는 안전사고의 위험을 고려하면 현재의 「근로기준법」이 아니더라도 이를 해결할 방안을 찾아야 한다. 근로계약서 작성이 어렵다면 당사자 간 표준계약서 작성을 통한 해결 방안이라도 모색해야 하는 상황이다.

이에 2020년 4월에 '플랫폼 노동 대안 마련을 위한 사회적 대화 포럼(배달 분야)'이라는 대화협의체를 정부가 조직했다.[80] 이 조직에는 디지털 기반 택배 종사자 관련 노동조합 측 인사 4명, 관련 기업 측 인사 4명, 그리고 공익전문가 3명이 참여하여 위원회를 만들었다. 그 후 여러 차례의 토론과 심의, 합의의 과정을 거쳐 2020년 10월에 '플랫폼 경제 발전과 플랫폼 노동종사자 권익보장에 대한 협약'에 합의했다.

합의문에서는 배달 서비스와 관계자의 지위를 정의하고, 관련 기업에 배달노동을 하는 종사자의 안전과 보건에 대하여 의무와 책임을 부가했다. 특히 산재보험의 가입과 악천후 속에서 배달하는 과정에서 발생할 수 있는 안전사고를 방지하기 위한 대책 마련을 약속했다. 더불어 이들이 논의한 내용과 관련하여 정부와 국회에서 더 나은 정책과 법안이 만들어지길 바란다는 제안도 나왔다.

그러나 이런 과정을 보면 알 수 있듯 더 근본적으로 필요한 것은 누구를 노동자로 보아야 하는가에 대한 새로운 논의다. 현재 「근로기준법」의 노동자 개념은 산업혁명 초기의 개념을 그대로 사용하고 있다. 산업의 변화와 노동의 변화를 고려하면 사회적 약자로서 노동자는 누구인지에 대하여 새롭게 개념을 정의해야 할 것이다. 이에 대해 깊이 논의해 보자.

노동 인권 토론방

① 사회적 약자라는 측면에서 보호받아야 할 지위로 노동자 개념을 새롭게 정의 한다면 어떻게 해야 할까?

② 인간이 로봇의 지배 아래에서 노동하지 않으려면 노동과 관련하여 어떤 점에 대한 합의가 필요할까?

③ 미래에는 노동보다 창조적 휴식을 더 많이 즐기며 살 것이라고 하지만 현재 대 부분 사회에서 노동자가 만족할 만한 휴식을 누리지 못한다. 일을 적게 하면서 도 만족할 만한 휴식을 누리기 위해서는 어떤 제도나 정책이 필요할까?

의제 2 전국민 고용보험 도입해야 할까?

코로나19로 사회적 거리두기가 강화되면서 일을 하지 못하는 집단이 생겼다. 자영업을 하는 사람 중에 노래방이나 PC방을 운영하는 사람들, 프리랜서로 공연예술을 하는 사람들이 그런 상황에 처했다.

그러면서 '전국민 고용보험제도'라는 것을 도입하자는 논의가 시작되었 다. 우리나라에는 고용보험제도가 있다. 고용보험은 임금을 받는 노동자 가 자신의 월급 중 일부를 내고 노동자를 고용한 기업에서 일부를 내어 미래의 실직 상황을 대비하도록 하는 것이다.

이는 어쩔 수 없이 실직한 노동자가 다시 일자리를 찾기 전에 필요한 생활비나 새로운 직업을 갖는 데 필요한 훈련비 등을 금전적으로 지원한 다. 일하지 못해서 위기를 맞았을 때 극복하도록 도와주는 최소한의 사회 안전망 역할을 하는 것이다.

그렇다면 고용보험 대상을 전국민으로 확대하자는 것은 어떻게 바꾸자는 것일까? 여기서 말하는 전국민은 청소년 등 모든 사람이 아니다. 노동자는 아니지만 직업을 가지고 노동하여 생계 벌이를 하는 모든 사람에게 고용보험을 적용하자는 것이다.

이렇게 되면 임금노동자 이외에 예술 창작자, 특수고용되어 노동하는 사람들(플랫폼 노동자 포함), 프리랜서, 인턴 노동을 하는 등의 경우까지 대상자가 확대될 수 있다. 최근 「고용보험법」이 개정되어 예술종사자와 노무 제공자(보험 설계사, 방문 교사, 택배 기사, 방과후 교사 등)에게도 고용보험이 적용되고 있다.

노동자가 아니더라도 이들 모두가 일자리를 보장받기 어렵다는 사회 현실을 고려하면 '고용보험을 확대하면 좋지 않은가? 뭐가 문제인가?'라

🔍 알아봅시다

가난했던 조앤 롤링이 『해리포터』를 쓸 수 있었던 이유
··

영국의 소설가 조앤 롤링은 실업수당을 받아서 살다가 지역에서 제공한 창작지원금을 받아서 『해리포터』 시리즈를 출판한 것으로 유명하다.

고용보험의 경우 노동자로 일하다가 실직을 한 후 지속하여 일자리를 구하는 활동을 해야 실직수당을 받을 수 있다. 그런데 조앤 롤링과 같은 창작자가 일자리를 구하러 다니면서 소설과 같이 긴 호흡이 필요한 창작을 지속하기란 어려운 일이다.

이러한 이들을 돕기 위하여 일정 기간 창작에 전념할 수 있도록 지역사회에서 젊은 예술가에게 금전적으로 지원하는 것이 창작지원금이다.

창작지원금은 실직수당과 달리 고용보험을 들지 않아도 대상이 된다. 즉, 이전에 취업하여 고용보험에 가입하지 않아도 수혜 대상이 되는 것이다. 다만 예술 창작 재능이 있는 일부 프리랜서 창작자만이 대상이 된다.

고 생각할 것이다. 문제는 고용보험은 노동자만 가입하도록 되어 있고 그 비용을 노동자와 사용자가 반씩 부담한다는 점과 관련이 있다.

전국민 고용보험제도를 현재처럼 도입하면 조그마한 가게를 하는 자영업자나 창작자들의 보험료 액수와 누가 보험료를 낼 것인가와 관련하여 노동자와 다른 변수가 발생한다.

고용보험은 매달 자신의 소득에서 일정액을 의무적으로 내야 하는데 이 보험료를 매달 내는 것이 부담이라는 영세 자영업자나 창작자가 많다. 예를 들어 내가 연극배우인데 한 달 일해서 1백만 원을 번다고 하자. 이 돈으로는 주거비나 식비 등을 내고 나면 건강보험료도 내기 어려운 경우가 생긴다. 당연히 고용보험료까지 내기는 더욱 어렵다.

또 특수고용직이나 플랫폼고용직은 법적인 사용자는 아니지만 실제적 사용자처럼 되어 있는 사업장(예를 들어 '○○배달라이더'에 플랫폼 노동을 하는 경우 '○○배달라이더'는 플랫폼 노동자의 법적인 사용자는 아니지만 실질적인 사용자이다)에서 임금노동자의 사용자가 부담하는 정도의 고용보험료를 부담해야 하는데, 해당 사업장이 이것을 거부한다.

자영업자나 프리랜서 등의 상황은 더 열악하다. 보험료의 일부분을 납부할 사용자가 없으므로 그 몫을 고스란히 가입자가 단독으로 내야 하는 상황이 생기는 것이다. 그래서 평소의 수입이 보험료 전액을 납부하기 어려운 정도라면 그 일부분을 국민의 세금으로 부담해야 하는 경우가 발생할 수도 있다.

모든 취업자의 실직을 대비해 대체 소득을 준비하는 복지 차원에서 전 국민 고용보험제도를 도입하자고는 하지만, 실제 이를 도입하기 위해서는 경제적 비용이 생긴다. 이 비용은 결국 더 많은 세금으로 이어진다.

그럼에도 제4차 산업혁명이나 기후변화 상황에서 나타날 일상적 실직 위기를 고려하면 전국민 고용보험제도를 통해 사회적 안전망을 갖추어야 할 필요성은 높다.

인 권 토론방

① 전국민 고용보험제도는 필요성은 있지만 그에 대한 사회적 부담도 있다는 점에서 쉽게 결정하기 어렵다. 전국민 고용보험제도를 도입해야 할까?
② 전국민 고용보험제도를 도입하면 그 대상을 어디까지 확대해야 할까?
③ 전국민 고용보험제도를 도입하면 자영업자나 프리랜서 창작자, 아주 적은 소득을 버는 이들의 보험료 일부를 국가가 부담해야 할까?

의제 3 일자리가 사라질 미래, 소득은 어디서 얻을까?

우리 모두는 노동을 하지 않고 살기를 원하지만 이는 불가능하다. 그래서 가장 불안한 것은 실직의 위험성이다. 제4차 산업혁명으로 많은 일자리가 사라지고 불평등은 더 강력해질 전망이다.

어떤 공간에 문제가 있을 때 아무런 조건 없이 문을 열고 나가게 하면 최소한의 문제는 해결된다. 당연히 일자리가 부족하고 불평등이 생기는 이유는 돈이 부족한 것이니, 이 경우에 문을 여는 것은 소득을 주는 것이다. 아무런 의무 없이 누구에게나 보편적으로 최소한의 소득을 주는 것. 바로 이것이 기본소득이다.[81]

기본소득은 한 공동체 구성원에게 보편적으로 동일한 현금을 주어서 생활에 필요한 소득을 대체하도록 하는 것이다. 공공부조의 성격을 갖지만 대상은 '누구나'이다. 기본소득 도입을 추진한 나라들은 기본소득으로 안정된 생활을 누리면서도 일자리를 찾아서 소득을 올리고 인간다운 삶을 살 수 있다는 점에서 복지병을 줄이고 사회 불평등을 해결할 것이라고 보았다.

테슬라의 CEO인 일론 머스크가 2017년 두바이에서 열린 한 국제행사에서 "기본소득은 필수가 될 것이다"라고 했을 때, 수많은 IT 기업의 CEO가 지지 의견을 제시했다. 더구나 이들 IT 기업이 몰려 있는 샌프란시스코의 실리콘밸리에서는 AI 등의 도입으로 발생하는 실직자를 대상으로 기본소득을 주는 방안과 관련된 실험도 하고 있다.

그러나 반대 의견도 많다. 기본소득이 보편적으로 누구에게나 주는 것이기 때문이다. 소득이 적은 집단을 대상으로 선별적 복지를 하는 것이 더 낫다는 주장이다. 또한 개발도상국에서는 의미가 있지만 선진국에서는 효과가 없다는 주장도 있다. 일자리를 갖지 않는 사람들 다수를 더 게으르게 할 것이며 복지 비용만 증가시킨다는 이유에서이다.

우리나라에서도 기본소득의 도입과 관련하여 찬반이 나뉘고 있다. 보편적 복지로서 불평등 완화에 도움을 줄 것이라는 장점도 제시되지만, 국가 재정만 축내고 일하지 않는 사람들을 증가시킬 것이라는 우려도 있다. 인공지능의 활성화에 따라 노동을 통해 얻는 소득이 줄어들면 기본소득이 해결책이 될까? 아니면 또 다른 복지 정책을 통해 사회적 불평등과 일자리를 갖지 못한 사람들의 빈곤을 해결할 수 있을까?

① 실리콘밸리에서 이루어지는 기본소득 실험 결과가 나오면 이를 살펴보고, 우리나라에 도입 가능할지 의견을 제시해 보자.

② 기본소득 도입이 복지병을 만들지 사회 불평등 해결 방안이 될지 의논해 보자.

③ 인공지능으로 다수의 사람들이 일자리를 찾기 어려운 상황에서 대체소득을 위한 사회복지제도에서는 무엇을 강조해야 할까?

④ 인공지능 시대에 새로운 복지제도를 위한 국가 재정을 확보해야 한다. 국가는 어떻게 관련 재정을 확보할 수 있을까? 만약 향후 사회복지제도를 변경하거나 확대한다면 어떻게 재원을 확보하는 것이 좋을까?

의제 4 노동과 산업의 변화, 노동조합 활동이 변해야 하지 않을까?

「근로기준법」에는 제조업 노동조건 개선과 관련한 사항이 많았다. 노동조합의 활동도 이에 맞춰 이뤄졌다. 이러한 법과 활동은 여전히 필요하다. 그러나 새로운 직종의 노동자를 위한 법과 활동도 필요하다.

이제 우리나라도 제조업보다 서비스업 종사자가 많다. 스타트업 등 AI나 IT 기업은 기존 제조업과는 노동조건이 완전히 다르다. 업무 시간, 업적 산정 방식, 임금 등에서 개인의 창의성을 강조한다. 사용자와 노동자가 정확하게 구별되지 않고 파트너 형태로 노동하는 경우도 많다.

더구나 정부가 세금을 많이 거두어 복지 정책을 강화하면서 노동자의 실직이나 산업재해 등에 대한 대비도 과거에 비해 조금씩 안정화되고 있다. 이에 노동 선진국의 경우에는 노동조합의 필요성이나 역할이 감소하고 많은 나라에서 노동조합에 가입하는 노동자 비율이 줄어들고 있다.

우리나라도 노동조합 활동이 너무 제조업 노동자 위주로 이루어진다고 비판받는다. 아르바이트나 인턴, 비정규직 노동자 권리보다는 오랜 경력의 정규직 노동자 권리 보장을 더 강조한다는 비판을 받기도 한다.

어떤 노조에서는 몇십 년 이상 일한 정규직 노동자의 자녀를 시험 없이 그 회사의 정규직으로 입사시켜 달라는 요구를 했다. 이는 자녀에게 고소득 일자리를 승계하겠다는 주장이어서 사회적 비난을 받았다.

달라지는 노동 양상을 고려할 때, 노동조합의 역할과 주장도 달라져야 한다고 말한다. 어떤 점을 논의할 수 있을까?

노
인 권 토론방

① 노동조합과 노동3권은 노동자가 사용자와 평등한 지위에서 계약할 수 있는 환경을 만들어 주었다. 그렇다면 아르바이트, 인턴, 비정규직, 파견노동자 등 노동 약자가 사용자, 그리고 정규직 노동자와 평등하게 노동권리를 누리도록 하기 위한 방안은 무엇이며 이를 위한 노동조합 활동은 어떻게 이루어져야 할까?
② 제4차 산업혁명으로 인해 산업과 노동이 변하면 앞으로도 노동조합이 계속 유지될까? 노동조합을 대체할 새로운 기구가 나올까?

의제 5 고용의 유연화 양상, 새로운 삶의 방법을 설계해야 하지 않을까?

1980년 이후에 당시 4인 가족은 가장이 회사에서 노동하여 정직하게 번 돈으로 먹고살면서 자녀 교육도 시키고 저축하는 것이 가능했다. 크게 부자는 되지 못해도 한곳에 정착하여 안정된 삶을 살 수 있었다.

그 가족의 자녀가 성인이 되어 취업한 2010년경 이후, 그 자녀는 부모의 헌신적인 노력으로 부모 세대보다 힘들지 않은 일을 하고 맞벌이도 하기에 부모 세대보다 더 많은 소득을 올렸다. 그러나 그들이 취업한 곳은 정년을 보장하지 않아서 몇 년 단위로 이직을 하고 이사를 해야 했다.

「근로기준법」에서 제시하는 근무시간보다 더 많이 일하지만 계약직이었기에 업적을 쌓지 않으면 실직당할 위기를 항상 느꼈다. 소득은 늘었지만 소비는 더 늘었고 평온한 일상보다는 항상 불안정한 생활이 더 많이 나타난다. 수명이 길어져서 노후 생활 자금에 대한 불안도 크다.

이 가족의 자녀인 지금의 청소년 세대가 2040년경 이후에 가족을 이루어 일할 시기에는 어떤 노동을 하고 어떤 삶을 살아가게 될까? 오늘날 일자리와 관련하여 유연화 시대라고 한다. 말 그대로 일자리나 노동이 안정적이지 않아서, 단기적이면서 변동성이 크다는 것이다.

과거 세대가 같은 일을 하면서 안정적으로 경력 관리를 하여 퇴직하던 것에 비해, 이제 취업하는 이들 대부분은 평생 같은 일을 하면서 같은 직장을 다니거나 같은 지역에서 안정적으로 살기 어려워졌다. 졸업 후에 바로 취업하기도 쉽지 않다. 많은 이들이 인턴이나 비정규직 등 불안정한 일자리에 취업한다. 정규직보다 비정규직으로 일하게 될 가능성도 높다.

다양한 이유로 재택근무가 증가하면서 스스로 비용을 낸 공간에서 일하기도 한다. 수명이 늘어나면서 노인층의 연령을 올리고 과거보다 더 오래 일하게 될 것이라는 예견도 나온다. 그러니 여기에 제시된 것 외에도 일하면서 살아갈 나의 미래에 대하여 생각을 해보아야 한다.

노동 인권 토론방　더 나은 노동을 위해 같이 이야기해 봅시다

① 향후 주 3~4일 근무제로 바뀌면 일하지 않는 시간을 보내기 위해 더 많은 돈이 필요하다. 어떤 정책이 필요할까?

② 노동의 유연화로 이동이 많아지면 인간관계가 불안정해지고 이로 인한 혼란도 커진다고 한다. 인간관계를 잘 유지하기 위해 어떤 준비를 해야 할까?

③ 일부 학자들은 미래에는 인간이 대면하여 서비스를 해주는 일자리만이 유지될 것이라고 한다. 그런 직업은 어떤 일일까? 이를 고려하여 내가 가질 직업을 설계해 보면 어떤 준비를 해야 할까?

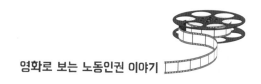

〈카트〉

• 영화 정보

2014년에 만들어진 한국 영화이다. 12세 이상 관람가로, 104분 동안 상영된다.

• 생각할 거리

1. 오랫동안 최선을 다해서 일을 하던 직장에서 비정규직이지만 조만간 정규직이 될 것이라는 믿음으로 일하다 일방적인 해고 통보를 받으면 어떤 마음이 들지 적어보자.

2. 영화에 드러나는 반노동 정서를 보여주는 대사는 어떤 것인지 찾아보고, 그것이 영화 주인공에게 어떤 의미로 다가가는지 살펴보자.

3. 여성의 노동에 대하여 어떻게 평가하는지, 관련된 대사를 찾아보자. 이에 대하여 영화 주인공이 무엇이라고 말하는지 살펴보자. 우리가 노동에 대하여 어떤 편견과 차별부터 없애야 하는지 생각해 보자.

4. 영화에서 주인공들이 겪는 문제의 근본적인 원인은 법과 제도가 주인공들의 노동을 지켜주지 못하는 현실 때문이다. 그런 점에서 노동3권의 중요성을 다시 한 번 생각해 보자.

5. "저희가 바라는 건 큰 게 아니에요. 저희를 투명인간 취급하지 말아달라는 거예요"라는 대사를 통해 우리 사회가 어떻게 달라져야 하는지 생각해 보자.

더 나은 노동을 위한 생각 더하기

1. 우리 학급 학생들이 스스로 가진 노동과 노동자에 대한 편견과 고정관념에 대하여 적어보게 하고, 그러한 내용이 왜 편견이고 고정관념인지를 분석하는 과정을 거쳐 몇 가지 유형으로 분류하여 보고서로 작성해 보자.

2. 신문 기사 등을 참조하여 '올해 최악의 노동3권 기업'을 선정해 보자. 국내외를 통틀어 올해 노동3권을 지키지 않은 최악의 기업이나 사용자 혹은 자본가를 찾고 그렇게 선정한 이유를 적어보자.

3. 자신이 창업하고 싶은 기업은 어떤 것인지 소개해 보자. 그러한 기업을 창업할 때 해당 기업의 인권경영을 위한 구체적인 지침 다섯 가지를 정하여 제안해 보자.

4. 인권경영 관점에서 우리 학교와 학급이 운영되기 위해서 우리 학교, 학급 구성원이 가져야 할 행동 방안에 대하여 토의하고 이를 정리해 보자.

5. 정부가 조정 역할을 하여 노동자와 사용자 간 혹은 노동자와 소비자 간 갈등이 일어난 경우에 이를 해결한 사건이 있는지 조사해 보자.

6. 2021년 ILO 기본협약과 관련하여 국회 비준 이후에 노동 관련 법이 개정된 것이 있는지 조사하여 그 의미를 평가해 보자.

7. 노동인권을 위해 우리 사회에 꼭 필요한 법이 무엇인지 제안하고 구체적인 입법 내용은 무엇이 되어야 하는지 정리해 보자. 그리고 이러한 법안을 만들도록 국회에 의견을 내는 방법을 조사하여, 실제로 우리 학교가 속한 지역구의 의원에게 의견을 내보자.

아는 사람 중에 차를 운전하면서도 자동으로 고속도로 통행료를 낼 수 있는 하이패스 카드를 사용하지 않는 이가 있다. 하이패스 카드를 사용하는 사람이 많아지면 고속도로에서 통행증을 발급하는 노동자가 일자리를 잃을까 걱정해서이다. 노동인권에 대한 감수성을 느낄 수 있다.

일상에서 우리는 노동과 노동자와 연결되어 있다. 노동이 여전히 남의 이야기 같고 다른 사람의 문제인 것 같지만 우리 가족의 이야기이고, 주변 사람의 이야기이며, 곧 나의 이야기가 된다. 이 책을 읽은 청소년 여러분도 조만간 일을 하게 될 것이다.

모든 사회에서 사람들이 일하는 모습과 일하는 위치는 다 다르다. 노동하는 미래의 여러분의 위치도 그 어디쯤에서 다른 사람과 다르게 있을 것이다. '다양성이 표준'인 세상에 우리는 살고 있다. 노동에서도 우리는 다양성을 표준으로 여기면서 모든 노동이 존중받도록 하는 방법을 찾아보아야 할 과제를 갖게 되었다.

1944년에 노동인권을 강조한 '필라델피아 선언'을 보면, 당시 새롭게 노동과 노동자를 바라보기 위한 관점을 제시하고 있다. "노동은 상품이 아니다. (노동자의) 표현의 자유와 결사의 자유는 부단히 진보해 온 필수불가결한 조건이다. 일부 집단의 빈곤은 전체의 번영을 위태롭게 한다."

이로부터 많은 세월이 흘렀다. 새로운 세기를 살고 있는 우리는 이보다 조금 더 나아간 노동과 노동자에 대한 인식을 가져야 하지 않을까?

달라진 세상에서, 새로운 노동을, 그리고 새로운 삶을 꿈꾸어 보자. 함께 만들어보자.

2022년 1월

구정화

꼭 알아둬야 할
청소년 노동 관련 서류

연소근로자(18세 미만인 자) 표준 근로계약서

_____(이하 "사업주"라 함)과(와)_____(이하 "근로자"라 함)은 다음과 같이 근로 계약을 체결한다.

1. 근로 계약 기간:_____년___월___일 부터_____년___월___일까지

    ※ 근로 계약 기간을 정하지 않는 경우에는 "근로 개시일"만 기재

2. 근무 장소:

3. 업무의 내용:

4. 소정 근로 시간:___시___분 부터___시___분 까지

            (휴게 시간:___시___분~___시 ___분)

5. 근무일/휴일: 매주____일(또는 매일 단위) 근무, 주휴일 매주____요일

6. 임금 • 월(일, 시간)급:_____원

    • 상여금: 있음 ( )_____원, 없음 ( )

    • 기타 급여(제수당 등): 있음 ( ), 없음 ( )

    ·   원,   원

    ·   원,   원

    • 임금 지급일: 매월(매주 또는 매일)_____일(휴일의 경우는 전일 지급)

    • 지급 방법: 근로자에게 직접 지급( ),

            근로자 명의의 예금통장에 입금( )

7. 연차유급휴가

    • 연차유급휴가는 근로기준법에서 정하는 바에 따라 부여함

8. 가족관계증명서 및 동의서

- 가족관계 기록 사항에 관한 증명서 제출 여부:_____

- 친권자 또는 후견인의 동의서 구비 여부:_____

9. 사회보험 적용 여부(해당 란에 체크)

  □고용보험 □산재보험 □국민연금 □건강보험

10. 근로계약서 교부

- 사업주는 근로 계약을 체결함과 동시에 본 계약서를 사본하여 근로자의 교부 요구와 관계 없이 근로자에게 교부함(근로기준법 제17조, 제67조 이행)

11. 근로계약, 취업규칙 등의 성실한 이행의무

- 사업주와 근로자는 각자가 근로계약, 취업규칙, 단체협약을 지키고 성실하게 이행하여야 함

12. 기타

- 13세 이상 15세 미만인 자에 대해서는 고용노동부 장관으로부터 취직인허증을 교부받아야 하며, 이 계약에 정함이 없는 사항은 근로기준법령에 의함

_____년____월____일

(사업주) 사업체명:_____(전화:_____)

주소:_____

대표자:_____(서명)

(근로자) 주소:_____

연락처:_____

성명:_____(서명)

친권자(후견인) 동의서

○ 친권자(후견인) 인적 사항

성명: _____

생년월일: _____

주소: _____

연락처: _____

연소근로자와의 관계: _____

○ 연소근로자 인적 사항

성명:_____(만___세)

생년월일: _____

주소: _____

연락처: _____

○ 사업장 개요

회사명: _____

회사 주소: _____

대표자: _____

회사 전화: _____

    본인은 위 연소근로자_____가 위 사업장에서 근로를 하는 것에 대하여 동의합니다.

_____년 ___월 ___일

친권자(후견인)_____ (인)

첨부: 가족관계증명서 1부

314

15세 미만인 자의 취직인허증 [□교부 □재교부] 신청서

<table>
<tr><td rowspan="2">15세
미만인 자</td><td>성명</td><td></td><td>주민등록번호</td><td></td></tr>
<tr><td>주소</td><td colspan="3">(전화:)</td></tr>
<tr><td rowspan="5">사용자</td><td>사업장명</td><td></td><td>사업의 종류</td><td></td></tr>
<tr><td>대표자 성명</td><td></td><td>주민등록번호</td><td></td></tr>
<tr><td>소재지</td><td colspan="3">(전화:)</td></tr>
<tr><td>15세 미만인
자의 종사 업무</td><td></td><td>임금</td><td></td></tr>
<tr><td>근로 시간</td><td></td><td>사용 기간</td><td></td></tr>
<tr><td rowspan="4">학교</td><td>학교명</td><td></td><td></td><td></td></tr>
<tr><td>소재지</td><td colspan="3">(전화:)</td></tr>
<tr><td>수업 시간</td><td colspan="3"></td></tr>
<tr><td>의견</td><td colspan="3"></td></tr>
<tr><td rowspan="3">친권자 또는
후견인</td><td>성명</td><td>(서명 또는 인)</td><td>주민등록번호</td><td></td></tr>
<tr><td>주소</td><td colspan="3">(전화:)</td></tr>
<tr><td>15세 미만인
자와의 관계</td><td></td><td>동의 여부</td><td></td></tr>
</table>

「근로기준법」 제64조 제1항, 같은 법 시행령 제35조·제39조 및 같은 법 시행규칙 제11조 제1항·제2항에 따라 위와 같이 15세 미만인 자의 취직인허증의 [□교부 □재교부]를 신청합니다.

_____년 ____월 ____일

사용자가 될 자_____ (서명 또는 인)

15세 미만인 자_____ (서명 또는 인)

○ ○지방고용노동청(지청)장 귀하

<table>
<tr><td>구비서류: 취직인허증을 못 쓰게 되거나 잃어버리게 된 사유서
(재교부를 신청하는 경우에만 첨부합니다)</td><td>수수료
없음</td></tr>
</table>

| 미주 |

1) "오드리 헵번 23주기 '두 손 중 하나는 타인 돕는 손'"(국민일보, 2016. 1. 21자 기사)

2) 〈대화의 희열〉(KBS 2TV, 2019. 6. 15자 방송)

3) 이 부분의 내용을 구성하면서 유럽에서 변화한 노동의 역사에 초점을 두는 것이 마음에 걸렸다. 서구 중심주의적 사고가 반영되기 때문이다. 그러나 현재 우리가 살아가는 자본주의 사회의 노동이 유럽 사회의 노동 역사와 관련이 크다는 점에서 어쩔 수 없이 유럽 중심의 노동의 변화에 맞추어 서술할 수밖에 없었다는 점을 핑계처럼 기술해 둔다.

4) 〈뉴스룸〉(JTBC, 2018. 3. 20자 방송) '팩트 체크' 코너에서 '근로'라는 용어가 일제 잔재인지를 알아본 바 있다.

5) "노동력·아이디어 결합 브라운칼라 시대 온다"(서울경제, 2013. 7. 3자 기사)

6) "지하철 9호선 '준법투쟁'…내일 '출근길 대란' 우려"(노컷뉴스, 2019. 9. 25자 기사); "지하철 9호선 노조, 준법투쟁 돌입…'위탁구조 폐지하라'"(SBSCNBC, 2019. 9. 26자 기사)

7) 영국의 법학자 헨리 메인의 『고대법』에서 봉건제에서 근대 사회로의 이행에 대하여 표현한 말이다.

8) 이 사례와 아래에 제시한 댓글은 "'백화점 주차요원들 이 추위에 왜 코트 입나요?'"(스포츠경향, 2021. 1. 6자 기사)를 참고했다.

9) "총파업 앞둔 노동자 울린 한 학교 가정통신문"(미디어오늘, 2019. 6. 28자 기사)

10) "[단독] 휴대폰 자급제율 높으면 교체주기 길다"(세계일보, 2017. 10. 11자 기사)

11) 「미성년 아동 노동에 관한 영국 의회 조사 보고서」(영국 의회, 1830)

12) "유니세프에서 전하는 세계 아동노동의 실태"(유니세프한국위원회 홈페이지, 2015. 4. 30자 스토리)

13) "유니세프·국제노동기구, 코로나 19로 어린이 수백만 명 노동 현장으로 내몰릴 위험 우려해"(유니세프한국위원회 홈페이지, 2020. 6. 12자 뉴스)

14) 이 소제목의 내용은 「청소년의 아르바이트 경험: 그 과정과 의미에 대한 질적 연구」, 『한국청소년연구』 32권(한경혜, 2000, 한국청소년정책연구원)을 참고해서 작성했다. 특히 청소년의 인터뷰 부분은 172쪽의 내용을 인용한 것이다.

15) 이 소제목의 내용은 「아르바이트 청소년의 성장 경험에 관한 현상학적 연구」, 『한국콘텐츠학회논문지』 17호(구승신, 2017, 한국콘텐츠학회)를 참고해서 작성했다. 특히 아르바이트생의 인터뷰 부분은 414쪽의 내용을 인용한 것이다.

16) "가톨릭 청소년, '노동'이란 말 들으면 '힘듦'부터 떠올린다"(가톨릭평화신문, 2016. 5. 8자 기사)

17) 『청소년 아르바이트 실태조사 및 정책방안 연구 II』(황여정·김정숙·이수정·변정현, 2015, 한국청소년정책연구원)

18) 국가기록원 홈페이지(https://theme.archives.go.kr//next/koreaOfRecord/PartTimeJob.do)

19) 『십대 아르바이트 조사 연구』(서울시실업대책위원회, 2000, 서울특별시)

20) 『아동·청소년 권리에 관한 국제협약 이행 연구: 한국 아동·청소년 인권 실태 2019 - 총괄보고서』(김영지·김희진·이민희·김진호, 2019, 한국청소년정책연구원)

21) 이 내용은 고용노동부 홈페이지에 올라온 '연소근로자 보호 홍보 리플렛'을 참고하고 2021년에 바뀐 법을 기반으로 하여 제시했다. 세부 내용은 2장 챕터 5와 챕터 6에서 다룬다.

316

22) 「고등학생의 청소년 노동권리 인지 및 침해 경험 관련 요인 분석 – 청소년 노동권리 보호방안 탐색을 위하여」, 『법과인권교육연구』 10권 1호(구정화, 2017, 한국법과인권교육학회)

23) 「청소년 아르바이트 실태조사 및 정책방안 연구 Ⅱ」(황여정·김정숙·이수정·변정현, 2015, 한국청소년정책연구원)

24) "청소년 또래 노동인권지킴이 활동"(김주원, 비정규 노동 홈페이지, 2019. 2. 26자 게시글)의 내용을 발췌하여 대화체로 재구성한 것이다.

25) "우리 교실에 '노무사 친구'가 있어요"(한겨레, 2015. 12. 18자 기사)의 내용을 재구성한 것이다.

26) "[팩트체크] '미스터트롯' 만12세 정동원 새벽까지 생방…'위법'?"(머니투데이, 2020. 3. 13자 기사)

27) "프랑스, '아동 유튜버' 수익 16세까지 인출 못한다"(세계일보, 2020. 10. 8자 기사)

28) "[편집국에서] 이런 시급!"(한국일보, 2015. 3. 10자 기사)

29) "연소자의 근로조건"(월간 노동법률, 2020. 9. 2자 기사)

30) "반신반의했던 첫 현장실습, 기업도 학생도 '엄지척'"(제주의소리, 2018. 12. 28자 기사)

31) "한미르호 타고 3개월간 승선실습하는 수산계 고등학생들의 현장 이야기"(김현아, 해양수산부 공식 블로그, 2019. 12. 18자 게시글)

32) "「경제협력개발기구(OECD) 교육지표 2020」 결과 발표"(교육부 홈페이지, 2020. 9. 8자 게시글)

33) 「직업계고 현장실습의 현황과 개선 방향」, 『이슈페이퍼』(이병욱, 2017, 한국교육개발원)

34) 『진로교육과 진로상담』(김충기·김현옥, 2000, 건국대학교출판부)을 참조하여 재구성했다.

35) "'우리는 저임금 노동자인가요'…'인권·안전 사각지대' 특성화고 현장실습"(헤럴드경제, 2019. 1. 23자 기사)

36) "제주지법 故 이민호군 사고 업체 대표·공장장 징역형 선고"(미디어제주, 2019. 1. 28자 기사); "'또래 친구 죽음' 진실 밝히려 나선 고교생들… 제주도 현장실습생 이민호군 사망사건 조사"(경향신문, 2017. 11. 22자 기사)

37) "현장실습, 더 이상 '목숨'을 담보로 걸고 할 순 없습니다"(오마이뉴스, 2017. 4. 23자 기사)

38) 전국교직원노동조합 직업교육위원회가 출간한 『직업교육과 노동인권』 2020 가을호의 22~27쪽 내용을 바탕으로 재정리했다.

39) "자본의 힘에 짓눌린 '친절'이라는 미덕"(매일경제, 2015. 9. 30자 기사)

40) 이 책은 우리나라에서 『감정노동』(앨리 러셀 혹실드, 2009, 이매진)으로 번역 출간되었다.

41) 이 책은 우리나라에서 『그림자 노동』(이반 일리치, 2015, 사월의책)으로 번역 출간되었다.

42) 『2018 교과서 모니터링 사업』(구정화 외, 2018, 국가인권위원회)

43) 〈비디오스타〉(MBC every 1, 2021. 2. 23자 방송)

44) 관련 내용은 "'앉으라고 준 의자가 아니래요' 판매노동자들의 '앉을 권리'"(노컷뉴스, 2018. 10. 3자 기사)에서 확인할 수 있다.

45) 관련 내용은 "인권위 '백화점·면세점 노동자 '서서 대기자세' 유지 금지해야"(한겨레, 2019. 8. 8자 기사)에서 확인할 수 있다.

46) 관련 내용은 "우리나라 근로자 연차유급휴가는 14.2일"(뉴스워치, 2016. 8. 19자 기사)에서 확인할 수 있다.

47) 관련 내용은 "'한국은 심각한 과로사회': 일과 삶 균형지수 2020"(국민총행복전환포럼 블로그,

2021. 1. 25자 게시글)에서 확인할 수 있다.

48) 「2020년 가계금융복지조사 결과」(통계청·한국은행·금융감독원, 2020. 12. 17자 발표 자료)

49) 「2018년 임금근로일자리 소득(보수) 결과」(통계청, 2020. 1. 22자 보도자료)

50) "'폐암 사망' 급식노동자 첫 산재 인정…'12년간 튀김·볶음'"(한겨레, 2021. 4. 8자 기사)

51) "A과학고 교사들 잇단 희귀암 육종… '3D 프린터 공포' 확산"(오마이뉴스, 2020. 8. 3자 기사)

52) "황상기 반올림 대표 '11년전 딸과의 약속 지켰다'"(조선일보, 2018. 11. 23자 기사)

53) 「수면시간이 청소년들의 정서에 미치는 영향」, 『대한소아신경학회지』(이정진·강정희·이선경·채규영, 2013, 대한소아신경학회)

54) "[건강한 당신] 밤을 잊은 그대, 살 찌고 발암 위험 높다"(중앙일보, 2016. 9. 26자 기사)

55) 관련 내용은 "월요병 시달리다 쓰러지면…'산업재해 인정'"(채널A, 2018. 9. 3자 기사)에서 확인할 수 있다.

56) 관련 내용은 "16개월간 밤샘근무…'쿠팡 과로사' 산업재해 인정"(MBC뉴스, 2021. 2. 10자 기사)에서 확인할 수 있다.

57) "오늘도 3명이 퇴근하지 못했다"(경향신문, 2019. 11. 21자 기사)

58) 관련 자료는 「통계가 현실을 반영해야 하는 이유」, 『2019년 산업재해발생현황』 2020 봄호(남준규, 2020, 노동건강연대)에서 확인할 수 있다.

59) "[팩트체크] '한국은 세계 최악의 산재국가'?"(NEWSTOF, 2019. 12. 24자 기사)

60) "산재급여 신청으로 불이익 주면 '산업재해보상보험법' 위반"(고용노동부 홈페이지, 2019. 12. 10자 정책뉴스)

61) 「'20년 산업재해 사망사고 통계발표」(KDI 홈페이지, 2021. 4. 14자 고용노동부 보도자료)

62) '용균이를 만났다', 〈VR 휴먼다큐멘터리 너를 만났다〉(MBC, 2021. 2. 4자 방송)

63) 『노동자의 변호사들』(민주노총법률원·오준호, 2014, 미지북스)

64) 관련 내용은 "'공부 못하니 배달이나' 학벌사회가 만든 촌극"(아시아 경제, 2021. 2. 4자 기사)에서 확인할 수 있다.

65) "'우리를 불쌍하게 보지 마세요.'…화재 진압 후 '컵라면' 먹는 사진 싫다고 고백한 '현직 소방관'"(인사이트, 2020. 11. 12자 기사)

66) "남성엔 '정장', 여성엔 '비키니'…인공지능, 이미지도 편견 따라 만든다"(한겨레, 2021. 2. 5자 기사)

67) 〈유 퀴즈 온 더 블록〉(tvN, 2020. 8. 20자 방송)

68) 관련 내용을 더 공부하고 싶다면 『공정하다는 착각』(마이클 샌델, 2020, 와이즈베리)를 참조하자.

69) "[세상 읽기] 근로기준법을 교육하라"(정정훈, 한겨레, 2015. 11. 15자 칼럼)

70) "'삼성노조 와해' 임직원에 2심서도 실형 구형…이상훈 '책임 통감'(종합)"(news1, 2020. 6. 15자 기사)

71) "머리는 묶거나 단발, 양말은 흰색만…'학교가 감옥 같아요'"(한겨레, 2021. 5. 20자 기사)

72) 『자본주의 역사 바로 알기』(리오 휴버먼, 2000, 책벌레) 214쪽의 내용을 바탕으로 썼다.

73) 『노동자의 변호사들』(민주노총법률원·오준호, 2014, 미지북스)

74) 대법원 판결문(대법원 2003. 7. 22., 선고, 2002도7225, 판결)

75) "미래 사라질 직업 1위 '번역가' vs 생존 직업 1위 '연예인'"(파이낸셜뉴스, 2018. 4. 2자 기사)

76) "급성장하면서 일하기 좋은 美기업은?"(머니투데이, 2009. 12. 3자 기사)

77) "구글보다 페북이 일하기 좋은 기업인 까닭은 뭘까"(이코노믹리뷰, 2017. 12. 7자 기사)

78) 영국의 불법파업과 그에 대한 법적인 책임 관련 사항은 「영국에서의 불법파업과 법적 책임」, 『국제 노동브리프』 4월 호(심재진, 2014, 한국노동연구원)를 참조하였으며, 이하의 내용도 이를 바탕으로 정리한 것이다.

79) "파업에 따른 손해배상소송 금지하는 법안 놓고 경영·노동계 찬반 팽팽"(e대한경제, 2020. 11. 23자 기사)

80) 관련 내용은 "'플랫폼 노동 대안 위한 사회적 대화 포럼' 1일 출범"(이데일리, 2020. 3. 29자 기사)에 서 확인할 수 있다.

81) 『21세기 기본소득』(필리프 판 파레이스·야니크 판데르보호트, 2018, 흐름출판)

청소년을 위한 노동인권 에세이

초판 1쇄 2022년 1월 20일
초판 3쇄 2023년 6월 30일

지은이 | 구정화
감수자 | 이선이
펴낸이 | 송영석

주간 | 이혜진
편집장 | 박신애 **기획편집** | 최예은 · 조아혜
디자인 | 박윤정 · 유보람
마케팅 | 김유종 · 한승민
관리 | 송우석 · 전지연 · 채경민

펴낸곳 | (株)해냄출판사
등록번호 | 제10-229호
등록일자 | 1988년 5월 11일(설립일자 | 1983년 6월 24일)

04042 서울시 마포구 잔다리로 30 해냄빌딩 5·6층
대표전화 | 326-1600 **팩스** | 326-1624
홈페이지 | www.hainaim.com

ISBN 979-11-6714-022-7